사장의 공식

사장의 공식

한 권으로 읽는 사장학 수업 디 에센셜

김형곤 지음

The Essential

여 는 글

나의 유서,
사장의 공식이 되다

나는 한 번 죽음의 문턱을 넘었다가 다시 돌아온 사람이다. 2016년 10월, 갑작스러운 뇌출혈로 쓰러져 머리를 여는 수술을 받았고, 오랜 시간 세상과 단절된 채 살아야 했다. 두뇌의 하드웨어가 손상되어 지능은 어린아이 수준으로 낮아졌고, 말과 글로 내 생각을 온전히 표현할 수 없는 상태에 놓였다.

하지만 끝내 희미한 불씨 하나가 내 안에서 꺼지지 않았다. 다시 말하고 싶었고, 글을 쓰고 싶었고, 가치 있는 것을 남기고 싶었다. 나는 머릿속 생각의 웅얼거림을 글로 드러내기 위한 노력을 반복해서 쌓아갔다. 그렇게 7년 동안, 매일 조금씩 조각난 생각들을 글로 옮기고 정리했다. 마침내 2023년, 사장학 수업의 집필을 마쳤다. 그리고 2024년 드디어 이를 주제별로 묶고 정리한 세 권의 책이 '사장학 수업 시리즈'로 세상에 나왔다.

『사장학 수업』은 내게 '유서'나 다름없었다. 유서와 같은 심정으로 썼다 해도 과언이 아니다. 죽었다가 살아난 덕분에 나는 언제든 찾아올 나의 끝을 준비하기로 했다. 그리고 죽음 앞에서 내 존재를 돌아보며 나만이 세상에 남길 수 있는 공헌이 무엇일지를 생각했다.

나는 통계학을 전공하고, 기업에서 실전 비즈니스를 경험하고, 수백 권의 마케팅·경영 서적을 섭렵하며 20년 넘게 기업 CEO들을 직접 만나고 함께 공부했다. 수많은 사장의 솔직하고 적나라한 속내를 들으며 최적화된 해결책을 제시하고자 노력했던 경험은 나의 자산이자, 내가 세상에 남길 수 있는 가장 값진 유산이기도 했다.

나는 대한민국에서 성장 과정에 있는 사장을 가장 많이 만나본 사람 중 하나일 것이다. 나는 안다. 사장의 자리는 외롭고, 때로는 견디기 힘든 자리다. 규모가 크든 작든 마찬가지다. 오랫동안 지켜본바, 그들에게는 해내고자 하는 절실함이 있었고, 세상에 필요한 일을 하려는 진정성이 있었다. 내가 그들에게 배운 노하우, 그들과 함께 고민하고 적용한 방법, 거기서 터득한 나만의 지혜와 통찰 등 나는 이 모든 것을 통해 더 많은 사장에게 실용적이고 현실적인 가이드를 전하고 싶었다.

내가 만난 사장들 한 분 한 분을 떠올리며 사장이 되려 하거나, 이미 사장인 이들이 가장 궁금해할 이야기를 세 가지 질문으로 압축했다.

첫째, 사장이 되려면 무엇을 어디까지 알아야 할까?

둘째, 성과를 반복하는 사장이 되려면 어떻게 해야 하는가?

셋째, 사업에서 성공하고 인생에서도 성공하는 접근 방식은 무엇인가?

사장이 답해야 할 세 가지 질문

첫째 질문의 답은 『사장학 수업Ⅲ』에서 모색했다. 사장이 되기 위해 모든 것을 알 필요는 없지만, 제대로 알지 못하면서 자기 방식대로만 하려는 사람도 있다. 성공적인 비즈니스를 위해서는 비즈니스 자체에 관한 객관적인 이해를 바탕으로 경험을 쌓고, 거기서 성과에 접근하는 통찰력을 얻어야 한다. 특히 변하지 않는 비즈니스의 고유한 특징을 이해해야 실패하지 않는다. 즉 '비즈니스 패러다임'을 숙지하고, 사업을 진행하며 반드시 거쳐야 하는 '비즈니스 프로세스'를 능숙하게 실행해야 한다.

둘째 질문의 답은 『사장학 수업Ⅱ』에서 모색했다. 사장과 직원은 상호 의존적interdependent 관계자다. 각자가 어떤 역할을 해야 하는지를 알아야 하는 이유는, 이 두 주체가 기업이 성과를 반복해낼 수 있는 공식을 수행하는 핵심 역할자이기 때문이다. 사장의 리더십과 직원의 팔로워십은 입장과 위치의 차이가 있을 뿐, 사실 그 초점focus은 동일하다. 즉 사장과 직원은 '성과'라는 조직의 목표를 공유하며, 이를 달성하기 위해 각자의 역할을 리더십과 팔로워십으로 조화롭게 어우러지도록 수행해야 한다.

셋째 질문의 답은 『사장학 수업』 1권에서 모색했다. 사업에서의 성공과 인생에서의 성공이 다르게 나타나는 경우가 허다하다. 특히 사업에서 큰 성과를 거두고도 인생에서 공허함이나 실패감을 느끼는 경우가 많다. 그렇기에 사장에게는 생존, 고객, 경쟁, 기업 내부 그리고 자기 자신이라는 다섯 가지의 넘어야 할 산이 존재한다. 사장의 DNA는 생존의 산을 넘으면서 만들어지고, 그 DNA를 바탕으로 다섯 번째 산까지 극복할 수 있다. 즉 사장은 사업 자체에 자신의 삶을 담아야 하고, 사업의 전 과정을 통해 자신을 성장시켜 간다.

세 권에 걸쳐 모든 이야기를 다 담았다고 생각했지만, 다시 이를 한 권으로 정리할 필요가 있다고 생각했다. 나는 사장들에게 늘 원칙과 기준을 강조하며, 핵심을 공식으로 기억하라고 조언해 왔다. 그러다 보니 내 별명이 '공식 김형곤'이 될 정도였다.

이 책 『사장의 공식』은 앞선 세 권에서 다룬 내용의 핵심을 모았지만, 단순한 요약본은 아니다. 비즈니스의 전체 지형을 한눈에 볼 수 있게 하면서도 그 안의 다양한 관계성을 더욱 세밀하게 파고들었다. 동시에 67가지 공식으로 정리하여 성과에 접근하는 실제적인 도구로서 실용성을 높이고자 했다. 자신의 경험과 깨달음을 비즈니스 현장에서 반복하려면 한 단어 또는 한 문장으로 압축할 수 있어야 하는 것처럼, 사장의 이론과 지식이 현장에서 적용되려면 '공식'이라는 틀이 결정적인 도움을 줄 수 있다.

공식은 즉각적인 효과를 얻을 수 있을 뿐 아니라, 지속해서 성과를 추구하게 한다. 그 외에 세 가지 유용성이 있다. 첫째, 타협하지 않을 수 있다. 사장이 사업을 운영하며 추구할 생각과 행동의 골격이 명확히 세워지므로 불필요한 흔들림이 없다. 둘째, 실패하지 않을 수 있다. 공식은 이미 많은 이가 검증한 길이기에, 그것만 충실히 따라도 대부분의 실패를 피할 수 있다. 셋째, 응용을 통해 자기만의 성공 공식을 만들 수 있다. 비즈니스의 영역은 현장에서 활동하는 사장의 수만큼 다양하다. 공식이 있으면 각각의 상황에 맞게 적용하여 자기 사업에 최적화된 답을 찾아낼 수 있다.

이 책에는 67가지 대大공식을 정리했다. 그 외에도 크고 작은 공식과 원칙, 법칙, 규칙, 원리, 절차, 방법, 기술, 도구 등 다양하게 이름 붙일 수 있는 작은 지혜들이 담겨 있다. 읽고 또 읽는 사람은 그 속에서 더 많은 것을 발견할 수 있다. 각자의 비즈니스에는 자기만의 사정이 있기에 더 많은 공식을 자신에게 적용하는 사람이 결국 자신이 원하는 성공에 도달할 것이다.

나의 죽음에서 비롯된 이 책이 우리가 사는 세상을 더욱 살만한 곳으로 바꾸려고 노력하는 사장들에게 십분 활용되기를 바란다.

2025년 10월

'되게 하는 방식' 연구소, 김형곤

차 례

여는 글

제1부

사장의 자격

사장이 넘어야 할 다섯 개의 산

제2부

사장의 리더십

생존을 넘어 개인·관계·조직을 이끄는 16가지 힘

제3부

직원의 팔로워십

성과를 강화하는 관계의 8가지 핵심 원리

제4부

비즈니스 패러다임

성과를 창출하는 18가지 법칙

제5부

비즈니스 프로세스

사업을 성공으로 이끄는 10단계 실전 로드맵

제6부

사장의 성공 공식

흔들리지 않는 사장의 10가지 내공

제 1 부

사장의 자격

사장이 넘어야 할 다섯 개의 산

사업을 시작하는 순간 사장은 다섯 개의 산과 마주한다.

'생존의 산'을 넘으며
살아남는 것으로 사장의 자격을 얻는다.

'고객의 산'에서는
무성한 잎과 열매를 가진 고객나무를 키워간다.
또한 '경쟁의 산'에서 진검승부를 통해
시장에서 기업의 위치를 더욱 강화한다.
'동시에 기업 내부의 산'을 넘으면서
비로소 '경영자'가 된다.

그리고 '자기 자신의 산'을 넘는 과정을 통해
인생에서도 성공하는 사장이 된다.

사장은 이렇게 다섯 개의 산을 넘으면서
자신의 '이기는 공식'을 완성한다.

1

생존의 산

사장의 수만큼 생존 방식이 존재한다

소규모 기업의 사장이 발 뻗고 잘 수 있는 여유 자금의 기준은 한 달이다. 이번 달 급여, 월세, 관리비 등 정기적으로 지출하는 비용을 모두 치른 후에 다음 한 달을 살아낼 정도의 여유 자금만 있어도 마음에 여유가 생긴다. 규모가 큰 기업은 그 기준이 보통 1년이다. 한 해를 마무리할 때 다음 해에 필요한 자금이 준비되어 있으면 마음 편하게 새해를 맞는다.

사장이 돈 고민에 빠졌다면 기업에는 적색 신호가 켜진 것이다. 오늘 지급되어야 하는 돈을 걱정하기 시작하면 창의적 생각·종합적 사고·통찰력을 발휘하기는 거의 불가능하다. 특히 소규모 기업에는 사장 외에는 전략적으로 생각하는 존재가 없어서 더욱 그렇다. 그래서 사업에서는 들어오는 돈이 나가는 돈보다 많은 상태를 유지하는 '생존'이 1차 목표가 된다.

공식1	사장이 넘어야 할 최초의 산은 '생존의 산'이다

사장은 절실함으로 첫 번째 산을 넘는다

자동차 세일즈의 전설로 불리는 조 지라드Joe Girard는 자신이 처음 차를 팔았을 때를 회상하며 이렇게 말한다. "고객에게 뭐라고 설명했는지, 어떻게 차를 팔았는지는 기억나지 않아요. '지금 이 고객에게 차를 팔아야 오늘 저녁 가족에게 필요한 식료품을 살 수 있다'는 생각만 했던 것 같아요." 세일즈 사업이 궤도에 오른 후에는 하루에 몇 대씩 차를 판 조 지라드조차 첫 판매를 할 때 의지했던 건 차에 대한 전문 지식도 세일즈 기술도 아니었다. 가족의 저녁 먹거리를 얻기 위한 생존의 절실함이었다.

우화羽化를 위해 번데기에서 마지막 탈피가 진행될 때 나비의 뇌파는 매우 고통스러울 때와 같은 형태의 파장을 보인다고 한다. 이때 누군가 나비의 고통을 덜어주기 위해 임의로 칼집을 내서 쉽게 탈피하도록 돕는다면 나비는 날지 못하고 바닥에 떨어져서 죽는다. 번데기 껍질의 좁은 입구를 힘겹게 뚫고 나오면서 나비의 날개 근육이 날기에 적합하게 단련되기 때문이다. 자신의 힘으로 껍질을 뚫고 나온 나비에게만 꽃밭을 날아다닐 기회가 주어진다.

사업을 시작한 사장이 생존의 산을 넘는 과정은 나비의 마지막 탈피 과정과 유사하다. 자기 힘으로, 스스로 생존의 산을 넘을 때 비로소 사업을 할 수 있는 '자격'이 주어진다. 생존의 산을 넘는 방식에는 객관적인 답은 없다. 그냥 해내는 것이다.

무슨 수를 써서든 살아남아라

사장은 스스로 어떤 방법을 써서든지 생존해야 한다. 주어진 환경을 탓하거나 안되는 이유를 설명하는 사장은 바로 도태된다. 주어진 환경을 이용할 방식을 찾아내고, 될 방법에 집중하는 사장에게만 생존의 기회가 주어진다. 자신의 아이템과 고객을 연결할 방법을 찾아서 거래를 만들고, 그 거래를 반복하는 상황으로 이끌어야 한다.

타고난 재능을 가진 사람이 사업에 유리하다고 말하는 이유는 생존의 산을 넘는 데 체질적으로 더 쉽기 때문이다. 많은 경험과 지식을 가진 사람도 그것을 즉각적인 실행에 적용하기는 쉽지 않다. 그런데 타고난 재능을 가진 사람은 이론적으로 해박하지도, 효과적인 행동 방식에 관한 지식이 없어도 본능적으로 취하는 행동이 생존에 효과적으로 작용한다. 이 시기의 행동들은 완벽하지 않아도 된다. 체계적이지 않아도 탓할 수 없다. 오히려 다소 비효율적일 수도 있다. 생존이라는 효과를 얻은 후에야 효율을 생각할 수 있기 때문이다.

다른 사람의 도움을 받기도 쉽지 않다. 일과 조직이 모두 체계적이지 못해서 어느 타이밍에 어떤 방식으로 도움을 주는 것이 유용할지 외부 사람은 알지 못한다. 외부로부터의 잘못된 도움이 오히려 사업을 해나가는 데 방해될 수도 있다. 고통 없이 탈피에 성공한 나비가 날개 근육을 단련하지 못해서 땅에 떨어지는 것과 같은 이치다.

생존의 산을 넘는 과정의 사장에게 무엇보다 중요한 것은 체화體化된 역량이다. 몸에 밴 역량이 아니면 행동으로 옮기기 어렵기 때문이다. 생존의 산을 넘기 위한 구체적인 준비에는 한계가 있다. 사장 자신이 처음 접하는 환경에서 사업을 시작했으므로 어떤 일이 벌어질지 모른다. 그래서 생존의 산을 성공적으로 넘는 방식은 그 산을 넘은 사장의 수만큼 다양하다. 생존의 산을 넘은 사장들에게 유일한 공통점이 있다면 어떻게든 자신의 생존 방식을 찾아냈다는 것이다.

생존의 산을 뛰어넘는 네 가지 방식

생존의 산을 넘는 데 다소 도움이 될 수 있는 몇 가지 접근 방식이 있다.

첫 번째는 '시작점'을 높이는 것이다. 사업을 시작한 후에는 오늘을 사는 비용이 존재한다. 그래서 무언가 생산적인 결과를 얻기 위한 행동이 아닌, 그저 오늘을 살아내기 위해서도 시간과 비용을 치러야 한다. 그러나 사업 시작 전에는 그 비용이 0zero이다. 따라서 새로 시작하는 사업에 긍정적으로 작용하는 노력을 다할 수 있다.

시장에 진입해서 손익분기점을 넘는 데 평균 6개월이 걸리는 아이템이라면 조금 더 준비하고 노력해서 그 기간을 3개월로 단축할 방법을 찾자. 아예 처음부터 손익분기점을 넘기는 방법을 찾아서 시작할 수 있으면 더 좋다. 일반적인 노력으로 100명의 고객을 확보하고 시작할 수 있다면, 다소 무리가 되더라도 200명의 고객으로 시작하는 방법을 찾아서 거기에 시간과 비용을 써라. 무동력 글라이더가 멀리 날기 위해서 가능한 한 높은 곳에서 날기 시작하는 것과 같은 이치다. 경험 없는 일에서 처음부터 잘하기는 누구나 어렵다. 그래서 기회가 있다. 모든 새로운 사업에서 시작점을 최대한 높게 잡는 것은 늘 유용한 방식이 된다.

두 번째는 사업에서의 '필요'를 구체화해서 자기 자신뿐 아니라 다른 사람들이 쉽게 알 수 있도록 사업의 내용을 정돈하는 것이다. 사업 초기에는 외부의 작은 도움도 큰 힘이 된다. 그러나 도움을 받는 방식은 자신의 필요에 맞는 형태여야 한다. 그렇지 않으면 외부의 도움이 사업의 긴 행로에서 오히려 방해로 작용할 수 있다. 신혼부부가 필요한 살림살이 목록을 만들어서 주변 사람들에게 알려주면 축하하고자 하는 사람들은 자기 집에 있는 여분의 물품을 선물할 수 있다. 큰 부담 없이 축하 선물을 주고, 받는 사람에게는 도움이 되는 실용적인 방식이다. 주변 사람들이 부담 없이 참여하고 도울 수 있는 방식을 제안하는 것은 생존의 산을 넘는 지혜다.

세 번째는 '적은 매출로도 수익을 올리는 방식'으로 사업을 진행하는 것이다. 사장이 직접 뛰어야 한다. 사업을 시작할 때 경영은 철저하게 게릴라 부대 운영 방식을 취해야 한다. 사장이 맨 앞에서 먼저 몸을 던져야 한다. 그래야 사장의 일하는 방식이 현장에서 직원들에게 그대로 전달되고, 사장이 뛰는 만큼 회사가 전진할 수 있다. 그래서 생존의 산을 넘는 사장은 저절로 멀티플레이어multiplayer가 된다. 이미 궤도에 오른 기업처럼 체계적인 조직을 갖추고 다른 사람을 통해서 일하려는 시도는 비용만 커지고 얻을 수 있는 성과는 크지 않다. 사장이 직접 뛰면서 가장 효과적인 방법을 찾아내고 직원들도 같은 방식으로 일하도록 요구해야 한다. 현장을 함께 뛴 직원들이 성장해서 새로운 사람들을 같은 방식으로 가르치고 훈련할 수 있을 때까지 그렇게 하라!

네 번째는 '자신이 능숙하게 잘할 수 있는 방식'을 실행의 중심에 두는 것이다. 아무리 좋은 아이디어라도 실행할 수 없으면 꽝이다. 자신이 의도한 효과를 얻는 방법이라면 무엇이든지 시도하되, 능숙하게 잘 해낼 수 있는 방식으로 실행하는 것이 좋다. 그러면 시행착오도 줄이고 비용도 크게 줄일 수 있다. 첫 번째 산에서 내려온 후에도 그렇게 하라는 것은 아니다. 처음에는 자신에게 익숙한 방식으로 시작하되, 그 일을 진행하는 가장 효과적인 방법을 찾아서 그 방법을 자신에게 익숙하게 만들어야 한다. 그러면 다음 산을 넘을 때는 자신에게 익숙하면서 동시에 객관적으로 유용한 방식으로 행동할 수 있다.

살아남는 순간, 비로소 사장이 된다

첫 사업은 '작게' 시작하는 게 좋다. 자본이든 기술이든 인맥이든 꼭 필요한 만큼만 도움을 받고, 가능한 한 자신의 힘으로 시작하는 것이 좋다. 단번에 생존의 산을 넘는 사장이 드물기 때문이다. 사장들 대부분은 몇 번의 미끄러짐과 곤두박질을 경험한다. 생존의 산을 넘은 사장들의 모습은 땀에 절어 있고 상처투성이다.

사업은 도박이 아니다. 경험 없는 일에 처음부터 올인all-in하는 것은 위험하다. 다시 시작할 수 있는 여지를 두어야 한다. 사업이 삶이 되려면 목숨을 걸고 최선의 노력을 기울이되, 실패와 시행착오가 다음 시작의 밑거름이 될 수 있어야 한다.

사장이 생존의 산을 넘는 주된 동력은 자기 사업에 대한 절실함과 체화된 생존 역량에서 나온다. 머리로 알고 있던 지식은 시행착오를 거치면서 사업 역량으로 축적되고, 사업 과정에서 생기는 장애물을 극복하면서 숨어 있던 사업적 재능도 드러난다.

생존의 산을 넘으면서 사장의 '사업 원형'이 만들어진다. 생존의 산에는 사장이 다음에 넘어야 할 고객의 산(두 번째 산), 경쟁의 산(세 번째 산), 기업 내부의 산(네 번째 산), 자기 자신의 산(다섯 번째 산)이 모두 축소되어 들어 있다. 그래서 사업을 시작할 때는 자신이 지향하는 가치에 부합한 아이템을 찾아서 자신의 방식으로 시작하는 것이 좋다.

모든 사업은 생존을 고민하는 시기가 있다. 사업을 시작하는 시기뿐 아니라 잘나가던 사업이 수렁에 빠지는 경우도 그렇다. 그래서 사장에게 생존 근육은 필수적이다. 사업의 전 과정에서 맞닥뜨리는 불확실한 시기를 버텨내고 이겨내는 생존 근육 대부분은 첫 번째 산을 넘는 과정에서 만들어진다.

자신의 생존 방식을 존중하라

싸움을 잘하는 사람에게는 숨겨둔 '한 방'이 있다. 그러려면 그때까지 버텨야 한다. 많이 맞아도 다시 일어설 수 있으면 된다. 그래서 이기는 싸움을 하려면 맷집을 먼저 키워야 한다. 그리고 결정적인 순간을 살펴야 한다. 기회는 온다. 그때까지 견디고 버텨야 한다.

사업을 시작한 사장은 일단 생존해야 한다. 그래서 들어오는 돈이 나가는 돈보다 많은 상태를 유지하는 것이 중요하다. 실패하지 않는 방식을 먼저 습득해야 한다. 다음으로는 성공 확률을 높이는 방식을 터득하고, 마지막으로 원 샷, 원 킬one shot, one kill 하는 프로페셔널이 되어야 한다.

돈을 벌되 자신의 가치관에 부합하는 방식으로 벌 것

생존의 산을 넘는 과정에서 잊지 말아야 할 두 가지가 있다. 하나는 들어오는 돈이 나가는 돈보다 많은 상태를 유지하는 것이다. 그 방법을 찾기 위해 끊임없이 노력하고 긴장을 풀지 않아야 한다. 사업 초기에 기반을 다지는 기간이어서 들어오는 돈이 나가는 돈보다 적은 거라고 스스로 핑계 대지 않도록 경계하라. 가능하다면 처음부터 들어오는 돈이 나가는 돈보다 많도록 계획하고 실행하자.

또 하나는 자신의 '가치 지향'과 어울리는 방식으로 돈 벌기에 집중하자. 생존의 산을 지나면서 가치 지향을 말하는 것이 다소 이르고 건방지게 느껴질지 몰라도 절대로 그렇지 않다. 처음부터 그렇게 하도록 노력해야 한다.

들어오는 돈을 나가는 돈보다 많게 하려는 노력이 원 바깥으로 나아가려는 힘인 '원심력'이라 한다면, 자신의 가치 지향과 어울리는 방식으로 돈을 벌기 위해 노력하는 것은 원의 중심으로 당기는 힘인 '구심력'이 된다.

가치 있는 성공을 하려면 두 힘이 균형을 이루어야 한다. 구심력이 클수록 더 큰 원심력을 감당할 수 있다. 다소 시간이 늦어지고 어려움을 겪더라도 그 고민과 노력에 대한 보상은 마지막 다섯 번째 산을 넘을 때 확인하게 될 것이다.

2

고객의 산

'고객나무'를 키우는 기술을 습득한다

사업에서 매출은 '고객나무'에서 피어나는 꽃이고, 수익은 그 꽃을 통해 열리는 열매와 같다. 기업이 직접 꽃을 피우거나 열매를 맺게 할 수는 없다. 오직 고객나무만이 매출의 꽃과 수익의 열매를 만든다. 그래서 사장은 새로운 고객을 발굴하고 기존 고객을 유지하는 데 노력의 초점을 맞춰야 한다. 즉, 고객나무를 키우는 기술을 반드시 습득해야 한다. 사장이 넘어야 할 두 번째 산은 '고객의 산'이다.

고객의 산을 넘기 위해서는 절실함과 열심만으로는 부족하다. 고객을 움직이는 기술을 익혀야 한다. 사장이 고객의 산을 넘는 데 필요한 5단계 기술을 알아보자.

공식 2	사장의 두 번째 과업은 고객의 산을 넘는 것이다

(1단계) '만족 블랙박스'에는 어떤 욕구 변수가 숨겨져 있는가?

첫 단계는 목표 고객의 '만족 블랙박스' 변수를 찾는 것이다. 일반적으로는 다루지 않는 생소한 개념이지만 익숙해지면 매우 유용하게 활용할 수 있다.

상품이나 브랜드를 대하는 모든 고객의 마음속에는 두 개의 블랙박스가 있다. 하나는 '만족 블랙박스'고 또 하나는 '불만족 블랙박스'다. 각 블랙박스에는 고객의 욕구 변수들이 들어 있다. 여기서 중요한 것은 고객이 어느 때 거래를 시작하느냐다. 고객은 자신의 만족 블랙박스에 숨겨진 변수 중 하나가 건드려질 때 돈을 지불하는 거래를 한다. 불만족 블랙박스에 담긴 변수를 해결하는 것은 평판을 좋게 해줄 수는 있어도 돈을 지불하는 거래를 만들지 못한다.

이런 형태의 거래는 삶의 곳곳에서 발견된다. 시외버스 터미널이나 시골 기차역 주변의 음식점들은 친절하지도 않고 맛도 별론데 망하지 않고 장사를 지속한다. 그곳을 찾는 고객들의 만족 블랙박스에 '배고픔 해결'이 들어 있고 '친절'이나 '맛'은 불만족 블랙박스에 들어 있기 때문이다.

(2단계) 그 욕구를 해결하겠다고 분명하게 약속하라

둘째 단계는 만족 블랙박스 속 욕구 변수의 해결책을 제시하는 약속을 개발하는 것이다. 만족 블랙박스에 들어 있는 변수를 파악했다는 것은 고객의 숨겨진 욕구, 즉 니즈needs를 찾아낸 것이다. 이제 사장이 할 일은 그 욕구를 해결할 수 있는 구체적인 방법wants을 제시하는 것이다.

월마트의 창시자 샘 월튼이 고객에게 제시한 약속은 '상시 저가 판매everyday low price'였다. 그 약속은 고객의 만족 블랙박스 변수를 강하게 건드렸다. 그래서 수많은 사람이 월마트와의 거래를 시작했다. 한국에서는 이마트가 같은 접근 방식을 취한다. 그래서 이마트가 들어서는 지역의 사람들은 오픈 광고만 보고도 차를 몰고 이마트로 향한다. 대한민국을 찾는 수많은 관광객이 한국 화장품을 구매하려 한다. '안티에이징'이라는 약속이 그들의 만족 블랙박스 변수를 건드렸기 때문이다. 따라서 만족 블랙박스 속의 변수를 파악했다면, 이제 그 욕구 변수를 충족시킬 수 있는 약속을 제시해야 한다.

(3단계) 고객의 기대 이상으로 실행하라

사장이 고객나무를 키우기 위해서 익혀야 할 셋째 단계는 그 약속을 실행하는 것이다. 적절하게 약속을 개발해서 고객에게 어필하는 것만으로도 사람들은 브랜드를 찾아오고 상품을 구매한다. 그러나 그 약속이 고객의 기대만큼 실행되지 않으면 거래는 한 번으로 끝난다. 적절한 약속을 찾아냈다면 고객의 기대 이상으로 실행해야 한다. 그래야 재방문과 재구매, 호의적인 입소문이 가능하다. 약속을 실행하는 기업과 브랜드 입장에서 가장 비용이 적게 드는 방식을 찾아서 약속을 실행하는 것이 좋다. 고객은 약속이 실현되는지만 중요하게 생각할 뿐이다. 기업과 브랜드가 얼마만큼의 돈을 쓰느냐는 관심 밖이다. 단, 비용을 줄이겠다고 고객을 불편하게 하거나 고객에게 약속한 내용을 훼손하지 않도록 유의하라.

샘 월튼은 고객과의 약속을 지키기 위해서 늘 경쟁자보다 낮은 비용으로 조직을 운영하고, 구매 단가에 3센트만 더해 판매가를 매기는 정책을 지속했다. 회사의 규모가 커지면서는 비용과 원가를 낮추기 위해서 인공위성을 이용한 물류 시스템 확보 등 약속을 실행할 수 있는 조직적 노력을 멈추지 않았다. 자연스레 월마트의 고객나무는 꾸준히 자라났다. 이처럼 고객에게 약속한 것을 기대 이상으로 충족시키는 것이 고객나무를 키우고 장기적으로 기업의 수익을 확대하는 유용한 행동이 된다.

(4단계) 현재의 고객에게 '새로움'을 제시하라

넷째 단계는 자신의 고객에게 '새로움newness'을 제안하는 것이다. 매력적인 약속과 성실한 실행에 환호하던 고객들도 시간이 지나면 곧 눈에 띄게 지루해한다. 눈에 콩깍지가 씌어서 죽고 못 살던 연인이 시간이 지나면서 관계가 시들해지는 것과 같은 현상이다.

고객나무를 지속해서 키우기 위해서는 고객이 지루해하기 전에 새로움을 제시해야 한다. 자신이 선택한 만족 블랙박스의 욕구 변수를 해결하기 위한 노력이 한 번으로 끝나면 안 된다는 뜻이다. 그 영역에 대해서는 그 누구도 넘보지 못하도록 최선의 노력을 기울이는 것은 당연하고, 고객으로부터 이른바 '넘버 원'이라는 평가를 받아야 한다.

(5단계) 사장의 무기가 되는 '3단계 마케팅'

'만족 블랙박스 변수 찾기' → '약속 개발' → '성실한 실행' → '새로움 제안'의 기술이 머리로 아는 것에서 끝나면 안 된다. 능숙하게 사용할 수 있는 사장의 기술이 되고 조직의 기술이 되어야 한다. 그러기 위해서는 기술의 각 과정에서 구체적인 실행 방식인 '3단계 마케팅'에 익숙해야 한다.

3단계 마케팅은 잠재 고객의 '방문 → 구매 → 재방문'의 3단계 행동을 모티브로 삼아서, 기업과 브랜드에서 실행할 수 있는 구체적인 행동 방식을 정돈한 것이다. 고객이 방문할 수 있도록 알리고, 방문 고객이 구매할 수 있는 환경을 만들고, 경험 고객이 재방문할 수 있도록 장치하는 것이 3단계 마케팅의 골격이다.

1단계는 고객이 방문할 수 있도록 알리는 것이다. 고지의 내용은 만족 블랙박스 변수를 강하게 건드리는 브랜드 약속이 중심이 된다. 2단계는 방문한 고객이 구매할 수 있는 환경을 갖추는 것이다. 성실한 실행이 관건이다. 그 과정에서 자신을 방문한 고객이 '어떤 경우에도 빈손으로 나가지 않도록 한다'는 목표로 구매 환경을 꾸며야 한다. 3단계는 구매 고객이 재방문할 수 있는 장치를 갖추는 것이다. 재방문이란 본인의 재방문뿐 아니라 다른 사람에게 추천하거나 호의적인 입소문을 내는 것까지 포함한다.

3단계 마케팅은 한 번으로 끝나지 않는다. 단계별로 가장 효과적인 방식을 찾는 현장의 노력을 지속해야 한다. 이렇게 3단계 마케팅을 반복하면서 기업은 고객나무를 키워갈 수 있다.

사장이 둘째 산을 넘으면서 만드는 것은 '마케팅 근육'이다. 생존의 산을 넘으면서 자신이 본능적으로 실행했던 고객 확보·유지 활동에 지식과 기술의 틀을 갖추어서 조직화하는 것이다. 자신의 근육 원형에 기술을 덧붙이는 것이므로 자신이 편한 방식으로 이해하고 소화하면 된다. 둘째 산을 넘는 과정에서 사장에게는 고객의 욕구에 대한 통찰력과 마케팅 근육이 생기고, 기업에는 마케팅 시스템이 마련된다.

3

경쟁의 산

경쟁자로부터 고객을 지키는 전략을 세운다

고객나무를 아무리 잘 키워도 경쟁자가 등장하는 순간 사업은 어려워진다. 대부분 경쟁자는 별도의 공간에서 자신의 고객나무를 새롭게 키워가지 않는다. 내 고객나무를 교묘한 방법으로 빼앗아 가면서 사업을 시작한다. 분명히 내 정원에 뿌리를 내리고 꽃과 열매를 맺던 고객들도 경쟁자가 등장하면 금세 다른 사장의 정원으로 옮겨 간다. 사장이 넘어야 할 세 번째 산은 '경쟁의 산'이다.

공식3	사장의 세 번째 과업은 경쟁의 산을 넘는 것이다

세 번째 산은 두 번째 산을 다 내려오기 전에 맞닥뜨리게 된다. 한숨을 돌리거나 쉴 겨를도 없이 헐떡거리며 겨우 올라간 두 번째 산의 정상 부근에서 세 번째 산을 만나기도 한다. 경쟁자의 등장과 함께 사업에서의 '진검 승부'가 시작된다. 경쟁의 산을 어떻게 넘을 것인가에 대한 답은 앞서 경험한 고객의 산을 넘는 과정에서의 노력과 밀접하게 연결되어 있다.

사업의 세계에서 경쟁은 피할 수 없다. 조금 된다 싶으면 내 강점을 무력화하면서 약점을 공격하는 다양한 형태의 경쟁자가 나타나는 것을 당연하게 생각해야 한다. 문제는 자신의 사업에 집중하기에도 버거운 상황에서 경쟁자를 고려하면서 사업하는 것이 현실적으로 쉽지 않다는 것이다. 그래서 경쟁을 하지 않는 것처럼 사업을 강화하는 자신의 사업방식을 터득해야 한다.

경쟁우위를 만드는 두 가지 전략

나는 그 실천 방식으로 두 가지를 제안한다. 첫째는 고객의 상식 범위에서 자기 사업의 '정체성'을 분명히 하는 것이고, 둘째는 고객 관점에서 의미 있는 '1+2 강점'을 확보하는 것이다.

어떤 사업 아이디어를 접했을 때 그것이 자신의 사업이 될 수 있을지를 확인하는 세 가지 질문이 있다.

1. 수요가 있는 일인가?
2. 수요의 길목을 잡을 수 있는가?
3. 효율적으로 운영할 수 있는가?

수요가 없는 일은 아예 사업이 되지 않는다. 앞 장에서 강조한 고객나무를 키울 수 없기 때문이다. 고객나무가 없으면 매출은 물론이고 수익 만들기는 아예 불가능하다. 그래서 모든 사업의 시작점은 기업 외부에 존재하는 수요를 파악하는 것이다.

수요가 있다는 사실을 확인했다면 '객관적 기회'를 포착한 것이다. 그러나 그 기회가 '자신의 사업 기회'가 되려면 그 수요의 길목에 자신의 의지와 노력으로 통제할 수 있는 '톨게이트'를 설치할 수 있어야 한다. 이 톨게이트를 효율적으로 운영할 수 있는 역량과 조직을 갖추었을 때 비로소 그 기회는 사업이 된다.

경쟁자란 수요의 길목에 세워진 자신 외의 톨게이트들을 말한다. 톨게이트가 하나뿐인 시장을 독점 시장이라 하고, 10개쯤 있어도 되는 길목에 2~3개만 설치되어 있으면 과점 시장이라 한다. 그러나 대부분 사업에서는 3~4개만 있어도 되는 길목에 6~7개의 톨게이트가 설치되어 있어서 경쟁이 불가피하다. 따라서 수요의 발길을 자신의 톨게이트로 끌고 가려는 경쟁이 치열해질 수밖에 없다.

경쟁에서 생존하려면 수요가 자신의 톨게이트를 찾도록 어필해야 한다. 그러나 어필만으로는 부족하다. 무질서하게 발생하는 수요가 자신의 톨게이트로 향하도록 능동적으로 관여할 수 있는 상황을 만들어야 한다. 그 첫 단계가 사업자 자신의 정체성identity을 분명히 하고, 해당 수요들이 사업자의 정체성을 지각perception하게 하는 것이다.

사업(브랜드) 정체성을 만드는 네 가지 요소

'사업 정체성'이란 '이 회사는 무엇을 하는 곳'이라는 고객의 지각이다. 회사명이나 브랜드명을 듣는 고객의 머릿속에 무엇 하는 곳인지 명확히 떠오를수록 사업 진행에 유리하다. 고객에게는 그 지각이 브랜드의 실체가 된다. 자신의 사업 정체성이 분명하다면 그 정체성을 고객이 쉽게 기억하고 활용할 수 있게 해야 한다. 고객의 지각이 실제 브랜드의 모습에 가까울수록 사업 진행이 쉬워진다.

사업 정체성에 영향을 미치는 네 가지 요소가 있다. 첫째는 앞 장에서 언급한 '브랜드 약속'이다. 둘째는 '브랜드 접점에서의 고객 인식'이다. 셋째는 기업의 '브랜딩 노력'이고, 넷째는 '브랜드에 대한 매체media의 평가'다.

브랜드와 고객은 브랜드 약속으로 연결된다. 브랜드 약속 개발은 고객의 산을 넘는 데도 중요하고 경쟁의 산을 넘을 때도 중요하게 작용한다. 고객은 약속의 메시지를 듣고 그 브랜드를 상상하고 유사한 상품을 취급하는 다른 브랜드와 구별한다. 앞 장에서 언급했듯이 브랜드 약속은 목표 고객의 만족 블랙박스 변수 중 하나를 확실하게 건드리는 것이어야 한다. 브랜드 약속을 개발하고 고객에게 어필하는 것은 사업 정체성을 확보하기 위한 필수 과정이다.

브랜드 약속을 믿고 찾은 고객이 "정말 그렇구나!"라고 평가할 때 그 브랜드의 정체성이 고객의 기억 속에 호의적으로 쌓인다. 사람들은 보통 자신이 경험한 것에 대해서는 쉽게 의견을 바꾸지 않는다. 브랜드 경험이 부정적인 사람에게 브랜드의 긍정적인 면을 계속 어필해도 그의 의견을 바꾸기 어렵다. 그래서 '브랜드 접점에서의 고객 인식'이 구체적이고 호의적으로 자리 잡을 수 있도록 노력해야 한다. 특히 브랜드 정체성identity과 고객 관점에서 핵심 효용과 관련한 단어나 문장을 고객이 쉽게 기억하게 할 수 있는 구체적인 방법을 찾아야 한다.

브랜딩이란 기업의 정체성을 호의적으로 기억하게 하는 모든 활동이다. 기업이 브랜딩 노력을 할 때는 단순히 호의적인 이미지를 전달하는 데서 그치면 안 된다. 고객 머릿속에 기업 정체성을 강화할 수 있는 구체적인 단어나 문장이 기억되도록 창의적인 노력을 지속해야 한다. 즉, 고객의 기억 속에 해시태그(#)를 달 수 있는 방식을 많이 찾을수록 브랜드 정체성이 강화된다. 브랜드 약속·접점에서의 고객 인식·기업의 브랜딩 노력이 한 방향 정렬이 될수록 효과가 크다.

기업이 자신의 정체성에 관하여 아무리 긍정적으로 어필해도 방송, 신문 등 매체의 평가가 부정적이면 고객에게 호의적으로 받아들여지기 어렵다. 고객은 기업이 자신에게 유리한 부분만 어필한 메시지를 전한다고 생각하지만, 매체는 (실제로 꼭 그렇지는 않지만) 중립적인 관점에서 진실을 전한다고 믿기 때문이다. 매체를 통해 브랜드 정체성을 드러내는 단어나 문장이 포함되도록 적극적으로 관리할 필요가 있다.

경쟁의 판도를 바꾸는 '1+2 승리 전략'

브랜드 정체성에 고객 관점에서 의미 있는 '1+2 강점'을 더하면 경쟁에서 대부분 이기는 싸움을 할 수 있다. 경쟁에서 자유로워지고 싶은 기업이 구축해야 할 첫 번째 강점은 고객의 만족 블랙박스 변수 중 기업이 전략적으로 선택한 변수의 영역에 존재해야 한다. 그리고 그 영역에서 'No. 1'이라는 평가를 받을 때까지 지속해서 노력하고, 'No. 1'의 위치를 차지한 후에도 그 위치를 공고히 하려는 노력을 멈추지 않아야 한다. 즉, 자신의 명확한 강점 한 가지를 분명히 하는 것이다. 여기까지가 '1+2 승리 전략'의 앞부분 '1'의 강점에 관한 설명이다. 이제 뒷부분 '2'에 대해서 생각해 보자.

대부분 사람이 돈을 지불하는 거래를 할 때 자신의 본심을 드러내지 않는 경향이 있다. 고객은 자신의 만족 블랙박스 변수에 대해서는 언급하지 않고 마치 불만족 블랙박스 변수들 때문에 거래한다는 식으로 표현한다. 그래서 '1+2 승리 전략'에서 나머지 '2'의 강점은 고객의 불만족 블랙박스 변수들에서 찾아야 한다. 그런데 뒷부분 '2'를 찾는 과정은 앞부분 '1'을 찾을 때의 접근 방식과는 다르다.

만족 블랙박스 변수(앞부분 '1')의 역할이 고객과의 직접적인 거래를 만드는 것이라면, 불만족 블랙박스 변수(뒷부분 '2')의 역할은 포괄적이다. 불만족 블랙박스는 잠재 고객의 평판에 관여한다. 따라서 기업이 실현하기 쉬운 변수를 선택해서 브랜드의 강점으로 만드는 행동이 필요하다. 거래의 본질과는 거리가 있으나 고객이 다른 사람에게 부담 없이 긍정적인 의견을 전달하는 소재가 되기 때문이다.

그래서 '1+2 승리 전략'에서 두 번째와 세 번째 강점은 자기 기업의 문화나 행동 양식 등 기업 내부에 이미 축적되어 있고 조직원에게도 익숙한 역량을 잠재 고객이 받아들일 수 있는 방식으로 드러내면 된다. 마치 오른손이 하는 일을 왼손도 모르게 하다가 우연히 그 착한 행동이 드러나는 것과 같은 흐름이다.

기업이 '1+2 승리 전략'을 유지하는 경쟁을 하다가 부수적으로 성과를 얻는 경우가 있다. 그중 파급효과가 가장 큰 건 고객의 불만족 블랙박스 변수가 시장에서 만족 블랙박스 변수로 전환되는 경우다. 예전에는 고객들이 친환경이라는 특성 때문에 그 상품(브랜드)을 선택하지 않았는데, 시대가 달라짐에 따라 잠재 고객의 상품 선택 기준이 친환경으로 바뀌었다면 새로운 만족 블랙박스 변수가 나타난 상황이 된다.

이때 시장의 새로운 흐름에 맞추어 기업을 재정돈해서 대응하기란 거의 불가능에 가깝다. 그러나 불만족 블랙박스에 존재하던 것을 만족 블랙박스에 담아서 어필하기는 그다지 어렵지 않다. 축구 경기에서 다른 선수가 찬 공이 골키퍼 손에 맞고 흘러나왔을 때 다시 가볍게 차 넣어 득점하는 것과 유사하다.

인생에서도 그렇지만 사업에서도 우연히 기회를 얻는 경우가 많다. 그러나 100퍼센트 우연이란 존재하지 않는다. 뿌려놓은 씨앗이 있었기에 그곳에서 싹이 나고 열매를 얻게 되는 것이다. 고객과의 거래를 위해서는 만족 블랙박스 변수를 찾아내는 사장의 통찰력이 있어야 한다. 그리고 그 변수 중에서 하나의 욕구 변수에 전략적으로 집중할 필요가 있다.

사업을 계획하고 시작할 때 한 가지 강점에 하나를 더해 두 가지 강점을 보유하고 있으면 좋다. 사업을 시작한 뒤에는 가능한 한 빠른 기간 내에 강점 하나를 추가해서 세 가지 강점을 갖춘 기업으로 정립하라. 두 가지 강점과 세 가지 강점의 차이는 50퍼센트가 아니라 5~10배만큼 크다. 그렇다고 네 가지 이상의 강점을 만들려고 노력할 필요는 없다. 대부분 고객은 세 가지를 넘어서는 강점은 기억하지도 못하고 표현하지도 않는다.

경쟁에서 이기는 차별화 방식들

경영학이나 마케팅에서 경쟁을 다룰 때 꼭 쓰이는 단어가 '차별화'다. 경쟁을 피할 수 없는 현실에서 기업이 어떻게 차별화를 이뤄야 하는지는 늘 어려운 과제다. 차별화는 기업이 선언한다고 바로 실현되는 것이 아니다. 현재의 고객을 유지하는 일도 버거운 초보 사장에게는 더욱 그렇다. 그러나 핵심 요령이 있다. 바로 '경쟁 상황으로 들어가지 않는 것'이다.

내가 강조하고 제안하는 차별화 방법은 두 가지다. 첫 번째는 '유니크 앤드 스페셜unique & special'이고, 두 번째가 '1+2 승리 전략'이다.

특별하게, 유일무이한 것처럼

'유니크 앤드 스페셜'은 가장 쉬우면서 가장 어려운 접근 방식이다. '가장 한국적인 것이 가장 세계적인 것이다'라는 말을 모티브로 생각해 보자. 이미 완성된, 그리고 자신이 존재하고 생존하는 방식을 다른 사람이 받아들일 수 있는 형태로 어필하는 것이다.

이 차별화 전략은 '오리지널리티originality'를 가진 사람이나 기업이 사용할 수 있다. 이미 가지고 있는 꼴(존재 방식)을 시장이 받아들일 수 있는 방식으로 어필하는 것이어서 원가가 '0'에 가깝다. 기업이 고집(아집)만 부리지 않는다면 가장 효과적이고 현실적인 방식이 될 수 있다. 그러나 그것이 아무리 매력적인 형태여도 오리지널리티 없이 흉내 내는 것만으로는 경쟁우위를 확보하기 어렵다. 그래서 가장 쉬우면서 동시에 가장 어려운 방식이다.

'1+2 승리 전략'은 기업 규모와 관계없이 누구나 따라서 할 수 있는 방식이다. 자기 사업의 정체성을 분명히 하고, '1+2 강점'을 만들고 유지하는 과정에서 자연스럽게 경쟁자들과 차별화된 고객 인식을 얻게 된다. 그러면 마치 경쟁을 하지 않는 것처럼 고객에게 더욱 집중할 수 있다.

4

기업 내부의 산

'한 방향 정렬'로 힘을 극대화한다

두 번째 산과 세 번째 산을 넘은 사장은 자기 사업의 색깔을 갖는다. 기업 외부에서는 그를 쉽게 건드리지도 무시하지도 못한다. 그러나 사업을 키워나가는 과정에서 전혀 다른 새로운 산을 만나게 된다.

사장이 넘어야 할 네 번째 산은 '기업 내부의 산'이다. 이 산은 '사람'과 '시스템'의 두 개의 봉우리로 나뉘어 있다. 하나는 같이 일하는 직원들(사람)이고 다른 하나는 조직을 움직이는 체계(시스템)다.

공식 4 사장의 네 번째 과업은 기업 내부의 산을 넘는 것이다

기존의 경영학에서 다루는 대부분 내용은 마케팅을 제외하고는 주로 네 번째 산에서 벌어지는 일들에 관한 것이다. 특히 시스템에 관한 다양한 접근을 연구한다. 네 번째 산을 넘는 단계에 진입한 기업에 중요한 가치는 이제 '효과'에서 '효율'로 바뀌었고, 시스템은 효율을 극대화하는 주요한 접근 방식이다. 먼저 시스템을 구성하는 여섯 가지 요소를 간략하게 살펴보자.

효율을 극대화하는 시스템의 구성 요소

시스템의 첫째 요소는 '프로세스process'다. 상품 기획부터 그 상품이 고객에게 전달되기까지의 전체 흐름을 실행하는 과정이다.

둘째 요소는 '조직structure'이다. '어떤 조직 형태를 구축할 것인가'에 관한 고민은 '어떤 조직 형태가 앞서 정립한 프로세스를 가장 효율적으로 담아낼 수 있는가'에서 비롯한다.

셋째 요소는 '사람people'이다. 정립된 조직에서 정립된 프로세스를 가장 잘 수행할 수 있는 사람이 누구이며, 그들은 어디에 있고, 어떤 방식으로 기업 활동에 참여시킬지에 관하여 연구하고 실행한다.

넷째 요소는 '정보information'다. 기업 대부분은 기업 활동에 영향을 끼칠 수 있는 다양한 정보를 모으고 관리하는 정보 시스템을 운영한다.

다섯째 요소는 '의사결정decision making'이다. 조직이 공감하고 이해할 수 있는 의사결정 기준을 확립하는 것은 경영 활동에서 중요한 비중을 차지한다.

여섯째 요소는 '보상rewards'이다. 조직에서 일하는 사람들이 보상만 바라고 일하는 것은 아니지만 조직이 어떤 보상 체계를 갖고 있느냐는 조직원의 사기에 큰 영향을 끼친다.

시스템의 한 방향 정렬을 능동적으로 학습하라

기업 시스템 운영의 핵심은 바로 '한 방향 정렬aligning'이다. 인체의 각 기관이 개별 존재가 아닌 몸 전체를 위해서 활동하는 것처럼, 기업 시스템의 각 요소가 기업 전체의 목표를 위해서 유기적으로 활동할 수 있도록 조직하고 운영해야 한다. 그래서 네 번째 산을 넘는 사장은 이전보다 훨씬 더 적극적으로 학습할 필요가 있다.

오랫동안 'CEO 가정교사'라는 별명으로 활동해 온 내게 경영자를 한마디로 정의하라고 한다면 나는 기꺼이 "학습하는 사람"이라고 말한다. 타고난 재능이나 쉽게 체득할 수 있는 몇 가지 요령만으로는 네 번째 산을 성공적으로 넘기 힘들기 때문이다. 사장은 반드시 다른 사람의 시행착오와 경영 방식을 직간접적으로 학습하고, 그 과정에서 자기 사업에 적합한 효과적이고 효율적인 방식을 스스로 도출해야 한다.

고객의 산과 경쟁의 산을 넘는 데 도움이 되는 효과적인 방식은 어느 정도 객관적으로 정립되어 있다. 다만 실행이 어려울 뿐이다. 그러나 네 번째 산, 즉 기업 내부의 산을 넘는 일에는 생존의 산을 넘을 때와 마찬가지로 객관적인 답이 없다. 사장이 어떤 철학과 가치를 지향하느냐에 따라서도, 앞서 세 개의 산을 어떤 방식으로 넘어왔느냐에 따라서도 접근 방식이 달라진다. 그 과정에서 기업 시스템을 구체적으로 이해하고, 시스템을 한 방향으로 정렬하고, 전략적으로 운영하는 방식에 관한 사장의 학습은 필수적이다.

경영자에게 필요한 지식은 '다른 사람의 지식을 활용하는 지식'이다. 조직 전체가 하나의 목표를 향해서 유기적으로 움직이도록 관여하고, 부문별로 해당 영역의 전문성을 가진 사람들이 전략적이고 능동적으로 일하도록 조직하고 관리하는 것이 사장의 주된 역할이다. 그래서 자신의 태생적 강점을 활용하는 것만으로는 부족하고, 조직이 성장하는 것에 발맞추어 사장 자신도 지속해서 학습하는 습관을 만들어야 한다.

사장의 개인격과 조직격

사장이 네 번째 산을 넘기 위한 필요조건으로서 조직격組織格이 구체적으로 무엇이며, 어떻게 갖출 수 있는지 생각해 보자.

개인격은 개인의 태생적 특성과 강점을 바탕으로 만들어지는 매력이다. 소규모 조직이나 게릴라 형태의 조직일 때 힘을 발휘하는 사장의 특성이다. 반면 조직격은 조직 시스템을 한 방향으로 정렬해서 작동시키는 사장의 학습된 역량이다. 사장의 개인적 관심사나 필요가 아닌 조직 목표와 필요에 적합한 전략과 일관성을 기초로 한다. 그래서 일정 규모 이상의 조직이 되면, 사장은 반드시 조직격을 갖추기 위한 학습에 능동적으로 참여해야 한다.

조직격은 기업의 규모와 관련이 크다. 작은 규모의 조직은 사장의 개인격과 조직격이 거의 동일하게 작용한다. 그러나 일정 규모 이상의 조직이 되면 사장은 능동적으로 조직격을 갖추기 위해서 공부하고 노력해야 한다. 규모가 커졌다는 이유 하나만으로 사장의 위치에서 공헌하고 노력해야 하는 초점이 달라지기 때문이다.

기업 경영에서 발휘되는 사장의 행동은 '타고난 재능'과 '노력으로 축적된 역량'으로 구분할 수 있다. 나의 30여 년 비즈니스 현장 경험을 통해서 확인한 것은 타고난 재능이 축적된 역량을 앞선다는 것이다. 그러나 조직격을 갖춘 사장이 있는 기업에서는 결과가 바뀌어서 나타난다. 기업의 규모가 클수록 그 차이는 더욱 커진다.

드러커의 주장에서 핵심 단어인 '성과'는 조직격, 특히 사장의 조직격과 밀접한 관련이 있다. 기업 시스템 정립과 운영의 핵심인 한 방향 정렬을 통해서 조직의 성과를 극대화할 수 있기 때문이다.

만약 경영자가 조직격을 학습하고자 단 한 권의 책을 숙독해야 한다면, 1966년에 출간된 피터 드러커의 『성과를 향한 도전The Effective Executive』을 추천한다. 드러커는 성과를 내는 경영자로 기능하려면 현재의 조직에서 자신이 공헌할 바가 무엇인지 알고 그에 집중하라고 강조한다. 한 개인이 조직에서 수행할 자기 업무에서 눈을 돌려 자신의 위치와 상황에서 공헌해야 할 것이 무엇인지 알고 초점을 맞춘다면, 그것이 바로 사장이 상황에 적합한 조직격을 갖추기 위한 노력의 시작점이 된다.

조직격의 특정한 형태가 별도로 존재하지는 않는다. 오히려 초점, 방향, 지향성 등 목표에 도달하기 위한 일관된 접근 방식의 전략적인 행동과 관련 깊다. 개개인의 역량을 바탕으로 하되, 각 개인 역량의 합 이상을 만들어내는 접근 방식은 동서양을 막론하고 조직 개념을 운용하는 곳에서는 모두 고민하고 시도해 왔다. 경영의 영역에서 이와 관련한 구체적인 연구와 적용은 사장이 관심을 가지고 학습할 필요가 있다.

'조직격'이라는 단어는 20여 년 전부터 내가 만들어서 사용해 온 신조어다. 목표가 있는 조직에서 자신에게 요구되는 역할을 알고 그에 따라 행동하는 사장이라면 조직격을 갖췄다고 평가할 수 있다. 개인격이 이미 가지고 있는 역량을 드러내고 실천하는 것이라면, 조직격은 사장이 의지를 갖고 지속해서 노력해야 갖출 수 있는 것이다. 기업에 시스템이 정착되기를 바라는 사장은 반드시 조직격을 갖추기 위해 노력해야 한다.

사장이 '경영자'로 거듭나는 순간

네 번째 산은 사람과 시스템, 두 개의 봉우리로 나뉘어 있다. 이 두 개의 봉우리를 아울러서 네 번째 산을 성공적으로 넘는 힘이 '사장의 배우려는 자세와 태도'에서 비롯됨을 꼭 기억하길 바란다.

조직 활동을 통해서 성과를 내는 습관을 갖추고자 노력하는 과정에서 기업 내부에는 적극적인 학습 문화가 형성된다. 그리고 직원 개개인이 성과에 접근하는 방식을 공론화하고 격려하며 노력하는 과정에서 기업 전체의 성과와 연결하는 다양한 방식이 도출된다. 개인과 조직이 성과를 내는 습관에 익숙해질수록 기업 시스템이 내는 성과 크기가 더욱 커진다. 여기에 사장의 조직격이 더해지면 기업의 전략적인 한 방향 정렬을 통해 훨씬 더 큰 성과를 얻을 수 있다. 그 과정에서 사장은 '경영자business leader'로 발전하고 직원들의 '팔로워십followership'이 자연스레 고양된다.

5

자기 자신의 산

사업을 통해
자기 인생을 산다

기회를 보고 사업을 시작한 사장은 생존의 산과 고객·경쟁·기업 내부의 산을 넘으면서 사업 내공도 생기고 사업 근육도 만들어졌다. 또한 사업 기반도 확보되었다. 그 과정에서 사장은 장사꾼·마케터·경영자로 성장한다.

사장을 배우에 비유해 보자. '장사꾼'은 무명 배우가 연기력으로 인정받는 시기에 불리는 명칭이다. '마케터'는 자신의 캐릭터가 분명한 배우들을 가리킨다. '경영자'는 주어진 배역의 특성을 충분히 살리면서 자신의 캐릭터를 풍성하게 하는 배우다. 장사꾼과 마케터가 사장이 직접 뛸 때 붙는 명칭이라면, 경영자는 다른 사람과 함께 그리고 다른 사람을 활용하면서 일할 때 불리는 명칭이다.

실제로 사장은 생존의 산을 넘으면서 장사꾼이 되고, 고객의 산과 경쟁의 산을 넘으면서 마케터가 된다. 그리고 기업 내부의 산을 넘으면서 경영자로 변신한다. 이제 사장이 맞닥뜨리는 마지막 산은 '자기 자신의 산'이다.

공식5	사장의 다섯 번째 과업은 자기 자신의 산을 넘는 것이다

사장의 인생에서 사업이란 무엇인가?

주위를 보면 차근차근 본질을 쌓아서 성장한 사람은 성공한 자신의 모습과 많은 이의 관심을 누리고 즐길 수 있다. 그러나 어떤 외부 요인으로 성공을 경험한 사람은 그 요인이나 환경이 바뀌면 가진 것을 박탈당할 수 있다는 불안감이 생기고, 그 불안과 상실감이 극대화되면 현실을 도피하는 결정을 하는 경우가 많다.

어떻게 사장이 되는가? 회사를 만들고 사장이 되면 된다. 그러나 어떻게 '진짜 사장'이 되는가? 사업에 대한 진정성을 가지고 생존의 산, 고객의 산, 경쟁의 산, 기업 내부의 산을 넘으며 생존력, 사업 정체성, 지속적인 경쟁우위, 조직격을 갖출 때 진짜 사장이 된다. 그리고 마지막 산, 자기 자신의 산을 넘어야 인생에서 성공하는 사장이 된다.

사장은 자기 자신의 산에서 다음 세 가지 도전에 직면한다.

1. 현재의 사업에 자신의 강점과 특성이 얼마나 반영되고 있는가?
2. 현재의 아이템과 사업 방식이 자기 삶의 가치에 부합하는가?
3. 사업이 인생이 되고 있는가?

이윤이 목적의 중심인 비즈니스 세계에서 일류의 삶을 살기는 쉽지 않다. 앞의 네 개의 산을 잘 넘어온 사장이 마지막 산에서 좌절하거나 좌초하는 것은 자신의 삶 속에 사업이 수용되지 못하기 때문이다. 돈을 벌지만 삶이 망가지는 것이다.

첫 번째 산(생존의 산)에 나머지 네 개의 산이 축소되어 있다고 언급한 바 있다. 그래서 사업을 시작하기 전에 '내가 사업을 하려는 목적은 무엇인가?' '내가 본 사업 기회는 무엇이며 나의 어떤 강점과 역량을 바탕으로 그 기회를 풀어갈 것인가?' '내가 삶에서 지향하는 가치는 무엇인가?' '사업을 통해서 자신을 지속해서 성장시키려는 욕구가 있는가?' 등의 질문을 던져서 자신의 대답을 확인해야 한다.

그리고 첫 번째 산을 넘으면서 'or'가 아닌 'and'의 태도로 생존의 방식을 찾아야 한다. 그래야 그것이 자신의 '사업 DNA'가 되고, 다섯 번째 산을 넘게 하는 중요한 씨앗이 된다. 사업도 어렵고 생존도 쉽지 않은데 가치와 삶을 논하는 게 사치처럼 느껴질 수 있다. 그러나 자기 자신의 산은 어떤 성공한 사업가도 피할 수 없는 마지막 관문이다.

사업체가 성공적으로 운영되고 있어도 그 일이 사장 자신의 특성이나 강점을 발휘하지 못하는 것이면 그저 돈 버는 일일 뿐 자신의 삶이 되긴 어렵다. 그래서 성공한 창업자 중에는 회사가 궤도에 오르면 자신의 역할을 기술 이사로 국한하고 별도의 경영자를 영입하기도 한다. 회사에서의 위치보다는 자기 삶의 일부분으로서 사업을 한다는 분명한 태도다. 이는 회사에도 대외적인 신뢰성을 더해서 유익한 결과를 가져온다. 그러나 이러한 태도와 결정이 보통의 기업 생태계에서는 특별한 것으로 치부된다. 쉽지 않은 결정이라는 뜻이다.

사업은 그 자체로 사장의 삶이다

사장에게는 사업에 대한 '신념'이 필요하다. 처음부터 신념이 분명할 수는 없어도 자신을 따르는 사람들이 생기면 반드시 자신의 사업 신념을 정립해야 한다. 따르는 사람들이 생겼다는 것은 사장이 리더가 되었다는 뜻이고, 리더에게 꼭 필요한 덕목이 바로 신념이기 때문이다. 역량이 다소 부족한 리더는 사람들에게 큰 영향을 미치지 않지만, 신념이 없는 리더를 따르려는 사람은 없다.

사장 개인의 삶을 위해서도 사업에 대한 신념은 필요하다. 사업이 삶의 일부가 되지 않는 한 돈 버는 일 외의 역할을 하지 못하기 때문이다. 돈 외에 아무것도 남지 않은 사장에게는 돈으로 할 수 있는 것들(술, 쾌락, 낭비, 과시, 외로움 등)만 남게 된다. 사업에서 성공했어도 인생에서 실패하면 그 삶을 어떻게 평가할 수 있을까?

사업에서 물러난 후에 가치를 지향하는 삶을 생각할 수 있다. 하지만 이는 직장인에게 어울리는 생각이다. 사장에게는 정년도 없고 은퇴도 없다. 그래서 사업 그 자체에 삶을 담아야 한다. 자신의 관심과 강점, 특성을 반영하는 일이 사업이 되어야 한다. 그리고 사회에 꼭 필요한 일에 자신이 가치를 부여하는 방식으로 사업을 시작하고 발전시켜 가야 한다.

대한민국의 사장 중 절반은 생존의 산을 넘지 못하고, 나머지 절반 중에는 고객의 산과 경쟁의 산을 넘고도 기업 내부의 산에서 헤매는 사장이 다수다. 그 어려운 과정을 거치면서 자신을 발전시켜 왔음에도 불구하고 마지막 자기 자신의 산에서 지나간 시간을 아쉬워하는 '성공한' 사장도 많다. 외부의 공격은 방어할 수 있어도 스스로 묻고 답해야 하는 자신의 산을 넘어서기는 참 쉽지 않다.

다섯 개의 산을 넘을 수 있는 사장의 사업 DNA는 사업을 시작하는 시기의 첫 마음과 절실함과 부지런함으로 생존의 산을 넘으면서 만들어진다. 사업 신념을 분명히 하고 생존의 산을 넘은 사장은 자신도 의식하지 못한 사이에 마지막 산을 넘게 해줄 씨앗을 미리 뿌린 것이다. 사업 시작 시기에 삶 속에서 사장으로서의 승패가 이미 결정된다는 뜻일 수 있다. 그래서 사장이 되고자 하는 사람이라면, 어떤 상태에 있느냐에 상관없이 자신의 사업을 통해서 오늘을 살아야 한다.

그것이 실패의 상황이든 성공의 상황이든, 돈을 구하러 다니는 상황이든 여유 자금으로 다음 사업 기회를 탐색하는 상황이든 관계없이, 자신의 사업 신념에 맞게 생각하고 판단하고 의사결정하고 실행해야 한다. 오늘 인생에서 성공하는 방식으로 사업하지 않는 사장에게 내일의 성공은 존재하지 않는다.

'상황을 만드는 지식'의 소유자가 되어라

초보 사장이 처음부터 사업에 성공하는 경우는 매우 드물다. 간혹 쉽게 성공한 것처럼 보이는 사장도 그 사업의 여정을 살펴보면 거의 예외 없이 '다섯 개의 산'을 넘었거나 또는 넘는 과정에 있음을 알 수 있다. 사업과 인생에서 성공하기 위해서는 비즈니스에 대한 객관적 관점에 사업에 대한 자신의 주관적 신념과 철학이 더해져야 한다. 사장이 되는 일의 가치와 보람이 여기에 있는지도 모른다.

사업에서 성공이 보장되는 경우는 없다. 단지 성공 확률을 높여갈 뿐이다. 사업은 성공과 실패가 반복되는 게임의 성격을 가졌기에 끝까지 노력해야 한다. 단, 자신의 신념이 담기지 않은 사업을 끝까지 지켜갈 수 있는 사장은 없다. 그래서 사장은 객관적 관점에 주관적 신념을 더하여 '객관적 관점 + 주관적 신념 = 객관적 신념'

을 가지고 사업을 해나가야 한다. 거기에 더하여 상황을 분석하는 지식보다는 상황을 만드는 지식에 익숙한 삶을 살아야 한다.

사장으로서 다섯 개의 산을 넘으면서 경험을 쌓고, 사업 근육을 강화하고, 지식을 더할 때 유의할 사항이 있다. 아이의 울음소리를 듣고 배고파서 우는지, 아파서 우는지, 옷이 축축해서 우는지를 잘 구분하는 아동 심리학자는 '상황을 분석하는 지식'의 소유자다. 그러나 아이를 안기만 하면 울음을 뚝 그치게 만드는 옆집 아주머니는 '상황을 만드는 지식'의 소유자다. 투수의 구질과 적절한 볼 배합을 조언하는 야구해설가는 상황을 분석하는 지식의 소유자다. 그러나 꼭 삼진이 아니어도 자기 방식으로 아웃 카운트를 늘려가는 투수는 상황을 만드는 지식의 소유자다.

사장으로 성공하기 위한 기본적인 태도는 상황을 분석하는 것에서 멈추지 않는 것이다. 상황을 만드는 지식이 아니라 상황을 분석하는 지식만 많으면, '되는 방식'이 아니라 '안 되는 이유'를 설명하는 데 더 열심을 낸다. 사장에게 상황을 분석하는 지식이 필요한 이유는 사장이 원하는 상황을 만들기 위함이 되어야 한다. 가능한 한 조직 내 사람들을 상황을 만드는 지식을 추구하는 사람들로 채우도록 노력하고 관리하라. 그 시작점은 사장이다.

제 2 부

사장의 리더십

생존을 넘어 개인·관계·조직을 이끄는 16가지 힘

기업의 규모와 성장 단계에 따라 사장의 리더십이 달라져야 한다.
사장은 그에 맞게 유연한
'필요 리더십flexible leadership'을 발휘해야 한다.

첫째, 생존의 리더십
사업 초기에는 안정적인 궤도에 들어서고 생존하는 것을 목표한다.

둘째, 개인 리더십
사장이 먼저 효율적으로 일하는 방식을 습득한다.

셋째, 관계 리더십
직원들이 효율적으로 일하도록 돕는다.

넷째, 조직 리더십
사장은 기업 규모에 적합한 조직격을 갖추어야 한다.

사장은 생존의 리더십 외에 개인·관계·조직 리더십을 함양하는
1+3단계 리더십 프레임워크를 따른다.

6

생존의 리더십

진짜 사장의 자격을 증명한다

기업의 리더로서 사장이 해야 할 일은 분명하다. 들어오는 돈이 나가는 돈보다 많은 상태를 유지하는 것이다. 규모가 작은 기업의 경우 이번 달 급여, 월세, 공과금 등을 모두 지급하고 다음 한 달을 살 수 있는 상태라면 일단 성공이다. 기업의 규모가 커지면 그 기간이 한 달에서 일 년으로 늘어나고, 규모가 더욱 커지면 3~5년으로 늘어난다.

기업의 생존 방식이 자신의 기업 규모와 가용할 수 있는 자원의 크기에 따라서 달라질 수 있으나, 들어오는 돈이 나가는 돈보다 많은 상태를 유지해야 한다는 초점은 변하지 않는다.

공식6	생존의 근본은 매출을 일으키는 거래에 있다

생존의 리더십을 발휘하는 사장이 가장 먼저 집중할 것은 '매출을 일으키는 거래'다. 자신의 상품을 가지고 어디서 어떤 방식으로 거래를 일으킬 수 있을까를 생각해야 한다. 이 시기는 효율은 고사하고 최소한의 효과만 얻어도 괜찮다고 생각하며 행동할 수밖에 없다. 그리고 여러 번의 시행착오를 겪는 것을 당연하게 생각해야 한다. 매출을 만드는 공식은 다음 세 가지로 표현할 수 있다.

매출 = 방문 고객 수 × 구매율 × 객단가

= (접근 가능 고객 수 × 방문율) × 구매율 × 객단가

= (신규 방문 고객 + 경험 고객 재방문) × 구매율 × 객단가

구매율과 객단가(고객의 1회 구매 시 평균 구매 금액)는 사업을 시작하고 어느 정도 시간이 지나면 일정 수치로 수렴하게 된다. 그러나 방문 고객 수는 사장이 어떤 노력을 기울이느냐에 따라서 결과가 크게 달라질 수 있다. 따라서 사업 초기에는 방문 고객수를 늘리기 위한 다양한 집객 아이디어를 미리 준비하고 있어야 한다.

생존의 리더십을 발휘하는 사장의 구체적인 행동은 자신의 사업에서 접근 가능한 고객군을 찾아내고, 그들의 첫 방문과 재방문을 이끌어낼 방법과 방식들을 찾아서 실행하는 것이다. 그 과정에서 사장은 자신에게 적합한 3단계 마케팅을 기획하고 실행할 수 있어야 한다.

수익을 만드는 세 변수

사장이 매출을 일으키는 거래에 집중하는 이유는 그 매출을 통해 수익을 확보하기 위해서다.

수익 = 매출 × 이익률 – 비용

수익에 관련된 변수는 매출, 이익률, 비용 세 가지다. 그래서 생존의 리더십을 발휘하는 사장의 행동 초점은 매출을 키우고, 이익률을 높이고, 비용을 줄이는 활동이 기업 전체적으로 반복되도록 조직하고 운영하는 것이다. 매출은 2장에서 설명한 3단계 마케팅으로 키워갈 수 있다. 이익률은 업계의 평균 이상을 기준점으로 잡고 관리하면서 비용을 줄이는 자기 방식을 찾아서 강화할 수 있으면 된다.

생존의 리더십을 키우는 7단계

생존의 리더십은 다음 7단계를 통과하며 더 단단히 연마된다.

(1단계) 돈 들어오는 구멍을 최대한 확보하고 시작한다

사업 시작 시점에 일정 크기 이상의 매출을 확보하고 시작할 수 있으면 더할 나위 없이 좋다. 그래서 자신의 사업을 구체화 시켜서 'Do'의 단계에 진입하는 사장의 1차 초점은 '매출을 일으키는 거래'를 확보하는 것이다. 다소 비효율적인 거래라 해도 구체적인 매출을 얻을 수 있으면 가능한 한 수용할 방법을 찾는 편이 좋다. 이 시기 사장의 판단 기준은 효율이 아니라 효과가 될 수밖에 없다.

(2단계) 돈 나가는 구멍을 명확히 파악한다

돈이 나가는 구멍의 종류와 크기, 성격을 구체적으로 파악한다. 그리고 구분한다. 돈이 나가는 구멍에는 두 가지 형태가 있다. 하나는 그냥 돈이 나가는 구멍이고, 다른 하나는 돈이 들어오는 길과 연결된 구멍이다. 월세, 공과금, 이자 등 순수한 비용은 가능한 한 그 숫자와 크기를 줄여야 한다. 그러나 연구개발이나 홍보 등 돈이 들어오는 구멍과 연결된 구멍은 여건과 상황이 허락하는 한 크기를 키워야 한다. 단순히 현재를 유지하기 위해서 쓰이는 돈은 비용이지만 미래의 수익을 확보하기 위해서 사용하는 돈은 투자가 된다.

(3단계) 돈이 들어오는 구멍의 수를 늘리고 크기를 가능한 한 키운다

기본적으로 돈이 들어오는 구멍은 예측하기도 어렵지만 통제하기는 더더욱 힘들다. 그래서 항상 최선이 아닌 최악의 경우를 상상하면서 수익 모델을 유지해야 한다. 그렇게 돈 들어오는 구멍의 숫자와 크기를 키우려는 노력은 자신의 사업이 생존의 단계를 벗어났다고 판단될 때까지 계속되어야 한다.

(4단계) 돈이 나가는 구멍 중에서 돈이 들어오는 구멍과 연결된 곳의 지출을 조직적으로 키운다

오늘 비용을 쓰는 이유는 오늘을 생존하기 위함과 더불어 내일 더 많은 매출과 수익을 내기 위함이다. 따라서 자기 사업의 특징을 잘 살펴서 추가 매출과 수익을 만들어내는 지출 부문을 찾아냈다면, 그것을 지키기 위해서 노력해야 한다. 아무리 힘들어도 그 부문의 지출을 줄여서는 안 된다. 오히려 적극적으로 해당 부문의 비용을 키우는 정책을 고민해야 한다.

(5단계) 돈 나가는 구멍 중에서 단순 지출은 금액의 크기가 작더라도 줄이도록 노력한다

R&D 비용과 전략적인 홍보는 비용이 아니라 투자로 생각하는 것이 좋다. 그러나 그 외의 비용들은 줄이는 노력이 조직의 습관이 될 수 있도록 조직문화를 만들어야 한다. 사업 초기에는 사장의 모

든 행동이 기업 지출의 기준이 될 수 있음을 명심하고, 돈을 쓰는 기준을 단순하고 명확하게 정립하는 지속적인 노력이 필요하다.

(6단계) 오랫동안 가장 많은 돈이 들어올 수 있는 구멍을 판단해서 선택하고 집중한다

사업이 생존을 넘어서는 단계에 이르면 그중 가장 효과적인 수익원을 선택해서 힘을 집중하는 것이 좋다. 비즈니스는 효율의 게임이며 선택과 집중을 통해서 효율을 극대화할 수 있기 때문이다. 이때부터 사장의 판단 기준이 효과에서 효율로 점차 이동한다. 꼴을 만들고 크기를 키우고, 다시 꼴을 만들고 크기를 키우는 노력을 반복하면서 기업이 성장한다.

(7단계) 매출을 키우고 수익률을 높이고 비용을 줄이려는 각 부문의 노력이 전체 성과를 키우는 방식으로 귀결되도록 정돈한다

이때가 사장의 리더십이 한 단계 점핑하는 중요한 시기다. 돈을 벌고 비용을 사용하는 기업의 운영 꼴이 만들어지기 때문이다. 그리고 사장이 적극적으로 공부를 시작해야 하는 시기이기도 하다. 각 사업 부문의 노력이 기업의 추동력이 되도록 조직하고 정돈하는 과정을 반복하면서, 사장은 기업이 성장하는 원리를 깨닫게 된다. 이전까지는 사장의 태생적 강점과 노력이 기업의 생존과 발전의 기초가 되었지만, 이때부터는 사장의 학습된 역량과 기업을 조직하고 운영하는 방식이 기업의 성장에 더 큰 영향을 끼친다. 그리고 이 시기부터 기업이 자신의 색깔을 드러내고 외부로부터 적극적으로 평가받기 시작한다.

생존의 리더십을 강화하는 다섯 가지 돌파 역량

생존의 리더십을 발휘할 때 가장 위협적인 것은 사장이 매일 부딪히는 불편한 진실들이다. 이는 기업의 근본을 흔들게 되므로 이를 돌파할 역량을 길러 생존 근육을 발달시켜야 한다.

1. 경험 없는 직원과 함께 성과 만들기
2. '5-3-1-1 운영 방식'으로 소수 정예 만들기
3. 경쟁이 없는 것처럼 사업하는 방식 연구하기
4. 호의적이지 않은 사람과 일하기
5. 배우려는 자세를 밑바탕에 두기

(돌파 역량 1) 경험 없는 직원과 함께 성과 만들기

생존의 리더십을 발휘하는 사장이 먼저 익숙해질 것은 소수 정예로 조직을 운영하는 것이다. 보통은 소수 정예라고 하면 정예 요원을 잘 골라서 운영하는 것을 생각한다. 그러나 현실은 그렇지 않다. 사장이 생존의 리더십을 발휘해야 하는 시기는 정예 요원은 차

치하고 보통의 업무 역량을 가진 사람도 확보하기 어려운 경우가 더 많다.

내가 말하는 소수 정예란 '소수가 되면 정예精銳가 된다!'는 뜻이다. 이것은 내가 20~30대 때 비즈니스 초심자로서 넘치도록 경험한 사실이다. 급속히 성장하는 회사에서 계속해서 책임이 맡겨졌기 때문이다. 주어진 일을 처리하기에도 버거운 시간과 자원을 가지고 목표에 도달해야 하는 상황을 반복하면서, 평범했던 사람이 자신도 모르는 사이에 전사가 되어간다. 그 과정에서 같이 일하는 직원들의 목표 도달 능력 즉, '되게 하는 능력'이 자연스레 고양된다.

이를 위해서 사장은 직원들이 '집중'할 수 있는 환경을 만들어 주어야 한다. 적극적으로 일하려는 사람을 모을 것, 목표가 분명할 것, 그리고 일할 맛을 느낄 수 있는 분위기를 마련해 줄 것 등이 필요조건이 된다. '창의성' 발휘는 개인의 몫이다. 닦달하고 강조한다고 해서 되는 것이 아니다.

이때 특별한 열심(무리함)은 지양한다. 지속하기 어렵기 때문이다. 상황과 환경은 빡빡하지만 되는 방법을 찾아서 실행하고자 하는 분위기 속에서 자발적이고 능동적인 태도로 일하다 보면 직원들이 일할 맛을 느낀다. 그러면 몸은 힘들어도 즐겁게 일하는 방식을 스스로 체득하게 된다. 그런 경험을 반복하면서 자연스레 소수 정예가 되어간다.

(돌파 역량 2) '5-3-1-1 운영 방식'으로 소수 정예 만들기

소수 정예를 만드는 구체적인 실행 방식은 다음과 같다. 5명이 할 일을 3명이 하게 하고, 1명의 몫을 직원들에게 지급함으로써 더 많은 대가를 갖게 하는 것이다. 그 과정에서 여분의 1명 몫은 사장(회사)이 취할 수 있다. 사장이 해야 할 구체적인 역할이 있기 때문이다. 혹여나 직원들을 쥐어짜서 일하게 하라는 것으로 오해하지 말라. 오히려 사장이 일을 더 하는 것이다.

5명이 일하는 조직에서 성과의 평균값을 50이라고 가정했을 때, 실제로 벌어지는 일은 30~70 사이에서 진행(편차 20)된다. 만약 30~50의 일들을 수행하는 경우 성과 크기에 비해서 업무 강도가 낮은 상태로 일하는 것이라 직원들의 불평은 없다. 오히려 느슨한 상태에서 일하는 상황에서 업무 외의 영역에서 문제가 생기는 경우가 많다.

50~70의 일들을 수행하는 경우는 어떨까? 일의 강도가 높아지기 때문에 힘들다고 불평하는 소리가 커진다. 그러나 업무에서의 이탈은 없다. 작업자가 70~80퍼센트 정도의 역할 수행으로 과업이 진행되도록 업무가 설계되는 것이 보통이기 때문이다. 대신 작업장 분위기는 긴장 상태인 경우가 많고 추가 인원을 보충해 달라는 요구가 늘어난다.

가장 이상적인 수치인 50의 일을 수행하는 경우는 어떨까? 내 경험을 기준으로 생각할 때 30~50의 일들이 진행될 때와 큰 차이가 없다. 결과적으로 30~50의 일들과 50의 일이 진행될 때의 비용은 같지만 얻는 성과는 낮다. 조직 운영에 누수가 많다는 뜻이다. 그래서 생존의 리더십을 발휘하는 시기의 사장에게는 '5-3-1-1' 또는 '3+α'의 조직 운영 방식을 권한다.

50의 평균 성과를 얻기 위한 조직을 세팅할 때 기본 인원을 3명으로 정한다. 30~50의 일들이 진행될 때는 앞에서 언급했던 소수정예의 방식으로 운영하고, 50이 넘어가는 상황이 되면 초과하는 업무량을 사장이 직접 감당하는 방식이다. 물론 사장이 20의 업무 수행 역량을 발휘한다는 전제에서 가능하다. 사장이 그 역할 수행을 할 수 없는 상황에서는 20을 감당할 수 있는 숙련된 예비군을 준비해야 한다. 성과 크기를 그대로 유지하면서 비용을 줄이는 방식이다.

(돌파 역량 3) 경쟁이 없는 것처럼 사업하는 방식 연구하기

사업의 세계에서 경쟁을 피할 방법은 없다. 자기 일에 최선을 다하고 똑똑하나 경험 없는 사장들이 가장 쉽게 실패하는 부분이 '경쟁'의 영역이다. 상품에 대한 평가가 좋고 현재의 고객들이 만족하고 있으니 모든 일이 순조롭게 진행될 것으로 생각하면 안 된다. 그것은 절반만 맞는 말이다. 사업에서 진검승부는 경쟁에서 비롯한다. 그러나 자신의 사업에 집중하기에도 버거운 초보 사장이 경쟁을 고려하면서 사업을 한다는 것은 생각만으로도 스트레스다.

그래서 사업 준비 과정부터 틈새시장niche market을 찾는 것은 물론이고, 자신이 선택한 영역에서 마치 경쟁이 없는 것처럼 운영할 수 있는 방식을 모색해야 한다.

경쟁자에게서 고객을 지키는 기본은 '스스로 잘하기(있을 때 잘하기)'와 '경쟁자와의 차별화'에 있다. 스스로 잘하기는 그렇다 쳐도 기업이 현실에서 어떻게 차별화를 이룰 수 있는가는 늘 어려운 과제다. 차별화는 선언한다고 해서 이루어지는 것이 아니기 때문이다.

만약 자신의 개성이 차별화로 받아들여지는 상황과 환경이 조성되어 있다면 최고의 환경에 놓여 있다고 생각해도 좋다. 이때 경쟁자와 다툼이 치열한 레드오션을 당연한 것으로 생각하지 않고, 경쟁이 존재하나 영향을 받지 않는 방식으로 사업을 시작하고 지속하는 방법을 생각해 보자. 쉬운 이해를 위해 세 개의 원이 있는 '3C(소비자-경쟁자-기업)' 그림을 보자(그림 6-1).

그림 6-1

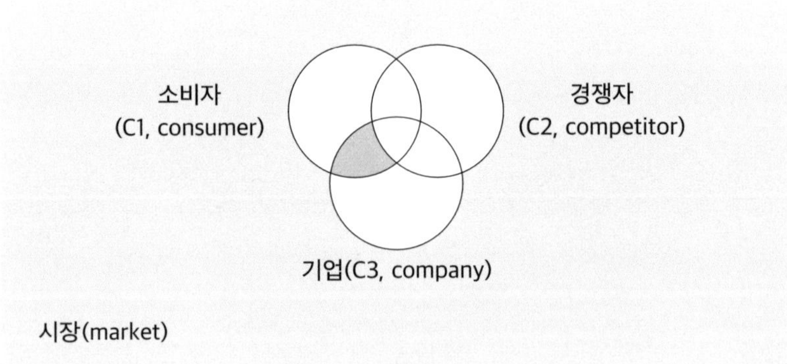

그림 6-1은 각각 소비자(C1, consumer), 경쟁자(C2, competitor), 기업(C3, company)의 원을 나타낸다. 우선 성공적인 비즈니스는 소비자의 원에 속해 있어야 한다. 소비자들이 비용을 지불할 만큼 가치가 있어야 한다는 뜻이다. 그리고 소비자 관점에서 의미 있는, 경쟁자와의 차별점이 있어야 한다. 경쟁자가 나보다 더 저렴한 가격에 같은 상품을 제공하거나 같은 가격에 더 질 좋은 상품을 제공한다면 경쟁에서 이기기 어렵다.

경쟁에서 이기는 차별화를 구현하려면 소비자의 원과 기업의 원이 교차하는 부분에서 시작해야 한다. 그리고 기업의 원에서는 강점은 활용하고 단점은 드러나지 않도록 사업 모델을 구축할 수 있어야 한다.

이 그림을 이해하고 행동하면, 객관적으로는 경쟁이 존재해도 사업을 실행하는 구체적인 환경에서는 경쟁이 없는 것처럼 행동할 수 있다.

(돌파 역량 4) 호의적이지 않은 사람과 일하기

자기 일에서 프로professional가 되었다는 것을 언제 확인할 수 있을까? 기업 외부적으로는 재주문을 받는 상황을 만드는 것이고, 기업 내부적으로는 자신에게 호의적이지 않은 사람들과 일하는 상황에 익숙해지는 것이다. 그런데 이 두 가지 상황 모두 실력이 뒷받침되지 않으면 반복하거나 지속하기 어렵다. 그런 상황을 만들고 유지하는 기본태도는 '필요에 집중하는 자세'다. 좀 더 정확히 표현하면 '진짜 필요를 파악하고 구체적으로 행동하는 것'이다. 사람과 조직의 관계에서 겉으로 표현된 필요 속에 숨겨진 진짜 필요를 구분하고 알아챌 수 있으면 긍정적인 관계 형성이 쉬워진다.

실버룰을 습관화하라

긍정적인 상황을 만들고 지속하는 가장 유용한 방식은 '상대가 자신에게 해주길 원하는 것을 먼저 하라'는 골든룰golden rule을 행동하는 것이다. 그러나 골든룰을 실행하고자 하는 사람이 먼저 익숙해져야 할 'before' 단계가 있다. 실버룰silver rule, 즉 '상대가 자신에게 하지 않기를 바라는 것을 하지 않는 것'이다.

실버룰이 생활화되지 않은 사람이 골든룰을 실행하려고 하면 시행착오와 어려움을 겪는다. 그 이유는 사람마다 바라는 것이 모두 같지 않다는 사실을 놓치는 경우가 많으며, 상대가 원하는 것이 무엇인지 잘 안다는 생각이 착각인 경우가 잦기 때문이다. 또한 상대에게 유익하거나 도움이 되는 행동을 하려는 동기가 오히려 관계를 어렵게 하기도 한다. 골든룰이 상위 가치에 있는 것은 맞다. 그러나 실버룰에 먼저 익숙해진 상태에서 골든룰을 자신의 생활 습관으로 쌓는 것이 실행의 관점에서 훨씬 더 현실적이다.

긍정의 메세지를 전달하는 방식을 연구하라

성과를 요구받는 상황, 경쟁하는 상황, 호의적이지 않은 사람들에 둘러싸여 일하는 사장은 같이 일하는 직원들에게 긍정의 메시지를 전달하는 방식을 특별히 연구해야 한다. 지시만 하는 것이 아니라 직원들이 최대한의 공헌을 하려면 무엇을 어떻게 해야 하는지 구체적으로 말해야 한다.

사장이 먼저 근면한 태도를 보이면서, 자유로운 아이디어 교환을 통해서 다양하게 창의적으로 접근할 수 있다는 것을 직원들이 느끼고 경험하게 해야 한다. 질책할 때도 초점을 분명히 하되 자신만의 스타일에 맞는 방식을 개발해야 한다. "자네가 나라면 어떻게 하겠는가?"를 묻고, 노력을 기울여도 여전히 불손한 태도의 사람은 떠나보내는 것에 주저하지 말라.

사장이 목표와 초점을 분명히 하되, 직원들이 자신이 맡은 일에서 자유와 재량으로 일하게 함으로써 신뢰를 보여줄 수 있다. 그들의 스타일을 표현할 공간을 제공하면 훨씬 신나게 일한다.

직원들이 항상 긍정적인 말만 전해야 한다고 생각하지 말라. 오히려 즐겁지 않은 소식을 얼마나 신속하게 들을 수 있느냐가 중요하다. 기쁘지 않은 소식도 자유롭게 보고할 수 있는 분위기를 만들어주어야 한다. 중요한 정보를 고객과 직원들에게서 여과 없이 들을 수 있는 환경에 사장 자신을 노출하는 것을 두려워하면 안 된다. 사장이 어떤 업무가 중요하다는 것을 보여주지 않으면 직원들은 그 일이 중요하다고 믿지 않는다.

(돌파 역량 5) 배우려는 자세를 밑바탕에 두기

일거리를 물어오는 외부형 사람과 물어온 일거리를 잘 처리하는 내부형 사람이 있다. 보통 두 가지를 모두 잘하는 사람은 드물다. 각자를 그 역할에 맞추어 잘 활용하는 것은 사장의 몫이다. 그 과정에서 사장도 직원도 승자처럼 보이고, 승자처럼 행동할 수 있으면 사기가 높아진다. 같이 일하는 사람들에게 자부심을 불어넣어 줄 수 있으면 좋다.

만약 사장이 부하 직원들을 고객 대하듯이 할 수 있다면 호의적인 관계는 전혀 어렵지 않다. 직원들을 기업의 장기적인 목표를 달성하는 데 필요한 고객으로 생각할 수 있으면 사장의 태도는 저절로 겸손해진다. 실제로 직원들은 월급만을 바라는 존재가 아니다. 사장의 인정을 받기 위해서 일하는 존재인 경우가 더 많다. 때로는 화를 북돋는 직원들이 나타나기도 하겠지만, 가능하다면 화내지 말고 복수도 말라. 복수를 생각하는 순간 마음속 분노가 더 소중한 것들을 빼앗아 간다. 적들을 용서할 수 없다면 차선책으로 그들을 잊어버려라.

7

개인 리더십

사장이 먼저 효율적으로 일해야 한다

*이 장의 많은 부분이 피터 드러커의 1966년 저작 『성과를 향한 도전』에서 영감을 받고 배운 것들임을 밝힌다.

실행의 현장에서 리더로 활동하는 사장은 '습관이 된 것만 내 것'으로 사고체계를 바꿔야 한다. 좋은 습관을 갖는 것은 좋은 무기를 몸에 장착하는 것과 같다. 사장의 개인 리더십은 사장이 어떤 습관을 갖는가에 관한 것이다.

사장의 개인 리더십 정립은 자신의 역할(공헌할 바)을 아는 것에서 시작한다. 그래서 사장은 "현재의 위치와 상황에서 내가 공헌할 것이 무엇인가?"를 스스로 물어야 한다. 그리고 자신이 찾아낸 답을 실행으로 옮기면 된다. 그런데 기업의 규모와 상관없이 사장은 늘 바쁘고 일상 업무에 쫓기며 산다. 특히 조직의 많은 사람이 사장의 시간을 요구한다. 그래서 사장의 시간은 조직 내 사람들과 공유하는 공공재의 성격을 띤다.

공식7 사장의 시간은 공공재다

내게 이 장의 내용을 정리할 수 있도록 가르침을 준 드러커는 전략을 '가용 자원 사용 우선순위의 결정'이라고 정의한 바 있다. 매우 통찰력 있는 정의라고 생각해서 나 역시 그 정의를 내 것으로 소화하고 활용한다. 어떤 목표를 갖고 행동하려면 자신이 활용할 수 있는 자원이 무엇인지 알고, 그 자원들을 사용할 우선순위를 정해야 한다.

사장은 자신의 시간을 효과적으로 사용하는 방식을 연습하고 훈련해야 한다. 자신의 가용 시간을 파악하고 배분해서 필요의 우선순위에 따라 사용하는 데 익숙해져야 한다. 이미 시스템적으로 성과를 반복하는 영역을 제외하고는 사장의 시선이 있는 곳이 기업의 성과 영역이 될 가능성이 크기 때문이다.

사장에게는 덩어리 시간이 필요하다

대부분 사장에게 가장 부족한 자원은 돈 이전에 '시간'이다. 조직 내의 많은 사람이 사장을 통해서 일을 진행하고 문제를 해결하려는 경향이 강하기 때문이다. 그런데 현실의 사장들은 시간 관리에 대해 막연한 필요를 느낄 뿐 구체적인 방법을 잘 알지 못한다.

사장의 시간 관리 훈련은 자신의 실제 시간 사용을 기록하는 것에서 시작한다. 시간 관리의 초점은 세 가지다.

1. 시간을 기록한다.
2. 시간을 관리한다.
3. 가용 시간을 묶어서 덩어리 시간으로 만든다.

그런데 많은 이들이 사용 시간을 기록하는 단계부터 어려움을 겪는다. 비서가 있어서 사장의 시간 사용을 기록하지 않는 한 사장 스스로는 시간을 어떻게 사용하고 있는지 파악하기 어렵다. 가계부를 쓰고 나서야 자신의 돈 사용 실태를 알게 되는 것과 비슷하다. 그래서 사장의 시간 관리 1단계는 '기록'이다. 사장 스스로 적절한 방법을 찾아서 현재의 시간 사용 내역을 기록해야 한다.

그다음에는 자신의 시간 사용 기록을 분류해야 한다. 분류의 기준은 '급한 일'과 '중요한 일'이다. 1사분면에는 '급하지만 중요하지 않은 일'에 사용한 시간을 기록한다. 2사분면에는 '급하고 중요한 일'에 사용한 시간을 기록하고, 3사분면에는 '급하지 않지만 중요한 일'에 사용한 시간을 기록한다. 그리고 마지막 4사분면에는 '급하지도 중요하지도 않은 일'에 사용한 시간을 기록한다(그림 7-1).

급한 일이란 바로 처리하지 않으면 문제가 생기는 일이다. 중요한 일이란 구체적으로 성과에 영향을 미치는 일이다. 그런데 보통

그림 7-1

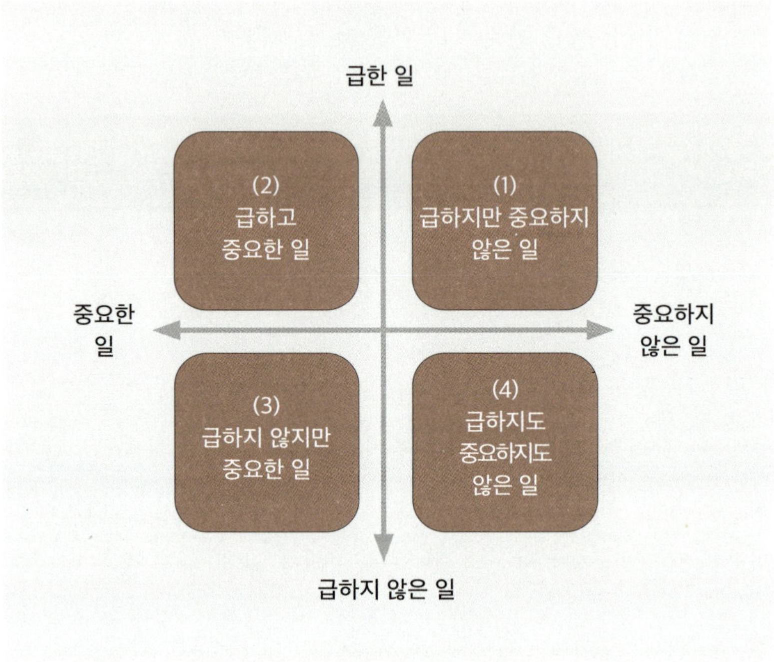

훈련받지 못한 사장들은 급하게 발생한 일을 처리하는 데 우선해서 시간을 쓰는 경우가 많다(예고 없이 찾아온 20년 지기 고향 친구를 어찌 그냥 보낼 수 있겠는가?).

사장의 시간 관리 2단계는 자신의 시간을 관리하는 것이다. 4사분면(급하지도 중요하지도 않은 일)에 쓰던 시간을 없앤다. 1사분면(급하지만 중요하지 않은 일)의 일을 다른 사람에게 이양한다. 4사분면에 낭비되던 시간을 없애고 1사분면에 사용하던 시간을 줄이는 것은 조금만 관심을 가져도 실행할 수 있다. 문제는 그다음 단계이다. 2사분면(급하고 중요한 일)의 일들을 바라보는 사장의 태도가 바뀌어야 하기 때문이다.

내 경험에 의하면 열심 있는 사장들 대부분이 2사분면에 집중해 자신의 시간을 사용한다. 그런데 이 부분에 변화를 주어야 한다. 해결법은 2사분면에 사용하던 시간을 3사분면(급하지 않지만 중요한 일)으로 이동시키는 것이다. 내일 진행할 경쟁 PT를 오늘 준비하는 것은 '급하고 중요한 일'이지만, 그 준비를 어제 끝냈으면 '급하지 않지만 중요한 일'이 된다. 즉, 성과에 영향을 주는 일들을 '급하지 않지만 중요한 일'의 위치로 이동시키는 것이다.

이제 마지막 3단계는 그렇게 확보한 가용 시간들을 묶어서 덩어리 시간으로 만든다. 그리고 그 덩어리 시간을 조직의 성과에 직간접적으로 영향을 미치는 중요한 업무에 우선해서 할애하는 것이다.

성과를 지향하는 사장이 시간 관리 요령을 필수적으로 습득해야 하는 이유가 있다. 기업 운영에 영향을 미치는 중요한 일들은 결코 자투리 시간으로 해결할 수 없기 때문이다. 사장이 자유롭게 사용할 수 있는 덩어리 시간의 크기를 파악하고, 기업의 희소자원인 자신의 시간을 의미 있게 사용하는 적절한 습관을 갖기 위해 힘써야 한다. 그것이 사장의 습관이 되고 조직의 일 처리 방식이 되기 위한 의지와 노력이 필요하다. 사장의 시간이 기업의 희소한 자원임을 바로 알고, 적극적이고 구체적인 방법을 찾자!

공식 8 잘할 수 있는 것과 강점만이 성과를 낳는다

사장이 조직의 성과를 이끌어가는 비즈니스 리더로서 개발해야 하는 성품이 있다. 사람의 강점을 바라보고 그 강점을 북돋기 위해 노력하는 것이다. 강점이 성과를 만드는 주요한 요인이기 때문이다. 또 하나는 조직이 잘할 수 있는 것이 무엇인지 파악하는 것이다. '강점'과 '잘할 수 있는 것(전술적 역량)'을 통해야만 성과에 접근할 수 있다. 그래서 강점을 알고 그 강점을 활용해서 성과를 얻기 위한 노력은 행동일 뿐 아니라 자세이기도 하다.

비즈니스 리더로서 사장은, 강점만이 성과를 낳는다는 사실을 기본 공식으로 기억하자!

특히 조직으로 일하는 기업에서 약점을 의미 없게 만들고 각 개인의 강점들을 엮어서 전체 성과로 연결하는 운영 방식은 곧 사장의 역량으로 평가받는다.

사장은 강점을 얻기 위해서 그 사람의 약점을 참아내는 것을 당연하게 여기는 연습과 훈련을 해야 한다. 거의 예외 없이 큰 강점을 가진 사람에게는 그에 상응하는 약점이 있기 때문이다. 조직의 유용성은 개인의 약점을 의미 없게 만드는 데 있다. 강점 발휘를 방해하지 않는 한 약점이 없는 것처럼 행동하는 자세가 더 유용하다.

그 사람의 강점이 드러나고 활용되게 하라

사장은 강점을 중심으로 인사人事하는 자기 방식을 마련해 두어야 한다. 그 사람이 자신과 잘해나갈 수 있는가를 따지기 전에, 그가 어떤 것에 공헌할 수 있는가를 묻고 무엇을 가장 잘 할 수 있는가를 기준으로 삼아야 한다. 인간의 탁월성은 한 분야 또는 작은 분야에서밖에 실현되지 않는다. 또한 정말 강한 인간은 조직을 필요로 하지 않으며 조직을 통해서 성과를 내기 위한 시도조차 하지 않는다. 그래서 평범한 사람들을 통해서 비범한 성과를 내는 자신의 방식을 찾아내고 구조화하는 것이 성과를 도출해야 하는 사장의 핵심 역할이다.

강점에 기초한 인사를 한다는 것은 그가 '잘하는 일' '잘할 것 같은 일'을 생각하고 '그가 강점을 발휘하기 위해서 무엇을 알고 무엇을 체득해야 하는가'를 생각하는 것이다. 그리고 각 사람이 성과를 얻는 과정에서 공헌한 바를 철저히 평가해야 한다.

사장은 문제가 아닌 기회에 초점을 둔 인사를 하기 위해 노력하자. 특정한 업무에서 뛰어난 사람을 적극적으로 찾겠다는 방식으로 생각하자. 실적을 올린 사람에게는 기회를 주는 것을 당연하게 생각할 필요가 있다. 반대로 두드러진 성과를 올릴 수 없는 사람이 관리자라면 가차 없이 이동시켜야 한다.

공식9	기회의 영역에 가용 자원을 집중 투입한다

'집중'은 평범한 인간이 성과에 접근할 수 있는 가장 유용한 방식이다. 그래서 사장은 자기 자신은 물론 같이 일하는 직원들이 집중해서 일할 수 있는 구체적인 방법과 환경을 만들기 위해 노력해야 한다. 만약 한 개인이 집중을 넘어 '몰입'해서 일하는 것에 익숙해지면 개인은 물론 그가 속한 조직도 늘 평균 이상의 성과를 반복할 수 있다.

사람은 언제 어떻게 집중해서 일할 수 있는가? 먼저 집중을 방해하는 장애물을 제거해야 한다. 앞서 설명했던 1사분면(급하지만 중요하지 않은 것)의 일들을 다른 사람에게 이양해서 자신의 시간 사용에 걸림돌이 되지 않도록 처리할 수 있으면 좋다.

다음으로는 집중을 위해서 한 번에 한 가지씩 일을 처리하는 방식에 익숙해지는 것이다. 동시에 여러 가지 일을 수행하는 컴퓨터도 구체적인 실행 단계에서는 스풀링spooling(대기열 관리) 방식을 통해 각각의 일을 작은 조각으로 나누어서 처리한다. 동시에 많은 일을 처리하는 것으로 보이는 컴퓨터 역시 한 번에 한 가지씩 일을 처리하는 방식을 기초로 하고 있음을 알 수 있다.

사장은 해야 할 일에 둘러싸여 있는 경우가 보통이다. 그럴수록

한 번에 하나의 일에 집중할 때 더 많은 일을 할 수 있음을 알고 스스로 훈련해야 한다. 자신이 쓸 수 있는 덩어리 시간의 크기를 파악하고, 중요한 업무에 우선순위를 두고 시간을 배분하는 것에 익숙해져야 한다. 시간과 노력, 자원을 집중하면 할수록 실제로 할 수 있는 일의 수와 양이 많아짐을 이해하고 자신에게 적합한 실행 방식을 찾으려 노력하자.

더 이상은 생산적이지 않게 된 것을 과감히 버리는 '조직적 폐기'

힘을 집중하기 위해서 사장이 기억하고 행동해야 할 중요한 행위가 '조직적 폐기'다. 이제는 생산적이지 않게 된 과거의 것을 버리는 것이다. 한 개인도 그렇고 기업의 조직도 과거에 좋았던 경험과 추억에서 자유롭기는 쉽지 않다. 그러나 상황이 바뀌고 환경이 변하는 비즈니스에서 사장은 '우리가 지금까지 이 일을 해오지 않았다면 오늘 우리는 이 일을 시작할 것인가?'를 묻고, 대답이 '아니오'라면 그 일을 가능한 한 빨리 멈추어야 한다. 더 이상 생산적이지 않게 된 일에 투입되는 자원들을 정리해서 내일의 기회가 되는 영역에 투입해야 한다.

사장이 '집중'의 의미와 가치를 생각할 때 함께 살펴야 할 것이 있다. 사장이 새로운 시도를 할 때는 그 일을 할 수 있는 사람(전술적 역량)을 먼저 확보해야 한다. 그런데 그런 사람은 예외 없이 현재 중요한 영역에서 일하고 있을 확률이 높다(매우 바쁜 사람이다). 그래서 사장은 그 사람의 현재 업무를 줄이고 미래의 기회 영역에 투입할지 말지를 판단해야 한다. 이때 조직적 폐기가 기업의 문화가 되어 있는 경우는 기회를 중심으로 의사결정하고 베테랑 인원을 기회의 영역에 투입하기가 쉬워진다.

'집중'이란 가장 중요한 것이 무엇인지 구분하고, 가용 자원의 사용 우선순위를 정하는 전략적 행동이다. 그래서 집중은 용기이며 스스로 일의 주인이 되는 실용적인 방식이다.

공식10	성과를 내는 의사결정은 프로세스로 이루어진다

사장의 개인 리더십 마지막은 성과를 내는 의사결정 프로세스를 알고, 그것을 자신의 습관은 물론이고 기업의 습관으로 만들기 위해 노력하는 것이다. 이때 의사결정을 특정 시점의 행위로 생각하는 것은 적절치 않다. 오히려 성과를 올리기 위한 사장의 의사결정을 프로세스로 이해할 때 그 역할의 효능을 극대화할 수 있다. 기업 활동에서 사장의 의사결정이 사장 역할의 대부분을 차지하기 때문이다.

(1단계) 문제를 구분하라

사장의 의사결정 첫 번째 단계는 문제를 일반적인 문제와 특수한 문제로 구분하는 것이다. 이때 일반적인 문제는 원칙과 룰을 정립해서 반복되는 일들을 실무적으로 처리하고, 특수한 문제는 별도로 구분해서 처리하는 것이 바람직하다. 그런데 일반적인 문제와 특수한 문제를 구분하는 것이 경험 적은 사장들에게는 어렵다. 그래서 자신이 특수한 문제라고 생각하는 것을 다시 다음과 같이 구분해서 생각해야 한다.

1. 진짜 특수한 경우
2. 자신에게는 특수하지만 객관적으로는 일반적인 경우
3. 새로운 종류의 일반적인 문제가 최초로 발견된 경우

사장으로 일하면서 정말로 예외적이고 특수한 상황의 문제에 처하는 경우는 극히 드물다. 실제로 사장이 특수한 문제로 인지하는 대부분 경우는 2번(자신에게는 특수하지만 객관적으로는 일반적인 것)의 경우가 많다. 기업의 인수합병이나 주식시장 상장처럼 자신에게는 특수하지만 그런 활동을 반복하는 사람(일명 전문가)에게는 일반적인 문제인 경우다. 이때는 해당 영역의 지식과 경험을 가진 외부 전문가를 활용하는 것이 현실적으로 유용하다. 해당 상황이 끝나면 그 기업에서는 다시 반복되지 않을 일들이기 때문이다.

그런데 시장 환경의 변화나 고객 인식의 변화 등에 따라 벌어지는 문제들은 유의해서 다루어야 한다. 최근 활성화되고 있는 '공유경제'는 유무선 통신기술의 발달과 금융결제 방식의 다양화, 소비자의 인식 변화 등이 연결되어서 총체적으로 새로운 시대의 거래방식으로 등장하고 있다. 이전과 그 내용은 같지만 2번의 영역에서 3번의 영역으로 위치를 바꾸어가는 모습으로 나타나고 있어서 특별히 주목할 필요가 있다.

3번(새로운 종류의 일반적인 문제가 최초로 발견된 경우)의 경우는 상황과 형태를 불문하고 신중하게 다루어야 한다. 유사한 문제가 곧 반복될 가능성이 크기 때문이다. 기존의 방식으로 상황을 해석하고 잘못 대처하면 그 과정에서 2차 사고를 일으킬 가능성이 크다.

그 문제가 앞으로 반복될 수 있는 문제들의 시작점임을 판별하는 사장의 통찰은 매우 중요하다. 그리고 지금 발견된 새로운 문제를 해결하면서 나중에 유사한 문제가 생겼을 때 적용할 수 있는 룰과 원칙을 수립하는 것도 사장이 꼭 해야 할 역할이다. 새로운 상황에 적용할 수 있는 적절한 기준 수립에 사장의 '덩어리 시간'을 할애해야 한다.

(2단계) 문제를 정의하라

의사결정 첫째 단계를 통해 문제가 일반적인 것인지 특수한 것인지 구분했다면, 둘째 단계는 문제를 정의하는 것이다. 해결해야 할 문제가 무엇what인지 분명히 해서 자신은 물론 조직의 이해관계자들이 명확히 이해할 수 있는 단어와 문장으로 표현할 수 있어야 한다.

(3단계) 경계조건을 정립하라

셋째 단계는 의사결정의 경계조건boundary conditions을 정하는 것이다. 경계조건이란 의사결정이 충족시켜야 할 요건이다. 사장의 의사결정이 성과를 올리기 위해서는 사전에 경계조건을 정립하고 그것을 만족하는 방식으로 진행해야 한다. 경계조건이 간결하고 명확할수록 목적 달성 가능성이 커진다. 그리고 경계조건을 명확히 정립하면 문제를 해결함으로써 얻을 수 있는 최소한의 것이 무엇인지 명확해진다. 옳은 경계조건을 충족시키지 못하는 결정은 부적절하고 성과를 올릴 수 없으며, 새로운 문제를 만들어낼 뿐이다.

(4단계) 무엇이 옳은 것인가를 생각하라

경계조건을 충족시키는 옳은 답을 찾는 과정에서 옳은 타협과 잘못된 타협을 구분할 수 있다. '아는 것이 힘이다'와 '모르는 것이 약이다'는 모두 맞는 말이지만, 어떤 것이 적합한 답인가는 '무엇이 옳은 것인가'에 대한 사장의 생각과 태도에 따라 달라진다. 사장 자신에게 쉬운 것이 아닌 옳은 것을 구분하고 선택하는 용기가 필요하다.

(5단계) 실시를 위한 행동을 명시하라

올바른 의사결정에 따른 적극적인 행동을 강제하기 위함이다. 의사결정의 시점에서 즉각적으로 행동할 부분을 정해서 의사결정과 실행이 따로 놀지 않도록 해야 한다. 특히 '이 의사결정을 누가 알아야 하는가?'를 묻고 그 사람이 해야 할 적절한 행동이 무엇인지 별도로 명시해야 한다. 또한 사장의 의사결정을 실행으로 옮길 사람의 능력과 역량이 적절한가를 확인해서 결정과 행동이 따로 이뤄지지 않도록 해야 한다.

(6단계) 의사결정의 적절성과 성과를 평가하라

마지막 여섯째 단계는 사장의 의사결정 결과에 대한 피드백을 통해서 의사결정의 적절성과 성과를 검토하는 것이다. 최선의 노력을 했다고 해서 늘 최적의 의사결정을 하는 것은 아니다. 사장은 자신의 의사결정이 잘못될 수 있음을 염두에 두고, 피드백 과정을 통해 수정과 보완이 이루어지도록 해야 한다.

성과를 올리는 의사결정도 시간이 지나면서 진부한 것이 될 수 있다. 그리고 상황과 환경, 경쟁자들의 새로운 시도나 고객들의 필요에 대한 기준이 시대의 흐름에 따라 달라질 수 있다. 그래서 사장은 피드백을 위해 조직적으로 정보를 수집할 필요가 있다. 특히 자신의 눈으로 현장을 확인하는 것을 당연하게 생각해야 한다. 사장이 직접 나가서 확인하는 일을 게을리하면 자칫 적절하지도 합리적이지도 않은 자신의 결정에 집착할 수 있다.

사장의 의사결정을 프로세스로 이해하고 행동하자. 특히 첫 번째 단계(문제의 구분)와 세 번째 단계(경계조건 정립)의 효용성과 중요성을 알자!

또한 그 일을 맡아서 추진할 사람이 없는 상태에서의 의사결정은 피하는 것이 현명한 행동임을 기억하자.

8

관계 리더십

직원들이 효율적으로 일하도록 돕는다

사장의 위치에서 직원들이 효율적으로 일하게 하기 위한 첫 단계는 초점을 공유하는 것이다. 현재의 조직원들이 초점을 공유하고 있는지 확인할 수 있는 세 개의 질문이 있다.

첫째, 올해의 회사 목표가 무엇인가?

둘째, 그 목표 달성을 위해 회사는 어떤 전략으로 접근하고 있는가?

셋째, 각 사업부·부서·팀은 그 전략의 실행을 위해 자신들의 어떤 전술적 역량을 발휘하고 있는가?

이 질문은 단순하나 기업의 현재 상태를 확인하는 것으로써 매우 유용하다. 열심을 가진 기업에 문제가 있다면 십중팔구는 각 사업부·부서·팀의 개별적인 행동이 전체적으로 조화되지 못한 경우다. 그리고 사장이 그것을 적절하게 조정하지 못할 때다.

위 세 질문에 대한 답에서 중요하게 확인할 것이 있다. 첫째, 목표는 토씨 하나까지 똑같이 기억해야 한다. 둘째, 전략은 같은 이해를 해야 한다. 셋째, 전술적 실행은 각 사업부·부서·팀의 강점을 발휘할 수 있는 방식으로 창의성과 다양성을 갖고 진행되어야 한다.

초점을 공유하는 것이 사장의 관계 리더십에서 맨 먼저 할 일임을 재차 강조한다. 해당 기간에 해당 조직이 무엇을 목표하고 있고, 어떤 방식으로 목표 달성을 위해 노력하고 있는지 명확히 알아야 한다. 그리고 각 사람이 공헌할 바에 초점을 맞춤으로써 형성되는 생산적인 관계를 북돋는 것이 사장이 행동해야 할 관계 리더십의 핵심이다. 그 과정에서 팀워크, 의사소통, 자기계발, 인재 육성 등의 활동이 진행된다.

리더십과 관리가 모두 필요하다

우리가 자주 쓰는 말이지만 명확하게 구분해서 이해하기 어려운 것들이 있다. 그중 하나가 관리management와 리더십leadership의 차이를 아는 것이다. 관리는 손익 결과에 관심을 두지만 리더십은 성취하고자 하는 일에 집중하는 것이다. 관리는 어떤 일을 '바르게 하는 것'이고 리더십은 '바른 일'을 하는 것이다. 지혜의 영역에서 리더십이 방향이라면 관리는 순서와 가중치가 된다. 사장의 경영에서 리더십과 관리가 모두 필요하지만 먼저 리더십을 발휘한 다음에 관리에 초점을 두고 행동하는 것이 자연스럽다.

비즈니스 리더로서 사장의 임무는 사람들에게서 최고를 이끌어 내는 것이다. 이때 사장의 구체적인 행동 방식은 목표를 설정하고, 칭찬 또는 질책을 통해 목표한 방향으로 나아가도록 돕는 것이다. 그래서 관계 리더십을 발휘하는 사장의 역할은 세 가지다. '비전가'로서 기업의 사명에 지속적으로 초점을 맞추고, '치어리더'로서 팀의 기운을 북돋고 성공을 확신시키며, '공사판 십장'으로서 팀이 사명 달성에서 벗어나는 사안들에 대해서 팀에게 엄격한 통제력을 행사한다.

실행의 과정에서 관리와 리더십 활동을 명확히 구분하는 것은 어렵다. 그러나 분명한 건 비즈니스 리더로서 사장의 리더십과 조직의 성과를 강화하는 관리 활동이 꼭 필요하다. 그래서 나는 사장의 리더십을 '생존의 리더십 - 개인 리더십 - 관계 리더십 - 조직 리더십'으로 구분한다. 이렇게 네 단계로 구분하면, 관계 리더십을 사장이 조직 리더십 단계에 들어가기 전에 반드시 경험하고 훈련해야 하는 'before' 단계로 이해하는 것이 자연스럽다.

공식 11　최고의 역량은 리더가 이끌어낸다

관계 리더십을 발휘하기 위해 사장이 초점을 두어야 할 행동은 사람들에게서 '최고를 이끌어내는 것'이다. 무언가를 새롭게 만드는 것이 아니라 그가 이미 갖고 있는 것을 끌어내야 한다.

사람들은 언제 어떤 상황에서 자신을 최고의 형태로 드러내는가? 내가 평생의 경영 선생님으로 생각하는 월마트 창업자인 샘 월튼의 말에서 힌트를 얻을 수 있다. "훌륭한 지도자는 직원들의 자존심을 부추기기 위해 열심이어야 한다. 자신에 대한 믿음을 가진 사람들은 엄청난 성과를 만들어낸다." 사람들은 긍정적으로 자존심이 고양될 때 자신의 최고 역량을 더욱 쉽게 드러낸다. 팀이나 조직에서는 칭찬과 격려가 그와 유사한 역할을 한다.

활기가 있는 조직에는 늘 최고의 역량을 발휘하는 사람들이 있다. 그 옆에는 예외 없이 칭찬과 격려의 윤활제를 끊임없이 발라주는 리더가 존재한다. 활기의 근원을 알 수 있는 대목이다. 사장의 역할과 노력을 통해 사장의 관계 리더십이 자연스레 스며든다.

일하는 조직에 활기가 생길 때는 목표-전략-전술의 한 방향 정렬aligning된 실행과 그 실행의 결과로 성과를 맛볼 때다. 조직으로 일함으로써 개인으로 일할 때는 도출하기 어려운 성과를 경험하고, 그 성과의 열매를 배분받는 희열은 일하는 사람들에게는 최고의 경험이다. 그렇게 일하는 조직에는 늘 활기가 넘친다.

공식12	의사소통의 시작은 초점을 공유하는 것이다

사장의 개인 리더십 활동 대부분은 '의사결정'으로 귀결되고, 사장의 관계 리더십 활동의 대부분은 '의사소통communication'으로 나타난다.

의사소통의 핵심은 상대의 지각知覺이다. 내가 전달하려는 바를 상대가 바로 알아들으면 그만이다. 방법이나 형식은 그다음이다. 다만 단발적이지 않고 지속해서 소통하기 위해서는 기본 훈련이 필요하다. 즉 세 가지 초점을 알고 행동하는 것이 필요하다.

첫째, 상대의 지각Perception이다. '상대가 이것을 수용할 수 있는가?' '그의 지각 능력 범위 내에 있는가?'를 확인해야 한다.

둘째, 상대의 기대Expectation다. '상대는 무엇을 보고 듣고자 하는가?' '그의 기대는 무엇인가?'를 알수록 효과적인 접근이 가능하다.

셋째, 상대의 요구Demand다. '전달 내용이 상대의 가치관과 부합하는가?' '어떤 방법으로 동기부여 할 것인가?'를 생각하고 접근하는 것이 필요하다.

관계 리더십을 갖추기 위해 노력하는 사장의 의사소통에는 'P-E-D'가 기본으로 깔린다. 성인 교육과 의사소통을 묶어서 설명할 필요가 있다. 이미 성인이 된 사람에게 새로운 것을 가르쳐서 변화로 이끌려는 시도는 큰 성과를 얻기 어렵다. 그 사람이 이미 가진 것을 끄집어내는 것만으로도 충분하다고 생각하고 그 방법을 찾는 것이 더 현명하다.

의사소통의 핵심은 '상대의 지각'이다

의사소통에 관한 많은 설명이 있지만, 나는 의사소통의 시작점은 '서로 초점을 공유하는 것'이라고 생각한다. 그래서 서로 간에 주파수를 맞추는 과정이 선행되어야 한다. 효과적인 소통을 위해서는 상대의 마음을 여는 것이 우선되어야 한다.

보통의 경우 상대가 스스로 필요하다고 생각하는 것, 상대가 듣고 싶은 이야기, 그들의 욕구를 해결할 수 있는 구체적인 방법과 방식으로 말할 때 관심과 수용도가 높다. 아이들은 재미있으면 반응한다. 그러나 성인들은 다르다. 내 경험을 기준으로 설명하면 '객관적 신념'(객관적 관점과 주관적 신념을 결합시킨 신조어)을 전달할 수 있으면 좋다. 객관적 관점으로 상대가 동의할 수 있고 전달자의 신념이 담긴 내용이 전달에 용이하다. 전달 내용이 상대에게 실제적인 도움을 줄 수 있으면 더욱 좋다. 기본적인 자세는 그 사람 속에 이미 존재하는 구슬을 꿰어서 목걸이를 만드는 과정을 통해 가치를 높이는 접근 방식이다. 추가로 필요한 새로운 구슬을 만드는 작업은 10~20퍼센트 내로 생각하고 행동하는 것이 좋다.

비즈니스 리더로서 의사소통에서 관계 리더십을 강화하려면 다음 세 가지 질문에 대한 대답할 수 있어야 한다.

1. 목표와 지향점을 구체적인 단어와 문장으로 표현할 수 있는가?
2. 이 정보 또는 이 의사결정을 알아야 하는 사람이 누구인가?
3. 상황과 필요에 적합한 의사소통 도구를 갖추었는가?

사명이나 목표, 전략 등을 정립하고 발표하는 것이 1번 질문에 대한 사장의 기초 대답이다. 그리고 조직에서 중요한 의사결정을 할 때는 2번 질문을 하고, 그 대답에 해당하는 사람에게 신속하게 정확한 정보와 결정이 필요한 내용을 전해야 한다. 거기에 3번의 단순하고 효과적인 의사소통 도구를 마련해서 일관성과 지속성, 흥미를 강화하는 방식으로 활용할 수 있어야 한다.

사장의 관계 리더십에서 가장 큰 비중을 차지하는 '의사소통'의 시작점이 '초점을 공유하는 것'임을 잘 기억하자. 그리고 효과적인 소통을 하기 위해 갖추어야 할 세 가지(P-E-D)를 점검하는 습관을 갖춰야 한다. 내가 전달했느냐가 중요한 게 아니라 상대의 기억으로 들어갔느냐가 중요하다.

공식13 효과적인 회의는 BDA의 원칙을 따른다

사장이 절대로 피할 수 없는 시간이자 관계 리더십을 고양하는 좋은 기회가 바로 '회의' 시간이다. 효과적인 회의를 진행하기 위한 BDABefore-Do-After가 있다.

Before_ 회의 시작 전에 해야 할 두 가지가 있다. 하나는 회의 관련 기초 자료를 참석자들에게 사전에 제공하는 것, 또 하나는 참석자들이 회의 주제에 대해서 자기 의견을 사전에 정리해오도록 요구하는 것이다. 전체를 이해한 상태에서 각 사람의 의견이 개진될 때 효과적인 회의 진행이 가능하기 때문이다.

Do_ 회의를 시작할 때 회의의 목적과 부가 의미를 분명히 한다. 그래서 개인 관심사나 이해관계가 아닌 공통의 필요에 대한 의견이 개진되도록 주의를 환기한다. 회의가 진행될 때는 목적에 따라 초점에서 벗어나지 않게끔 유의한다. 특히 아이디어 토론장이나 단순 보고의 장이 되지 않도록 조심한다. 회의를 마무리할 때는 처음으로 돌아와서 결론을 최초 의도와 연결하고 목적에 적합한 회의가 진행되었음을 확인한다.

After_ 회의가 끝나고 난 후에는 회의 목적, 진행 내용, 결의사항을 한 페이지로 요약해서 참가자들에게 발송한다. 그리고 회의에 적극적으로 참여한 사람에게 감사를 표한다.

이것이 효과적인 회의를 진행하기 위한 BDA다. 이런 방식으로 회의에 참석한 사람들은 조직 생활의 가치와 의미를 경험한다. 그리고 조직의 일원으로서 시너지 효과를 경험한 사람들이 늘어나면서 회의가 부가가치를 만드는 과정임을 알게 된다. 그러나 대부분 기업에서 부가가치를 만드는 회의를 경험하기란 쉽지 않다. 그래서 관계 리더십을 통해 직원들이 효율적으로 일하도록 이끌고 싶은 사장에게 기회가 생긴다.

준비 없이 좋은 것을 얻을 수 없다는 인식과 태도는 모든 사람이 공유해야 할 기본적인 자세다. 초점을 분명히 하고 자신이 가진 것이 무엇인지 확인한 후 가진 것을 정돈해서 함께 사용할 수 있는 자원 또는 무기로 전환하는 시작점이 회의다. 이때 '회의 따로, 실행 따로'에서 벗어나는 것이 관계 리더십에서 조심해야 할 첫 번째 유의사항이다. 기껏 열심히 논의했는데 결국은 사장의 의견대로만 결론이 나는 회의는 함께한 사람들의 태도를 무기력하게 만든다. 반면에 생산적인 논의를 하고, 논의 결과를 실행으로 옮기는 사장의 모습은 같이 일하는 사람들에게 희망을 준다.

사장이 관계 리더십을 통해서 함께하는 사람들에게 전달할 핵심은 '되게 하는 방식'에 대한 논의다. 그리고 그 논의를 통해 도출된 내용을 실행으로 옮겨서 구체적인 성과를 경험하는 것이다. '초점 공유 → 가용 자원 확인 → 논의를 통한 방법 결정 → 구체적 실행'의 네 단계를 반복하면서 사장의 관계 리더십이 공고해진다. 그 과정들을 통해 회사에서 일하는 것이 '방법을 찾으면서 진도를 나가는 것'이라는 긍정적인 경험을 하면, 그 기간만큼 사람들이 전사로 거듭난다. 동시에 사장의 관계 리더십 내공이 축적된다.

공식 14 　공적인 자리에서는 공적인 일만 언급한다

사장의 관계 리더십 행동에서 기억하고 실행할 중요한 기준이 있다. '공적인 일은 공적인 자리에서 언급하는 습관'을 갖는 것이다. 내용이 아니라 '자리'가 우선됨을 꼭 기억하자.

'자리'를 강조하는 중요한 이유가 있다. 사장은 내용에 초점을 두지만, 같이 일하는 사람들은 어떤 자리에서 언급된 것인지를 더 중요하게 받아들인다. 그래서 대통령의 신년사나 사장의 신년사처럼 리더의 위치에 있는 사람이 중요한 얘기를 할 때는 그 내용의 무게와 격에 맞는 적절한 '자리'를 먼저 만들어야 한다. 앞서 언급했듯이 커뮤니케이션의 핵심은 '상대의 지각'이기 때문이다. 의사소통 상대의 기대가 전달자의 내용보다 더 큰 영향을 준다.

그림 8-1을 보자. 사장이 가장 피해야 할 것은 공적인 자리에서 사적인 일을 언급하는 것이다(1사분면). 그런 행동은 자신의 권위를 스스로 망가뜨림에도 불구하고 많은 사장이 그렇게 행동하는 것이 현실이다.

그림 8-1

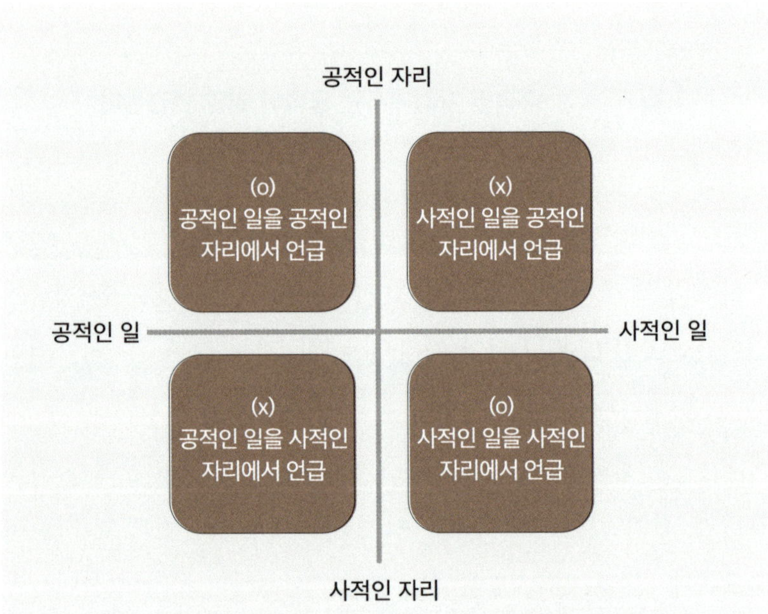

그리고 즐겁게 놀자고 모인 자리에서 회사의 필요를 얘기하는(3사분면) 사장은 답답함과 센스 없음을 스스로 드러내는 것임을 알아야 한다. 공적인 자리에서는 공적인 이야기(2사분면)를, 사적인 자리에서는 사적인 이야기(4사분면)를 주요 화제로 다룰 줄 아는 사장의 행동이 함께하는 사람들에게 보이지 않는 호의와 호응을 얻는다.

공식15	파트너십은 분명한 필요와 예산에 기초한다

우리는 계약서를 쓸 때 '갑甲'과 '을乙'이라는 단어로 관계를 규정한다. 보통 갑이라 하면 관계에서 결정을 주도하는 사람이고 을은 그것을 따르는 사람으로 통용된다. 이러한 관행적 표현은 기업에도 적용되어 대개 회사를 갑으로 직원을 을로 표현한다.

나는 이 단어가 사장(회사)과 직원 간 관계의 본질을 상당히 왜곡한다고 본다. 기업이라는 조직에서는 사장도, 직원도 역할자다. 기업 내에서 서로의 역할이 있는 것이지 상하上下 관계에 있는 것은 아니다. 그러나 현실에서 을의 입장은 마냥 참는 것이 당연한 일로 치부된다. 반대로 갑에게는 상황과 관계없이 무한 책임을 요구하는 사회적 분위기도 있다. 두 모습 모두 바람직하지 않다.

우리가 수행하는 모든 일은 '본질적 효용'과 '기능적 효용'으로 구분하는 것이 필요하고, 기능적 효용이 본질적 효용을 벗어나면 관계와 기준의 재정립이 필요하다. 일의 크고 작음에 관계없이 드러나는 현상들이 본질에서 벗어나는 상황이 반복되면 그 일과 관계는 곧 망가진다. 그래서 적절한 방식으로 조정할 방법을 찾는 것이 서로에게 이롭다. 사장과 직원의 바람직한 관계를 규정하기 위해 먼저 갑과 을로 표현되는 관계의 기준에 대해서 생각해 보자.

갑의 역할은 필요와 예산을 분명히 하는 것

갑과 을로 표현되는 관계에서 갑이 할 일은 '필요와 예산'을 분명히 하는 것이다. 그리고 을의 일은 주어진 예산 내에서 '갑의 필요를 해결할 방법을 제안하고 실행'하는 것이다. 이때 갑은 처음 제시한 필요를 중심으로 결과물에 대한 평가를 진행해야 한다.

만약 일을 진행하던 중 어떤 이유로 갑의 기준이 바뀌면 새 필요와 기준, 그에 따른 예산의 변동과 관련해서 을과 적극적으로 의사소통해야 한다. 또한 을은 일의 실행 과정에서 갑과 상의 없이 임의로 필요와 기준을 바꾸지 않아야 한다. 너무나 상식적인 말이지만 실제 일이 진행되는 현장에서는 이 기본이 이루어지지 않아서 서로 간에 어려움을 겪는다.

갑이 필요와 예산을 분명히 하고 을은 방법을 찾아서 실행하며, 진행의 과정에서 필요와 기준에 대해서 긴밀히 상의하는 것은 사장과 직원에게도 그대로 적용된다. 처음에는 겉으로 드러난 필요에 집중하고 책임의 범위 내에서 업무를 수행하다가 숨겨진 진짜 필요를 캐치catch해서 진행하고, 효과의 단계를 넘어서 효율을 얻기 위해 노력하는 자세를 갖추면 그때는 갑과 을의 위치는 의미 없게 된다. 오직 공통의 목표를 향해 함께 나아가는 파트너로서 서로를 이해하고 관계하는 것이 자연스럽다.

사장과 직원이 파트너 관계로 발전할 수 있으면 가장 좋다

내가 생각하는 사장과 직원의 바람직한 관계는 갑과 을의 파트너십 관계다. 사장은 갑으로서 자신의 필요와 예산을 분명히 하고, 직원은 을로서 주어진 상황에서 필요를 해결할 수 있는 방법을 제안하고 실행하며 서로 합의한 공통의 성과를 향해서 나아가는 것이다. 그렇게 되면 사장의 리더십과 직원의 팔로워십이 상호 의존적인 관계로 작용하는 것이 매우 자연스러워진다.

갑과 을의 형태는 맞지만 실제로 기능하고 관계하는 방식은 파트너의 형태인 것이다. 그러려면 사장도 직원도 훈련된 사람이어야 한다. 사장은 리더십을, 직원은 팔로워십을 훈련해야 한다.

공식16 공정한 분배는 진실-사실-지각의 원칙을 따른다

사과 한 개를 두 사람이 공정하게 나누려면 어떻게 해야 할까? 한 사람이 사과를 자르고, 다른 한 사람이 잘린 조각 중에서 원하는 것을 먼저 선택하면 된다. 그렇게 하면 대부분 사과를 정확히 자르기 위해 노력하고, 선택하는 사람들도 공정하다고 인정한다.

이러한 방법이 유용하고 가치 있게 평가받는 이유는 인간의 이기적인 본성이 고려된 방식이기 때문이다. 우리 삶에서는 이러한 방법을 많이 알고 실행하는 사람을 지혜로운 사람으로 인정한다. 실제로 이런 방식으로 진행하면 관계에서 잡음이 생기지 않는다. 이타적인 자세가 아닌 이기적인 자세를 기준으로 삼아서 생각하고 행동하는 것이 오히려 공정함을 담보할 수 있다는 것이 역설적이다.

'진실truth – 사실fact - 지각perception'의 시각을 정립하라

사장의 관계 리더십 이해의 기초에는 '인간은 이기적'이라는 전제가 기본적으로 깔려 있다. 조직을 운영할 때는 손해 보기 싫어하는 인간의 본성을 당연한 것으로 간주해야 한다. 상대를 더 많이 이해하고 배려하려는 인간 사회의 도덕과 윤리는 오히려 오해와 갈등을 불러일으키는 단초가 된다. 무엇보다 반복성과 지속성에서 문제가 생긴다. 또한 그렇게 행동하는 사장은 불합리하고 이해하기 힘든 유형의 인간으로 치부되는 것이 현실이다.

실제로 인간 사회의 모든 시스템과 판단 기준은 '이기적 인간'을 기준으로 설계되어 있다. 그 모습이 가장 적나라하게 드러나는 곳이 법정이다. 법정에서는 '진실'은 무의미한 것이 되고 오직 증거로 입증할 수 있는 '사실'만이 가치 있게 받아들여진다. 그래서 법에 익숙하고 법을 최상의 가치로 생각하는 사람이 기업의 리더가 되면 이타적인 가치와 의미를 생각하고 주장하는 사람들과 크고 작은 일에서 부딪치고 갈등을 일으킨다.

목표한 성과를 달성한 사장은 결과에 대한 평가와 동시에 조직원들의 기여도를 고려한 분배 방식을 미리 생각해 두어야 한다. 분배의 방식을 생각할 때 두 가지를 고려해야 한다. 하나는 진실을 전제로 해야 하고, 또 하나는 누구나 인정하고 받아들일 수 있는 사실을 기준으로 삼아야 한다. 그래야 분배 대상이 되는 직원들에게 비로소 바람직한 '지각'으로 받아들여진다.

분배가 어떻게 이루어지느냐에 따라 리더에 대한 신뢰와 조직의 결속력이 달라진다. 그래서 공정한 분배(공정하다고 지각되는 분배) 방식은 사장이 별도의 덩어리 시간을 내서 고민해야 하는 영역이다.

신뢰를 바탕으로 공정한 분배 방식 찾기

사장의 관계 리더십에서 결속력을 만드는 두 가지 요소가 있다. 바로 음식과 따뜻함, 신체적 보살핌, 그리고 돈 등을 통한 물질적 에너지와 팔로워follower들의 목표에 관심을 기울여주는 정신적 에너지다. 사장은 물질적 에너지와 정신적 에너지의 적절한 조합을 통해 직원들의 신뢰를 얻을 수 있는 분배 방식을 찾아야 한다. 사장이 공정한 분배를 고민하는 이유와 목적은 조직력 강화와 리더에 대한 신뢰 확보에 있다.

사장과 직원의 신뢰를 바탕으로 한 공정한 분배 방식을 찾는 것은 생각보다 어려운 과정이다. '신뢰'란 상대방의 행동을 통제할 수 없는 상황에서 상대방이 내가 예측한 대로 행동할 것이라는 기대와 믿음이다. 그래서 위험과 손해를 감수하고서라도 약속을 지키기 위해 노력하는 사장의 모습이 전제되어야 한다. 대부분 경우 순간의 영리함보다는 일관성에 기초한 사장의 행동이 조직의 결속력을 더욱 강화한다.

9

조직 리더십

조직의 활동을 한 방향으로 정렬한다

사장의 개인 리더십이 집을 짓는 기초 공사라면 관계 리더십은 집의 꼴을 만드는 공사다. 이제 조직 리더십을 발휘해야 하는 사장은 '조직격'으로 행동하며 능동적이고 지속적인 학습을 통해 성장해야 한다. 개별 전투에서 이기는 방식을 체화한 사장이 타인의 역량을 활용하고 사람을 세워가는 과정을 익히면 진정한 의미의 경영자로 거듭난다.

사장의 조직 리더십 출발점은 관계 리더십의 출발점과 동일하게 '초점을 공유하는 것'이다. 자기 기업의 목표와 전략을 분명히 하고, 각 부서·사업부의 행동을 한 방향 정렬하는 조직격을 발휘하고 관리하는 것이 사장의 조직 리더십 행동의 근간이다.

기업이 성장하는 만큼 사장도 성장해야 한다

사장의 개인 리더십이 변수가 한 개인 1차원 리더십이라면 사장의 관계 리더십은 변수가 두 개인 2차원 리더십이고, 사장의 조직 리더십은 변수가 여러 개인 다차원 리더십이다.

인간세계에서는 양이 커지고 변수가 늘어나면 그것이 긍정적이든 부정적이든 질적 전환이 이루어지는 양질전환의 메커니즘이 작동한다. 기업의 규모가 작았을 때는 관계 리더십으로 충분했으나 기업 규모가 커졌다는 이유 하나만으로 조직 리더십을 발휘해야 하는 상황으로 변화한다.

이때 자연스럽게 나타나는 현상 중 하나가 사장을 초인超人으로 오해하고 기대하는 것이다. 그러나 한 인간의 역량에는 늘 한계가 있다. 기업의 규모가 커지면 사장도 그에 걸맞게 성장해야 한다. 그러나 현실은 그렇지 못하다. 이것이 내가 사장의 리더십을 '생존의 리더십 - 개인 리더십 - 관계 리더십 - 조직 리더십'으로 구분해서 설명하는 이유고, 사장이 능동적으로 학습하는 사람이 되어야 한다고 반복해서 강조하는 까닭이다.

관계 리더십과 조직 리더십의 꼴은 유사하나, 기업의 규모와 관계에서 경우의 수가 늘어나는 연유로 문제 해결이나 목표 달성을 위한 접근 방식이 달라져야 함을 유의하자.

사장의 조직 리더십은 인간 능력의 한계를 조직을 통해 극복하는 과정에서 도출된 매우 적극적인 행동 양식을 바탕으로 한다. 조직 리더십의 핵심은 '한 방향 정렬aligning'이다. 조직의 각 부문에서 진행되는 활동이 한 방향으로 정렬되도록 조직하고 점검해야 한다. 규모가 커진 조직에서 사장이 가장 어려워하는 영역이기도 하다. 각 부분의 개별적인 힘이 모여 시너지 효과를 내는 조직으로 기능하기 위해 조직 리더십이 결정적이다.

공식17	효율적인 시스템은 한 방향 정렬을 따른다

기업 규모가 커진 상태에서 사장의 조직 리더십은 매우 중요하다. 방향을 지시하고 초점을 정돈해서 기업이 효율적으로 가동되도록 조정하는 핵심 역할자의 위치에 있기 때문이다. 큰 배의 방향타는 엔진의 추동력만큼 중요하다. 사장 개인의 열심보다는 조직원이 같은 방향을 향해서 달려갈 수 있는 관점과 환경을 지속해서 제안하고 확인해야 한다.

'부분은 전체에 영향을 주고, 전체는 부분에 영향을 준다one for all all for one.' 이 말은 인체의 각 기관이 작동하는 근간인 동시에 시스템system 작동의 기본 개념이다. 부분 최적화가 되었다고 해서 시너지 효과가 저절로 생기는 것은 아니다. 작용하는 힘의 크기보다 더 중요한 것은 작용하는 힘의 방향이 일치하느냐다.

기업 시스템의 6요소는 프로세스process, 조직구조structure, 사람people, 정보information, 의사결정decision making, 보상rewards이다. 이들이 '적절한right' 방식으로 작용해야 한다. 다른 말로 설명하면, 힘의 방향이 일치해야 시스템에서 긍정의 방향으로 힘이 더해진다. 그래서 조직 리더십을 발휘하는 위치에 있는 사장은 전체를 볼 수 있는 시선을 갖추고, 그와 동시에 기업의 목표와 전략을 중심으로 각 부문의 활동을 한 방향 정렬시키는 '6-Rights' 활동이 진행되도록 지휘해야 한다.

'6-R'의 구체적인 방식

첫째, 적절한 프로세스Right process. 실행의 모든 단계에서 부가가치 없는 활동을 최대한 줄인다. 동시에 대기 시간을 최소화하는 방식을 찾는다. 사람들이 원활하게 함께 일할 수 있도록 구조와 순서를 만들어야 한다. 일의 흐름을 흐트러뜨리지 않되 유연성이 있어야 한다. 예기치 못한 사고나 돌발 상황, 이해관계가 상충하는 상황을 최소화할 수 있어야 한다.

둘째, 적절한 조직구조Right structure. 같이 일하는 사람들이 같은 기준으로 일하도록 그룹화하고 옳은 보고 체계를 정립해야 한다. 일하는 사람들의 책임과 권한의 균형이 이루어져야 한다.

셋째, 적절한 사람들의 참여 및 구성Right people. 일의 필요에 적합한 사람을 선발해야 한다. 그리고 핵심 업무와 실행에 유용한 방식으로 교육하고 훈련해야 한다. 직원들이 다양한 기술을 개발하고 활용할 기회를 제공해야 한다.

넷째, 올바른 정보Right information. 목표 달성과 전략 실행에 필요한 정보를 분명히 하고, 그 정보를 지속해서 얻을 수 있는 통로를 확보한다. 그리고 그 정보가 조직 내의 필요한 사람들에게 빠르게 전달될 수 있어야 한다. 전해지는 정보는 정확해야 하고 필요한 사람이 쉽게 접근할 수 있어야 한다.

다섯째, 올바른 의사결정Right decision making. 의사결정 기준(경계조건, boundary conditions)을 사전에 정립하고 목표 달성과 전략 수행에 적합한 의사결정을 할 수 있어야 한다. 전문 지식을 가진 사람과 현장의 필요를 아는 사람이 의사결정 과정에 참여할 수 있는 방식을 찾고, 최선의 선택이 이루어지도록 강제할 수 있어야 한다.

여섯째, 적절한 보상 체계Right reward. 기업의 보상 체계는 이해당사자들의 욕구와 필요를 충족시킬 수 있는 내용과 방식이어야 한다. 조직 내 구성원들이 서로의 성공을 도와줄 수 있는 방식으로 인센티브를 제시할 수 있으면 좋다. 보상의 기준은 공정하고 단순하며 의미 있는 방식으로 진행될수록 효과적이다. 일의 특성과 기업의 특성을 고려해서 물질적 보상rewards과 정신적보상awards을 적절한 방식으로 조합할 수 있으면 좋다.

시스템을 정립하는 과정에서 6요소가 모두 중요하지만, 그중에서도 '적합한 사람'이 가장 중요한 자산이다. 그래서 나는 사장의 조직 리더십의 중요성을 강조할 때 같은 비중으로 직원의 팔로워십도 함께 강조한다. 또한 시스템의 운용 과정에서 만들어지는 기업 문화에 주목한다.

건강한 조직을 만드는 키맨key man은 리더다. 리더의 위치에 있는 사장은 자기 존재의 중요성을 자각하고, 그 위치에 걸맞은 행동을 하는 사명감과 역량을 함께 갖추고자 노력해야 한다. 직원이든 사장이든 먼저 '사람'이라는 자산이 잘 형성되지 않으면 나머지가 모두 어려워진다.

공식18 지속적인 조직력은 한 방향 정렬에서 나온다

무협지를 읽을 때마다 의아하게 생각한 것이 있었다. 뛰어난 무공 실력을 가진 강호의 고수들이 왜 자신들보다 개별 역량이 한참 뒤떨어지는 황실 어림군御臨軍에게 늘 밀리는 것일까? 그것은 숫자와 조직의 힘 때문이다.

더 정확히 표현하면 지속적인 조직력의 힘이다. 조직의 효용성은 한 분야에서 강점을 가진 인간이 그 강점을 일에 집중해서 사용할 수 있도록 조직화하는 것이다. 보통 한 분야에 뛰어난 능력을 갖춘 사람은 다른 분야에선 평범한 재능밖에 갖고 있지 않다. 그래서 '하나의 전문 분야에서 탁월한 인간을 어떻게 활용할 것인가'가 조직 리더십 발휘의 책임자로서 사장의 핵심고민이다. 각 개인의 강점은 드러내고 단점은 감춰서 전체 힘의 크기를 증폭시키고, 이전에는 불가능했던 일들을 일상적으로 반복하는 상황을 조직을 통해 구현하는 것이다.

목표-전략-전술의 한 방향 정렬

개개인의 역량을 바탕으로 하되, 그것을 합친 것 이상을 결과로 도출시키는 방식은 동서양을 막론하고 조직 개념을 운용하는 곳에서는 모두 고민하고 시도해 왔다. 경영의 영역에서 사장은 이를 구체적으로 연구하고 적용하는 것에 관심을 두고 적극적으로 학습할 필요가 있다. 특히 힘을 합치는 구체적인 방식을 가능한 한 많이 배우고 연습해야 한다.

시스템과 관리자 두 축을 활용해서 시너지 효과를 내는 방식이 있다. 먼저 시스템의 역할은 부정적인 부분을 제거하는 데 초점을 둔다. 그래서 최소한으로 생존할 수 있는 안전장치로 작용하도록 하고, 부정적인 부분(bad 또는 not good)이 자동으로 제거될 수 있도록 한다. 그다음은 긍정적인 부분의 강화에 초점을 두어서 최선의 것이 되도록 촉구하며, 개별적이고 예외적인 사항들을 파악해서 처리한다. 최소한의 응급처치를 하는 종합병원 응급실에서 쉽게 접할 수 있는 방식이다.

맥킨지의 MECE 방식을 활용하는 것도 시스템을 이해하는 데 매우 유용하다. MECE는 서로 배타적mutually exclusive이면서 그것을 합치면 전체를 구성한다collectively exhaustive는 뜻이다. 그래서 MECE 방식을 활용하면 필요한 요소를 빈틈없이 챙기면서 전체를 커버할 수 있다. 이 방식을 따르면 복잡해 보이는 상황을 핵심 요소들로 재구성해 개별적으로 명확하게 볼 수 있으면서 전체적인 완벽성까지 모두 잡을 수 있다.

리더를 양성하는 방식을 특화한 일본 기업 교세라의 아메바경영도 주목할 만하다. 아메바 조직으로 일을 세분화해서 평범한 사람을 타고난 재능을 가진 사람처럼 기능하게 만드는 방식은 매우 특이하고 의미 있다. 특히 사람에 대한 신뢰를 경영의 근간으로 생각하는 기업의 사장에게 많은 통찰 거리를 제공한다.

조직의 목적은 이미 존재하는 전문적인 지식을 공동의 과업에 통합시켜서 성과를 달성하는 것이다. 그 과정에서 사장의 조직 리더십은 개인의 전문 지식과 과업을 연결해 각 실행 단계에서 생산적으로 작용하도록 관리하고 통합하는 것이다. 우리는 그것을 '한 방향 정렬'이라고 통칭한다. 조직 기능의 한 방향 정렬을 기본으로 하되, 자기 기업의 특성과 지향에 맞는 조직의 형태와 방식을 찾기 위한 사장의 노력과 학습은 계속되어야 한다.

기업이 성장할수록 사장의 조직 리더십이 더욱 중요해진다

사장이 조직 리더십을 고민하는 것은 기업의 성장과 밀접한 관계가 있다. 기업의 규모가 커지면서 기업 경영의 꼴을 재정립해 가야 하기 때문이다. 자연의 세계에서 알이 애벌레로, 다시 애벌레에서 번데기로, 그리고 결국은 하늘을 나는 나비의 우화羽化로 이어지는 과정을 통해 성장과 조직화를 연결하는 필연성을 통찰洞察하고 통섭統攝, consilience하는 지혜를 배워야 한다. 그 과정에서 자기 기업에 적합하고 능숙하게 사용할 수 있는 전술적 역량을 찾아내고 학습하며, 구체적으로 적용하는 과정을 통해서 조직 리더십을 강화한다.

공식 19	임파워링은 조직을 지속하고 확장하는 동력이다

기업의 규모가 커지면서 사장뿐만 아니라 부문별 '작은 사장'의 역할이 중요해진다. 이 지점이 사장이 진정한 경영자로 진화하는 분기점이 된다. 경영이란 사장 스스로 직접 나서서 활동하는 것이자, 다른 사람을 통해서 일하며 조직 전체의 성과를 증폭시키는 기술과 지식을 드러내는 과정이다. 한마디로 다른 사람의 지식을 활용하는 기술을 발휘하는 것이다.

조직 리더십을 발휘해야 하는 사장은 이제 작은 사장에게 권한을 위임하고 성과를 낼 수 있는 방식을 전달하고 공유해야 한다. 이 부분이 기업의 규모를 키우는 과정에서 사장이 스스로 점핑할 수 있는 기회이자 동시에 어려움을 겪는 영역이다. 그래서 조직 내에서 '작은 사장'을 임명하고 권한을 위임하는 과정을 별도로 임파워링(권한을 부여하고 할 수 있게 해주기)으로 구분하고 학습할 필요가 있다.

임파워링은 사장의 관계 리더십과 유사한 부분이 있는 동시에 사장의 조직 리더십에서 고유한 모습으로 나타나기도 한다. 그 사람이 이미 가진 것을 '끌어내기'를 해야 한다는 점에서 관계 리더십 활동과 유사하다. 사장은 작은 사장이 자신의 역량을 최대한으로 발휘하게 해서 조직 전체의 성과를 증폭할 수 있다. 이때 조직 리더십에서 고유 형태로 나타나는 부분은 전략의 수행 과정에서 '키워주기'가 가능해진다. 작은 사장은 독립적인 활동을 통해 조직의 전체 성과를 증폭하고 자신의 존재감을 드러낼 기회를 얻는다. 결국 작은 사장은 팔로워십과 리더십을 동시에 발휘해야 한다.

사장이 작은 사장을 세우는 과정에서 필요한 것이 임파워링 수준을 결정하는 것이다. 그 수준 결정에 두 개의 변수가 있다. 하나는 파악된 상황의 위험도다. 예측되는 문제와 손실의 정도, 발생할 비용의 크기와 전략적 중요성을 생각해야 한다. 다른 하나는 작은 사장에 대한 사장의 신뢰도다. 작은 사장의 기본 역량은 물론이고 그의 성품과 정직성 등을 신뢰할 수 있는지 고려해야 한다.

'승/승 합의'로 기대와 평가 기준 세우기

작은 사장에 대한 사장의 평가에 따라 구체적인 지시부터 자율적 실행까지 적절한 단계의 권한 위임이 이루어질 수 있다. 이 과정에서 임파워링 도구로 '승/승 합의win-win agreement'를 활용할 수 있다. 승/승 합의의 내용은 작은 사장에 대한 기대와 평가의 기준이 된다.

첫째, 기대 성과를 합의하고 기술한다.

기대 성과를 분명히 하는 것이 중요하다. 그래서 기대 성과는 객관적으로 측정할 수 있어야 한다. 이것은 기업 목표를 설정할 때와 유사하다. 보통 정량적 목표와 정성적 목표를 함께 설정한다.

둘째, 실행 지침을 분명히 한다.

사장이 위임하는 업무를 수행하는 방식에 대한 기준을 공유하는 것이다. 기업의 가치 지향에 대한 태도를 명확히 하고, 핵심 고객들의 요구 조건을 충족시키는 단어와 문구로 지침을 공유해야 한다. 자기 기업의 표준화된 절차와 기업 활동에 관련된 법규와 규정을 공유해야 한다.

셋째, 가용 자원의 내용과 범위를 적는다.

앞서 설명한 6-R을 확인하고 그에 따른 인적 자원, 물적 자원, 재정 자원, 기술 자원, 조직과 시스템을 활용하는 방식을 전달한다.

넷째, 성과를 확인하는 기준을 명시한다.

업무 수행 과정에서 서로의 책임을 분명히 하고, 기대 성과에 도달했을 때 참여한 사람들의 공헌을 평가할 척도를 정하는 것이 좋다. 그리고 어느 시기에 어떤 방법으로 업무 진행 상황을 보고할지 명시한다.

다섯째, 결과에 대한 보상 내용을 명확히 한다.

긍정적인 결과를 얻었을 때 돈과 기회, 인정을 포함한 보상의 내용이 무엇인가와 기대 성과를 얻지 못했을 때 조직에 어떤 손실이 있는가를 알아야 한다.

권한 위임을 할 때 주의할 점

사장의 임파워링 과정에서 다음 세 가지 개념을 유념해야 한다.

첫째, 사장의 구심력이 클수록 작은 사장에 대한 큰 원심력의 임파워링이 가능하다. 반대로 사장의 구심력이 작으면 작은 사장들의 행동을 이해하고 받아들일 수 있는 원심력의 크기가 줄어든다. 사장의 구심력의 크기에 따라 임파워링의 범위가 달라질 수 있음을 꼭 기억하자.

둘째, 영향력의 영역과 관심의 영역을 냉정하게 구분해야 한다. 사장의 영향력을 벗어나는 범위의 임파워링은 위험하다. 그렇다고 해서 위축된 조직 리더십을 발휘하라는 뜻은 아니다. 이때 신뢰의 가치가 드러난다. 보통의 경우 약속을 하고 그 약속을 이행하면 신뢰가 생긴다. 따라서 사장은 조직 내에서 스스로 예측할 수 있게 움직이고 일관성 있는 행동을 하도록 노력해야 한다.

셋째, 분가分家 방식(『사장학 수업』1권 ch. 3 내용 참조)으로 임파워링이 이루어질 때 효과와 효율을 모두 얻기가 쉽다. 만약 기업에서 새로운 영역을 개척하거나 기업의 위험을 벗어나야 하는 돌파 역량이 필요한 상황에서의 임파워링은 신중해야 한다. 그 역할에 적합한 돌파 역량을 가진 사람이 있어야 하고, 사장이 그 사람을 분명하게 신뢰할 수 있는 관계여야 한다.

권한 위임은 사장의 조직 리더십을 객관화할 수 있는 주요한 씨앗이자 동력이다. 따라서 구체적이되 포괄적이어야 하고, 상대의 적극적인 참여를 유도하되 올바른 방식으로 동기부여를 할 수 있어야 한다. 어떤 사람을 작은 사장으로 세우고 사장이 어떤 방식으로 작은 사장들과 관계하느냐에 따라 조직의 확장 범위와 지속가능성이 결정된다.

공식20 리더십과 관리는 5대5로 균형을 맞춘다

조직 리더십을 발휘해야 하는 위치에 있는 사장은 구체적으로 리더leader, 코치coach, 관리자manager 활동을 통해 성과를 관리한다. 그중에서 코치로서의 활동을 중심으로 설명한 것이 바로 관계 리더십 내용이다.

조직의 운영에서 리더십과 관리가 5 대 5로 작용할 때 그 조직은 안정적인 상태를 유지한다. 이때 자신의 기업을 어떤 형태의 조직으로 구성하는 것이 좋을지 판단하는 것은 사장의 몫이다.

보통은 세 가지 형태의 팀을 생각한다. 먼저 복식 테니스팀이다. 작은 규모와 동료의 개성, 자질, 그리고 강점과 약점에 서로 적응해야 한다. 다른 하나는 축구팀이다. 각자의 고유 위치가 있고, 자신의 위치를 의식하는 동시에 팀 전체가 함께 움직인다. 또 다른 형태는 야구팀 혹은 관현악단 형태다. 모든 구성원들이 고유한 위치에 있으면서 감독이나 지휘자에 맞추어 행동한다. 한국의 사물놀이패와 같은 형태도 있다. 현장의 상황과 구성원의 '흥'에 따라 진행되는 독특한 형태다. 사장의 조직 리더십이 발휘되는 양상은 어떤 조직 형태를 취하고 있는가에 따라 달라진다.

모든 조직 운영의 기초가 되는 네 가지 원칙

조직의 형태와 관계없이 모든 조직 운영의 기초가 되는 원칙이 있다.

첫째, 조직은 한 가지 과업에 힘을 집중할 때 가장 효과적이다.

둘째, 조직의 사명은 뚜렷하고 명확한 초점을 지향할수록 효과적이다.

셋째, 조직은 필요한 인적 자원을 얻기 위해 조직을 외부에 알릴 수 있는 적절한 자기 방식을 찾아야 한다.

넷째, 성과를 중심으로 팀을 구성하고 평가해야 한다.

사장이 조직을 구성할 때는 일에 적합한 모델을 선택하는 것이 중요하다. 그리고 사장에게 주어진 임무와 역할이 무엇인지 살피고 그에 적합한 사람들을 팀원으로 구성해야 한다.

1. 우리가 이루려고 하는 과제는 무엇인가?
2. 과제와 임무 수행에 필요한 활동 내용은 무엇인가?

실행 과정에서는 높은 표준과 기준을 본보기로 세우는 것이 중요하다. 한 사람이 목표를 달성해서 기록을 세우면 다른 사람이 그 기록을 본보기로 뒤따른다. 따라서 교육을 통해서 조직의 수준을 올리려면 '모델 만들기'가 중요하다. 모델 육성에 70퍼센트의 힘을 쏟아야 한다. 평균적인 레벨 업을 지향하는 교육은 큰 성과를 올릴 수 없다.

공식 21	기업 문화는 사장을 중심으로 자연스럽게 형성된다

만약 하나의 핵심 가치를 중심으로 사람들의 마음을 모을 수 있으면 최고의 조직이 될 수 있다. 가치 지향만이 사람들의 마음을 하

나로 모을 수 있다. 사장의 가치에 대한 집착은 '신념'에서 비롯하고, 가치에 대한 신념에 목표 의식이 덧붙여질 때 비전이 생긴다. 그리고 사장의 철학 및 신념이 어우러져 기업 문화가 시작된다. 그래서 조직 리더십을 발휘하는 사장은 기업 문화의 시작점이 된다.

많은 기업이 자신에게 적합한 기업 문화를 만들고 정착시키기 위해 애를 쓰지만, 건강하고 생산적인 기업 문화는 조직원들이 스스로 만드는 것이다. 분명한 필요와 아이디어가 접목될 때 문화가 구체화 되고, 자기 기업에 걸맞은 문화 형태가 생겨난다. '문화'란 핵심 가치를 지향하면서 목표를 추구하는 과정에서 자연스레 형성된다. 그래서 사장은 핵심 가치에 집착하되 주변 요소들에는 너그러울 수 있어야 한다.

비즈니스 조직을 운영하는 사장의 책무

사장은 조직원들에게 비즈니스의 본질과 성격을 가르쳐야 한다.

비즈니스는 결과를 만드는 게임이다. 목표한 성과를 얻을 수 있어야 하고, 그 과정에서 자신이 공헌할 초점을 분명히 해야 한다.

비즈니스는 실행의 게임이다. 생각하면서 일하고 구체적으로 행동해야 한다. 자신이 생각하는 것이 행동의 최대치maximum가 된다.

비즈니스는 효율의 게임이다. 따라서 '이것이 최선인가?'를 묻고, 정리-정돈-청결의 습관을 갖도록 훈련해야 한다.

목표하고, 실행하고, 시행착오를 겪으며 초점을 정돈하고 개선하면서 성과에 접근할 수 있다. 그 과정에서 사장은 팔로워들에게 일에 대한 자신의 지침이나 철학을 부지런히 말해야 한다. 특히 '무엇으로 고객에게 공헌하는가?'를 반복해서 묻고 구체적인 지시를 하는 습관을 길러야 한다. 사람들은 애매한 지시에는 움직이지 않는다. 또한 어려운 내용은 간단한 말로 단순화시켜 전하는 연습을 해야 한다. 실행 가능한 간단한 지시에 힘이 있다. 장점을 칭찬하는 것만으로도 팔로워들을 성장시킬 수 있다.

조직 리더십을 갖춘 사장은 푸념하지 않고, 낙담하지 않고, 혀를 차지 않는다. 항상 앞을 향하는 자세로 임한다. 열정을 가지고 장래를 이야기하라. 리더는 이상적인 미래상의 창조자다. 부하 직원 개개인에게 애정을 전하라. 의욕의 근원은 리더다. 조직의 방향 99퍼센트를 결정하는 것은 리더고, 그 미래를 결정짓는 것은 리더의 열정이다.

제3부

직원의 팔로워십

성과를 강화하는 관계의 8가지 핵심 원리

회사의 모든 직원은 리더를 따르는 팔로워다.

사장과 직원의 관계는
단순히 갑과 을의 획일적인 관계로 고정할 수 없다.

사장이 리더십을 발휘해야 하는 것처럼
직원 역시 팔로워십을 발휘해야 한다.

사장과 직원 중 한 사람만
자신의 역할을 제대로 수행해도
조직은 어느 정도 이상의 성과에 접근할 수 있다.

직원이 팔로워십을 발휘하도록 돕는 것까지가
사장의 역할이다.

10

회사는 선택할 수 있어도 상사는 선택할 수 없다

기업의 운영에서 사장의 리더십은 매우 강조되나 직원의 팔로워십은 거의 다루어지지 않는다. 그러나 기업 조직에서 사장의 리더십이 한쪽 날개라면 직원의 팔로워십은 다른 쪽 날개로 존재하고 기능한다. 두 역할자의 초점은 동일하다. 바로 '성과'다.

둘의 차이점은 한 가지뿐이다. 리더는 한 명이고 팔로워는 다수라는 것이다. 그래서 둘의 관계를 하나의 관계 공식으로 쉽게 설명할 수 있다.

Leadership = f(성과, 팔로워)

Followership = f(성과, 리더)

사장의 리더십은 팔로워가 누구이며 어떤 상태인가에 따라서 결정되어야 하고, 직원의 팔로워십은 리더가 어떤 사람이냐에 따라서 달라져야 한다는 뜻이다. 리더십과 팔로워십을 결정하는 본질이 자신이 아니라 조직의 목표와 상대에게 있음을 아는 것이 핵심이다. 사장과 직원은 기업이 성과를 반복해 낼 수 있는 공식을 수행하는 핵심 역할자다. 사장은 성과의 절반이 직원에게 달려 있음을 알아야 한다.

공식 22	직원들이 팔로워십을 바르게 알고 수행할 때 조직이 더 강해진다

부하 직원으로서 팔로워십을 제대로 발휘하기 위해 꼭 알아야 할 다섯 가지 관점이 있다.

첫째, 능력이 아니라 위치가 일한다.
둘째, 가치에 대한 객관적 관점을 공유하자.
셋째, 기대로 평가받을 때와 능력으로 평가받을 때가 다르다.
넷째, 회사는 기대보다 조금 더 하는 사람에게 높은 점수를 준다.
다섯째, 팔로워십은 변형된 리더십이다.

이직의 이유 중 가장 높은 비율을 차지하는 것이 상사와의 갈등이다. 만약 지금 일하는 직장에서 좋은 상사를 만났다면 큰 행운으로 여겨야 한다. 반대로 까다롭고, 자기중심적이고, 쉽게 화내는 상사를 만났다면 그것이 더 일반적이라는 사실을 알자. 까다로운 상사를 무조건 참고 수용하라는 뜻이 아니다. 어떤 경우가 더 일반적인지 구분하라는 뜻이다.

그럼 어떻게 해야 할까? 문제를 피하려고 하지 말고 그 문제를 해결할 수 있는 능력을 키우는 것이 답이다. 상사가 마음에 들지 않는다고 그때마다 회사를 바꿀 수 없다. 그러니 사장에게 리더십을 강조했던 것처럼 직원은 상사와의 관계를 정립하는 기술, 즉 팔로워십을 학습해야 한다. 상사는 선택할 수 있는 대상이 아니다. 따라서 호불호를 넘어서 상사의 특성을 이해하고 활용하는 방식을 습득해야 한다.

관점 1
능력이 아니라 위치가 일한다

회사 생활에서 상사는 조직 생활의 시작과 끝이다. 그래서 팔로워십을 발휘해야 하는 직원은 상사를 인정하는 연습과 훈련을 해야 한다. 이때 부하 직원이 꼭 알아야 할 것은 상사의 현재 위치가 저절로 얻어진 것이 아니라는 점이다. 그가 그 위치에서 일할 수 있는 객관적인 이유가 있음을 무시해서는 안 된다. 그래서 현재의 상사가 자신에게 최선의 사람이라고 생각하는 마음가짐이 필요하다.

팔로워십의 핵심은 상사의 강점을 유효하게 만들고 약점을 보완하는 것이다. 상사의 강점이 드러나도록 돕고 상사의 단점을 자신의 강점으로 보완할 수 있으면 가장 좋다. 자신의 상사를 중심으로 팀의 역량이 극대화되도록 상사의 강점을 부각하는 것이 중요하다. 이때 상사를 끌고 가려는 태도를 보이지 않도록 조심해야 한다. 상사가 다소 부족해 보이더라도 상사를 과소평가하지 않는 태도를 유지해야 한다. 부하 직원으로서 자신의 상사가 성취를 지향하며 효율적으로 일할 수 있도록 돕는 태도를 유지해야 한다.

관점 2
가치에 대한 객관적인 관점을 공유하자

조직에서 한 존재의 가치value를 가늠할 때는 능력ability과 태도heart의 두 변수를 조합하면 객관적인 평가가 가능하다.

가치(Value) = **능력**(Ability) × **태도**(Heart)

$$[0, \infty) \qquad (-1, +1)$$

이 공식에서 주목할 것이 두 가지 있다. 하나는 두 변수가 더하기가 아닌 곱하기로 연결된 방식이고, 다른 하나는 범위다. 능력(A)의 범위는 0≦A〈 ∞이고, 태도(H)의 범위는 −1〈H〈+1이다. 능력은 최하가 0(죽음)이고 개발에 따라 무한히 높아질 수 있다. 또한 세상에는 절대 악인惡人도 절대 선인善人도 없으므로 H의 범위에는 −1과 +1 값은 포함되지 않는다.

한 사람의 태도가 플러스 값을 갖고 있을 때 능력이 크면 클수록 가치가 높아진다. 그러나 태도가 마이너스 값일 때는 능력이 클수록 가치는 오히려 떨어지게 된다. 반대로 능력이 부족한 경우에는 조직이나 사회에 끼치는 나쁜 영향이 줄어든다. 즉 능력은 가치의 크기를 결정하고 태도는 가치의 쓸모를 결정한다.

능력과 태도가 균형을 이루어야 그 가치가 증대된다는 사실을 이해하는 것이 중요하다. 결국 H를 플러스 상태로 유지하면서 A 값을 지속해서 키워가는 것이 조직에서 자신의 가치를 높이는 유용한 방식이 된다.

경쟁에서 이기는 것이 선善이 되어버린 지금의 현실에서 가치를 판단하는 공식이 'V ∝ A'(가치는 능력에 비례)가 됨을 결코 무시할 수 없다. 그러나 그것은 절반만 유용한 공식이다. 가치를 평가하는 온전한 공식은 'V = A × H'임을 알고 회사 생활에서 자기 가치를 높이는 전략적인 사고와 행동이 무엇일지 깊이 생각해 봐야 한다. 이때 조직 생활에서 H가 플러스(+)라는 것이 무엇을 의미하는

그림 10-1

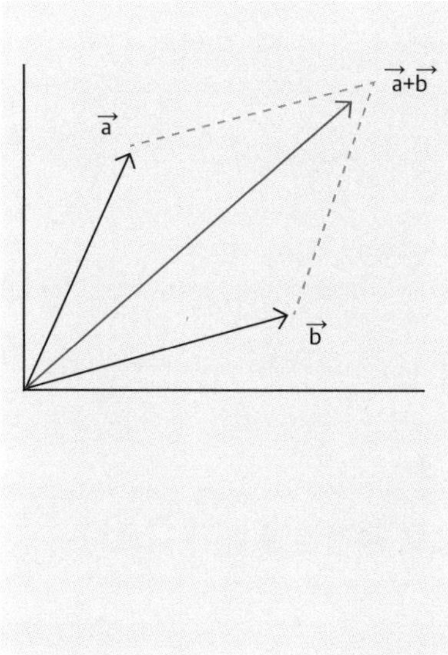

그림 10-2

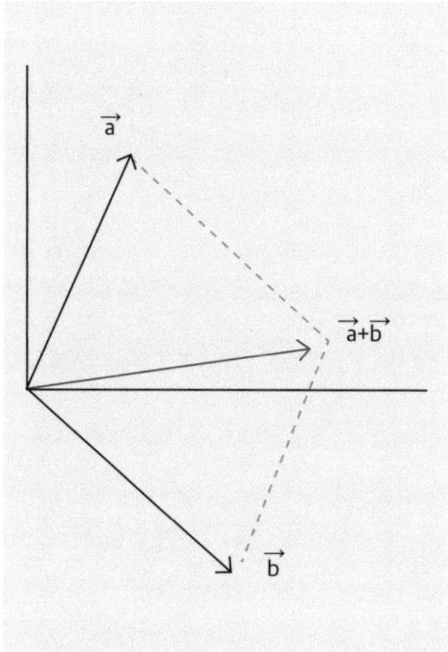

지 명확히 이해하는 것이 중요하다. 이것은 생각과 행동의 방향성과 관계가 있다.

먼저 힘의 크기와 힘이 작용하는 방향을 구분해서 생각해야 한다. 고유의 힘(å)이 방향을 가질 때($\vec{a}$) 비로소 그 가치가 결정된다. 그다음으로 조직을 통해서 a라는 힘과 b라는 힘이 합쳐지는 방식을 이해해야 한다.

a힘과 b힘의 방향이 일치할수록 합쳐진 힘의 크기가 커진다(그림 10-1). 그러나 둘의 방향이 다르면 힘의 합은 각 힘이 개별적으로 작용할 때보다 오히려 작아진다(그림 10-2).

조직에서 그 사람의 가치는 힘을 합치는 방식을 알고 활용하는 역량과 연관성이 높다. 그래서 회사에서 일할 때 자신의 회사가 어떤 전략으로 목표에 도달하기 위해 노력하고 있는지를 아는 것은 매우 중요하다. 그리고 자신의 강점이 전략의 수행 과정에서 어떻게 유용하게 사용되는지 파악할 수 있으면 더욱 좋다. 회사의 전략과 자신의 강점을 연결하면 자신의 가치를 더욱 높일 수 있다.

관점 3
기대로 평가받을 때와 능력으로 평가받을 때가 다르다

회사에서 일하면서 자신의 강점을 드러내는 것을 넘어서, 그것이 기업의 전략에서 유용하게 활용될 수 있는 방식을 찾아내는 시각을 개발하도록 노력하자.

이때 한 가지 더 생각해야 하는 부분이 있다. 조직에서 기대로 평가받을 때와 능력으로 평가받을 때가 다르다는 것이다. 보통의 기업 조직에서 사원과 대리 정도의 직급이라면 확인된 능력과 가능성의 크기가 평가의 기준이 된다. 그러나 팀장처럼 책임자의 위치라면 힘의 크기와 함께 그 힘이 조직 전략과의 부합 여부가 평가의 중요한 기준이 된다.

11

회사는 어떤 사람에게 높은 점수를 줄까?

다음 네 가지 경우, 회사는 누구에게 더 높은 점수를 줄까?

1. 지시 없이도 필요한 일을 하는 사람
2. 지시를 받고 필요한 일을 하는 사람
3. 한 번 이상 재촉받고 나서야 필요한 일을 하는 사람
4. 필요한 일을 전혀 하지 않는 사람

4번이 아닌 것은 분명하다. 보통은 1번이라고 생각한다. 그러나 항상 그런 것은 아니다. 1번과 2번, 3번은 부서의 형편이나 상황에 따라 달라진다. 상사의 관점에서 '만족스러움'의 기준에 따라 달라진다는 뜻이다. 만족에 대한 객관적인 정의가 무엇인지 생각해 보자.

만족이란 '기대보다 결과가 더 큰 상태'를 말한다. 그래서 결과 크기가 무조건 큰 상태가 아니라 '기대보다' 큰 상태인지가 중요하다. 따라서 질문에 대한 답은 팔로워에 대한 리더의 기대가 어떠했느냐에 따라 달라진다. 상사의 기대보다 조금 더 하는 행동을 반복하면 그 사람에 대한 평가 점수가 높아진다.

관점 4
상사의 기대보다 조금 더 하라

회사에서 그 사람을 평가할 때는 자발적으로 하는지 안 하는지보다는 필요한 일이 제때 진행되는지 아닌지에 초점을 둔다. 일단 필요한 일을 하는 사람인지가 중요하다. 그 사람의 자발적인 태도에 대한 평가는 그 사람보다는 오히려 그의 상사에 대한 평가로 이어진다. 대부분 동기부여는 상사의 몫(역할)이기 때문이다.

그럼 필요한 일이란 무엇일까? 회사의 성과에 영향을 주면서 자신의 업무 수행 영역에 존재하는 것은 모두 필요한 일이다. 상사가 직접 요구하고 확인하는 것도 있고, 그 일을 수행하는 자신 외에는 알지 못하는 것들도 있다.

실제로 상사가 부하 직원에게 지시 또는 요청할 수 있는 일의 범위는 대부분 직접적인 성과와 연결되는 것들이다. 그러나 요구된 일을 수행하는 과정에서 다른 사람은 몰라도 자기 눈에는 보이는 일들이 있다. 이런 일들은 추가로 노력한다고 해서 당장 눈에 보이는 평가로 나타나지 않는다. 그런데 이때가 자신의 가치를 높이는 행동을 할 기회다. 당장은 드러나지 않아도 근본적으로 필요한 일을 조금 더 하는 것이다.

이러한 '조금 더 하기'는 스스로 동기부여 되어 있지 않으면 행동에 옮기기 어렵다. 일 자체에 초점을 두어서 자기 동기로 일할 때 나타나는 행동이기 때문이다. 아무도 시키지 않은 일을 행동으로 옮길지는 본인의 판단에 달려 있다. 분명한 건 그때가 자기 가치를 높이는 기회가 된다는 것이다.

자기 일의 근본적인 필요와 자신이 그 일을 해야 하는 이유를 연결하는 연습을 해보자. 외부에서 동기부여 되어서 일할 때보다 스스로 동기부여 해서 일할 때 훨씬 더 쉽게 효율적인 행동이 이루어진다. 그리고 회사 생활에서 자신의 가치를 높이는 행동 양식을 자기 습관으로 만들 수 있다. 필요한 일이 은밀하게 이루어져도 일정 시간이 지나면 다 드러나게 되어 있다.

관점 5
팔로워십은 변형된 리더십이다

회사에서 좋은 상사를 만났다면 큰 행운이다. 그러나 좋지 않은 상사를 만났다고 해서 부정적으로 받아들여서는 안 된다. 그런 상사는 곧 교체될 가능성이 크다. 따라서 그런 상황에 맞닥뜨리면 자신이 팔로워로서 어떻게 행동할지 생각하자. 상사의 강점이 발휘되도록 하고 그의 약점을 보완하도록 노력하자.

상사가 미운 것과 일이 되게 하는 것을 구분해서 생각해야 한다. 특히 어떻게 하면 상사가 성취 지향적으로 행동하고, 효율적으로 일하게 할지를 생각하고 연구하자. 상사의 성공이 궁극적으로 자신에게 도움이 되기 때문이다.

상사를 성취 지향적, 효율적으로 행동하게 만들라

상사를 성취 지향적으로 만든다는 것은 상사가 가진 에너지를 조직의 성과에 집중하게 하는 것이다. 상사가 주변 상황을 이해하는 데 에너지를 뺏기지 않고 전체 성과를 중심으로 생각하고 행동하게 하는 것이다. '내가 무엇을 하면 당신을 도울 수 있는가?' '내가 어떻게 할 때 당신은 방해를 받는가?'를 질문하고 그의 대답을 듣고 관찰하면서 상사가 성과에 집중할 수 있도록 하는 것이다.

상사의 약점을 보완하고 강점이 드러나도록 행동하는 것이 상사가 효율적으로 일하게 하는 핵심이다. 마케팅에 뛰어난 상사지만 숫자와 분석을 힘들어할 경우, 마케팅에 관한 의사결정을 유도하면서 재정 분석에 대해서는 사전에 깊이 있게 준비하는 것이다. 상사가 들으면서 학습하는 스타일이라면 보고서와 정보는 핵심만 정리하고 주변 내용은 구두로 설명하는 것이 효과적이다. 그렇게 일하는 팔로워를 둔 상사는 자신의 부하 직원이 자신을 떠나 다른 곳으로 갈까 봐 신경 쓰고 조심하지 않겠는가? 상사의 강점과 약점, 바람, 일 처리 방식을 잘 알고 소화할 수 있어야 한다.

자신의 상사를 현명하게 다루는 법

상사를 다루는 것은 부하 직원을 다루기보다 더 쉽다. 그리고 더 단순하다. 해야 할 것 두 가지와 하지 말아야 할 것 두 가지를 알고 실행하면 된다.

해야 할 것

1. 상사를 성취 지향적이고 효율적으로 일하게 하기
2. 상사의 강점을 유효하게 하고 약한 부분을 보완하기

하지 말아야 할 것

3. 상사를 놀라게 하지 않기
4. 상사를 과소평가하지 않기

1, 2번은 앞서 설명했고 4번은 앞서 '능력이 아니라 위치가 일한다'에서 강조했다. 그리고 3번은 팔로워의 위치에서 실수하지 않도록 유의해야 한다. 특히 상사가 자신과 관련된 중요한 내용을 다른 사람을 통해 듣는 상황을 피해야 한다. 그것은 신뢰와 연결된 부분

이기 때문이다.

상사와 관계의 기초는 '신뢰' 구축이다. 따라서 자신이 중요하게 생각하고 힘을 집중하는 것이 무엇인지 상사도 알 수 있도록 해야 한다. 거기에 더해서 상사가 자신을 제대로 이해하고 있는지 확인하는 것이 좋다. 자신에게 기대할 수 있는 것, 자신의 목적과 목표, 자신의 우선순위 등을 상사가 알 수 있으면 좋다. 그 내용이 바람직하지 못하거나 상사가 좋지 않게 생각해도 상관없다. 중요한 것은 자신이 무엇을 하려고 하는지 상사가 이해하고 있어야 한다는 뜻이다.

팔로워의 위치에서 조직 생활은 늘 힘든 것임을 각오해야 한다. 능력이 아니라 위치가 일하기 때문이다. 만약 지금 좋은 상사를 만났다면 리더십과 팔로워십의 긍정적인 어우러짐을 경험하고, 팔로워로서 유용한 행동 요령을 구축하는 기회로 활용하자.

12

자기 가치를 높이는 일곱 가지 성취 공식

리더의 위치에 있는 사람이 평가하는 멋진 팔로워의 모습은 생각보다 단순하다. 리더는 배우고 알게 된 것을 즉시 자신에게 적용하려는 자세를 가진 사람을 만났을 때 가장 기쁘다. 그 모습에는 리더에 대한 신뢰와 인정이 함께 담겨 있기 때문이다.

"어떤 회사가 좋은 회사일까요?" 내가 대학 졸업반 학생들을 대상으로 강의할 때 꼭 하는 질문이다. 내가 강조하는 답은 자신의 강점이 잘 사용될 수 있는 곳이다. 정확히 표현하면 자신의 H(태도)를 플러스로 유지하면서 A(능력)의 크기를 키워갈 수 있는 곳이다.

공식23 태도 위에 능력을 더하라

회사 생활에서 자신의 가치를 높이는 시작점은 자신의 H가 플러스인가를 확인하는 것이다. 자신의 강점 또는 핵심 역량을 발휘할 수 있는 환경일 때 H값이 플러스로 나타난다. 지금 하는 일이 자신이 좋아하는 것이면 H는 대부분 플러스 값을 유지한다. 그리고 회사가 지향하는 핵심 가치와 자기 삶에서 지향하는 바가 일치할수록 H는 플러스 방향으로 작용한다.

H가 플러스 상태라는 것은 일반적으로 강조하는 긍정적인 태도나 적극적인 자세와는 다소 차이가 있다. 같은 방향성을 갖느냐가 중요하다. 조직에서 역할을 담당하는 사람이 되려면 같은 방향성을 가져야 비로소 힘을 합칠 수 있기 때문이다. 같은 방향성을 가지면서 A의 크기가 클 때 자신의 가치를 제대로 드러내고 인정받을 수 있다.

현재 다니고 있는 회사에서 자신의 강점을 활용하기 어렵다면 그곳에서 계속 일할 것인지 진지하게 고민해야 한다. 그리고 자신이 속한 기업이 지향하는 바와 자기 삶에서 중요하게 생각하는 것이 다를 때도 시간을 갖고 깊이 생각해야 한다. 조직 생활에서 자기 가치를 높이려면 기본적으로 태도 위에 능력을 더하는 방식으로 접근해야 하기 때문이다.

'나의 태도가 플러스로 유지되는 곳인가?'를 먼저 확인하자. 자신의 강점이 무엇이며, 지금 일하는 곳이 그 강점을 잘 발휘할 수 있는 곳인지 생각하자. 동시에 회사가 지향하는 방향이 자기 삶의 지향과 같은 방향인가를 생각하자. 태도 위에 능력을 더하는 순서를 기억해야 한다.

공식24 What을 명확히 공유하라

사내에서 인정받는 A씨에게는 단순하지만 매우 효과적인 의사소통 방법이 있다. 그는 주로 사장님께 직접 일을 지시받는데, 사장님은 그와 대화할 때마다 매우 기분 좋은 모습을 보인다. 다른 사람이 결재받지 못하는 서류도 A씨가 가지고 들어가면 쉽게 결재가 이루어진다. 그에게 어떤 노하우가 있는 것일까? 요령은 생각보다 단순하다. 'How를 요청받으면 What을 묻고, What을 요청받으면 Why를 확인한다.'

A씨는 사장에게 How 수준의 일을 지시받으면 무엇what을 위해서 그렇게 하려고 하는가를 물어서, 지시받은 방법 외에 더 효과적

이거나 효율적인 방법이 있으면 구체적으로 제안하거나 실행했다. 그리고 What 수준에서 일을 지시받으면 그 일을 하는 이유와 목적why이 무엇인지 물어서, 외부 환경의 변화나 조직 내 의사결정의 변화 등을 감안해서 그 목표를 조정하거나 조정의 필요를 먼저 제안하는 것이다.

모든 일에는 그 일을 하는 근본적인 이유와 목적why이 있고, 목적을 달성하기 위한 목표what가 세워지고, 그 목표를 효과적으로 실행할 방법과 아이디어how가 필요하다. 따라서 어떤 상황을 이해하거나 내용을 전달받을 때는 그것을 Why, What, How로 구분해서 정돈하면 전체를 효과적으로 이해할 수 있다. 이때 How 부분은 What을 이루어내기 적합한지 확인하고, What 부분은 Why를 충족시키는지 검토해야 한다. 상호 연계성이 충분히 이해되지 않는 경우라면 뭔가 빠진 부분은 없는지 확인할 필요가 있다.

회사 생활에서 맡겨지는 대부분 일은 How 수준의 것이다. 그런데 How 단계에서 생긴 문제를 또 다른 How로 풀려고 하면 답이 쉽게 찾아지지 않는다. How의 문제에 대한 해결책을 얻으려면 What을 확인해야 한다. How 단계의 문제를 해결하고자 할 때, What을 검토함으로써 새로운 How를 찾는 접근 방법은 환경이나 상황에 구애받지 않고 반복해서 사용할 수 있다.

자신의 일work이 무엇task을 하기 위한 것인가를 아는 것이 중요하다. What이 분명할 때 How 단계에서 생기는 문제는 새로운 아이디어를 모색할 좋은 기회가 된다. 꼭 기억하자. 'Work가 아니라 Task다!' 그리고 What을 명확히 파악하고 공유하자.

공식25	효과를 넘어 효율을 추구하라

회사에서 진행되는 업무 활동은 두 형태로 구분할 수 있다. 하나는 효과effectiveness를 지향하는 활동이다. 요구받은 결과만 얻으면 되는 것이다. 또 하나는 효율efficiency을 지향하는 활동이다. 투입의 크기가 같다면 결과 크기가 클수록 효율 값이 크다. 따라서 결과를 만들 때 투입 노력이나 비용을 줄이면서 일하는 것이 효율적이다.

모든 비즈니스 활동은 효과의 바탕 위에 효율을 추구할 때 안정된다. 그러나 효과가 기준이 되어야 할 때와 효율이 기준이 되어야 할 때를 구분하지 못하면 큰 낭패를 당할 수 있다. 새로운 일을 시작하거나 경험 없는 일을 할 때는 우선 효과를 얻는 것이 중요하다.

효과를 추구하는 시기는 대부분 부가가치를 만들기 어렵다. 그래서 경험 없는 일을 하면서 처음부터 효율을 얻으려고 시도하면 결과적으로 어리석은 행동이 된다. 아무리 숙달된 사람도 처음에는 효과의 범위 안에서 행동할 수밖에 없다. 그렇게 효과의 단계를 거쳐야 비로소 효율을 추구하는 것이 가능하다.

그러나 반복되는 일이나 조직 운영에서 비중이 높은 일은 효과로는 부족하다. 효과를 얻는 것은 일의 기본일 뿐이다. 효율을 추구하고 얻을 수 있어야 한다. 회사에서 일하는 직원들 다수는 효과를 얻으면 자기 일을 다 했다고 생각하는 경향이 있다. 그러나 그렇지 않다. 비즈니스는 궁극적으로 효율의 게임이기 때문이다.

회사 생활을 스마트하게 하는 사람이 되는 핵심 요령이 있다.

1. 효과를 요구받을 때 효과를 달성하면서 효율을 덧붙일 수 있는 방식을 생각한다.
2. 효율을 요구받을 때는 효과가 유지될 수 있는 범위에서 효율을 추구한다.
3. 효과에서 효율로 평가의 기준이 바뀔 수 있음을 염두에 두고 자신에게 주어진 업무 수행 방식을 정립한다.

자기 업무에서 효과를 요구받을 때 효율을 덧붙이는 행동이 자연스러워지려면 어떻게 해야 할까? 회사의 일을 자기의 일로 받아들일 때 자연스러워진다. 비즈니스 조직에서는 결국 효과와 효율을 모두 요구받게 되어 있다. 또한 상사는 자발적으로 효과와 효율을 추구하는 부하 직원을 신뢰할 수밖에 없다. 그래서 스스로 준비하고 때에 맞게 행동하는 것이 회사 생활에서 자기 가치를 높이는 요령이다.

공식26 생산적이 되어라

회사 생활에서 가장 인기 있는 사람은 누구일까? 바로 일 잘하는 사람이다. 자신의 업무를 지원하거나 도와주는 동료를 가장 호의적으로 평가한다. 실제로 회사에서 좋은 인간관계를 맺는 가장 효과적인 방법은 상대에게 생산적인 사람이 되는 것이다. 생산적이란 일하는 과정에서 구체적으로 도움이 되는 상황을 반복하는 것이다.

핵심 요령은 '공헌'에 초점을 맞추는 것이다. 상대가 공헌할 바가 무엇인지 알고 그 공헌에 상대가 집중하는 과정에서 필요한 부분을 돕는 것이다. 상대의 공헌할 바에 초점을 맞춘 내 행동을 반복하면 회사 생활에서 생산적인 인간관계는 그다지 어렵지 않다.

1. 자신이 공헌할 바를 명확히 안다.
2. 자신이 공헌할 바에 집중하기 위한 도움을 동료에게 요청한다.
3. 동료가 공헌할 바에 집중하기 위해서 자신이 도와줄 것이 무엇인지 묻는다.

이 세 가지 질문에 성실하게 답하고 행동하는 것이 회사 생활에서 동료들과 좋은 인간관계를 맺는 기본 요령이다.

자신이 공헌할 바를 중심으로 시간과 에너지를 집중하면 스스로 생산적이 되는 것이고, 동료가 공헌할 바에 집중할 수 있도록 도와주면 상대에게 생산적이 되는 것이다. 그렇게 서로의 공헌을 위해 무엇을 도울 수 있을까를 묻고 행동하는 것이 생산적인 관계를 맺는 핵심 요령이다.

공식 27 예측 가능한 사람이 되어라

예측 가능하다는 것은 세 가지 믿음을 주는 행동을 반복할 때 생긴다. 첫째, 생활적 믿음이다. 들어오고 나가는 것을 분명히 하는 것이 좋다. 업무 시작 10분 전, 업무 마감 10분 후가 출퇴근 시간이다. 자기 일과 관련해서는 비밀이 없어야 좋다. 그리고 자신이 회사에서 하는 활동을 팀원들이 알게 해야 한다. 가능한 한 현재의 일을 하면서 다른 일을 기웃거리지 말 것을 권한다.

둘째, 심리적 믿음이다. 믿음을 주도록 행동하는 것이다. 자신이 일하는 목적과 목표를 공유하는 것이 좋다. 이때 회사에서 자신의 위치에 적합한 행동을 할 것을 권한다. '능력이 아니라 위치가 일한다'는 것을 잊지 말라. 무엇을 어떻게 해야 할지 모를 때는 묻는 것을 두려워하거나 창피해하지 말라. 다음에 유사한 상황에 부딪힐 때 배워서 알게 된 것을 실행하는 모습을 보이면 오히려 좋은 평가를 받는다.

셋째, 행동적 믿음이다. 실수를 인정하라. 최선을 다하고 난 후의 결과에 대하여 부담 갖지 말라. 누구나 실수할 수 있다. 본의 아닌 자신의 실수를 인정하고, 그 실수에 대하여 대가를 지불하는 것에 핑계 대지 말라. 대신에 같은 실수를 반복하지 않도록 주의하자.

회사 생활은 늘 팀으로 이루어진다는 것을 알자. 먼저 자기 몫을 다할 수 있어야 한다. 그리고 자신에게 맡겨진 일의 완성도를 높이기 위해 노력하자. 만약 가능하다면 기대보다 조금 더 할 수 있으면 좋다. 혹시 팀을 대표할 상황에 놓이면 평소보다 조금 더 강한 책임감을 발휘하도록 하자.

회사에서 동료들과 함께 일한다는 것은 '2인 3각' 게임을 하는 것과 같다. 상대가 나를 이해하는 만큼 협력이 가능하다. "이런 상황이니까 저 친구는 이렇게 할 거야"라고 동료가 말할 수 있으면 좋다. 같이 일하는 동료들에 자신이 예측 가능한 사람이 되었다는 것은 신뢰가 형성된 것이고, 팀의 일부로서 어떤 기대를 해야 하는가를 인식시킨 것이며, 관계에서 안정감을 제공하고 있다는 뜻이다.

공식 28 아이디어맨이 되어라

회사 차원의 목표와 전략을 알고, 자신의 부서와 자신에게 업무가 배당된 상태에서 일상의 업무를 수행하는 것이 보통의 회사 생활이다. 이때 반복되는 업무 수행 과정에서 '저 사람은 아이디어가 많아'라고 평가받으면 자기 가치가 자연스럽게 높아진다. 성실한 노력으로 아이디어맨이 될 수 있는 두 가지 방법을 소개한다.

첫 번째 방법은 자신만의 '아이디어 노트'를 만드는 것이다. 이것은 기록에서 시작한다. 주변 생활에서 좋은 아이디어라고 생각되는 것이 보이면 아이디어 노트에 기록한다. 신문이나 잡지, 길거리 간판, 드라마 대사 등이나 책을 읽으면서 눈에 들어오는 내용을 아이디어 노트에 옮긴다. 책의 줄거리나 주제와 관계없이 아이디어라고 생각되는 것은 모두 적는다.

노트를 펼쳤을 때 오른쪽 면에 구체적인 내용과 사진 등을 첨부하고, 왼쪽 면에는 그 아이디어 활용에 대한 자신의 의견을 적는다. 그리고 회사 생활에서 아이디어가 필요할 때 아이디어 노트를 쭉 읽어간다. 읽다가 '탁' 하고 걸리는 부분이 있으면 그 부분을 자신의 현재 필요에 맞추어 재정리하는 방식이다.

아이디어에 접근하는 기본 태도는 노하우Know-How가 아닌 노웨어Know-Where다. 많은 자료와 경험, 지식이 바탕이 되어야 한다. 이때 아이디어 노트는 핵심 도구다. 한 영역의 내용이나 모양을 그대로 다른 영역으로 옮기는 것만으로도 새로운 생각의 모티브motive가 된다. 한국의 정자가 아랍 지방으로 옮겨지면 이색 장소가 되고 북극의 이글루가 한국으로 옮겨지면 새로운 관심 장소가 된다. 이미 존재하는 모습들을 현재의 자기 필요와 상황에 옮겨 오는 것이다.

두 번째 방법은 원리를 반복하는 것이다. 앞서 'What을 명확히 공유하라'에서 설명했던 'What을 확인함으로써 새로운 How를 모색하는 것'이 대표적인 예다. 그 외에도 흔히 사용하곤 하는 '80:20 법칙'(전체 성과의 대부분이 몇 가지 소수의 요소에 의존한다는 법칙), 어떤 일의 '킬러 어플리케이션Killer application 찾기(킬러 어플리케이션이란 상품의 원래 의도와 다르게 쓰는 용도로 자리잡게 됨을 일컫는다)' 등이 원리를 상황에 대입해 새로운 아이디어의 모티브를 찾는 접근 방식이다. 성공 원리라고 해서 반드시 객관적인 설명이 필요한 것은 아니다. 자신의 문제와 필요를 해결할 수 있는 아이디어를 도출하는 접근 방식이라면 모두 의미 있다.

'가장 많이 가진 것 활용하기'는 자신이 이미 많이 가지고 있는 것에 주목하고, 그것을 어떻게 활용할지 생각하는 것이다. '고래 살 잘라 먹기'도 유용한 생각의 방식이다. 덩치가 너무 커서 해결할 수 없는 문제를 작은 크기로 나누어서 해결한다. '입장 바꾸어 생각하기'는 많은 상황에서 활용할 수 있는 유용한 접근 방식이다.

상대방 입장으로 생각하면 새로운 것이 쉽게 보일 때가 많다. 마케팅의 방식을 생각할 때, 기업 관점에서 고객 관점으로 시선을 돌리면 본질적인 접근 방식을 모색하기가 쉬워진다.

성공 원리란 자신의 성공 경험 패턴을 찾는 것이다. 다른 사람에게는 어려워도 자신은 쉽게 사용하는 어떤 원리를 필요할 때 끄집어내서 사용할 수 있도록 정돈하는 것이다. 이미 존재하는 아이디어를 즉각적으로 적용하는 것을 'Shift'라고 한다면, 반복할 수 있는 자신의 성공 원리는 'Shift & Shift'가 된다. 성공 경험을 반복하다 보면 저절로 성공 원리를 깨닫는 경우가 많다. 'Shift'에서 시작해서 점차 'Shift & Shift'로 발전할 수 있다.

공식 29 신뢰받고 있는가를 확인하라

좋은 관계에 있던 상사가 어느 날 갑자기 자신을 냉랭하게 대하기 시작했다면 먼저 확인해야 하는 것이 있다. 상사에게 '신뢰'받고 있는가다. 상사의 신뢰는 업무 내용과 관계없이 회사 생활에서 매우 중요하다. 실제로 상사의 신뢰를 잃으면 회사 생활에서는 거의 모든 것을 잃는 것과 같다.

앞서 설명했던 'V = A × H' 공식에서 상사에게 신뢰를 잃는 것은 H값이 0zero이 됨을 의미한다. 문제 해결 능력(A)이나 평판이 아무리 좋아도 상사의 신뢰를 잃으면 그 사람의 조직 내 가치 값은 0이 된다. 진짜 그런 상황이든 아니면 상사의 오해든 상관없다. 상사가 자신을 신뢰할 수 없다고 판단하는 순간 조직 생활에서 매우 큰 어려움을 겪는다. 스스로는 플러스(+)와 마이너스(-)로만 행동할 수 있을 뿐이다. 상사는 회사 생활에서 자신의 가치 값을 0으로 만들 수 있는 존재임을 알아야 한다.

상사의 신뢰를 얻거나 유지하기 위해서는 어떻게 해야 할까? 가장 기본적인 태도는 상사를 있는 그대로 인정하는 것이다. 상사의 능력이 아니라 그의 위치가 일함을 알아야 한다. 앞서 강조했듯이 그의 현재 위치는 저절로 얻어진 것이 아니다. 상사가 비록 많이 부족하더라도 그가 자신에게는 최선의 사람이라고 생각하고 행동하는 것을 연습해야 한다.

상사의 신뢰를 얻거나 유지를 위해 필요한 행동 요령 네 가지가 있다.

첫째, 회사 내에서 자신이 하는 모든 일을 상사가 알 수 있도록 하라. 자기 생각이나 행동이 다른 부서나 다른 사람을 통해 상사에게 전달되지 않아야 한다. 좋은 소식이든 나쁜 소식이든 주저 말고 상사에게 보고해야 한다. 나쁜 일의 경우에는 문제나 실패를 해결할 수 있는 솔루션을 함께 제시할 수 있으면 가장 좋다.

둘째, 반드시 약속을 지킨다. 작은 일이라도 상사에게 하겠다고 말했다면 반드시 실행한다. 만약 그 약속을 지킬 수 없는 상황이 생기면 상사가 대안을 찾을 수 있는 여유를 갖도록 미리 보고해야 한다.

셋째, 진행하는 일의 초점과 바람직한 결과에 집중하는 태도를 유지하라. 상사가 하는 모든 말을 그대로 따라야 하는 것은 아니다. 명확한 지시가 아니라 단지 의견을 말한 경우는 그 의견은 '지침' 정도로 생각하면 된다. 일을 진행하는 동안 새로운 정보를 얻게 될 수도 있고 예상치 못한 문제가 발생할 수도 있기 때문이다.

넷째, 앞서 '효과를 넘어 효율을 추구하라'에서 강조했던 효과와 효율의 관점을 유지하면서 일하라. 그리고 상사에게 효율을 요구받았을 때는 효과가 훼손되지 않는 범위에서 일이 진행되어야 함을 꼭 기억하자. 만약 효율을 추구하는 과정에서 효과가 훼손될 수 있다고 판단되면 즉시 상사에게 보고하고, 일의 진행 초점을 재정돈해야 한다. 효과를 놓친 상태에서 효율을 추구하는 것은 매우 어리석은 행동이 된다.

만약 부하 직원의 위치에서 도저히 상사를 인정할 수 없다면 어떻게 해야 할까? 그리고 상사의 행동이 회사에 불이익을 가져올 수 있다고 판단된다면 어떻게 해야 할까? 그때도 상사의 정책과 지시를 가능한 한 효과적으로 수행하는 것을 항상 첫 번째로 생각하고 행동해야 한다.

만약 상사의 지시를 도저히 받아들일 수 없다는 판단이 서면, 최후의 수단으로 다른 부서나 회사로 자리를 옮기는 것을 생각해야 한다. 이때는 자신의 경력career이 훼손될 수 있음을 생각하고, 자신이 자리를 옮기는 이유에 대해 진짜 속내를 드러내는 것을 유의해야 한다.

조직 생활에는 늘 상사가 존재한다. 자신의 행동이 상사의 관점에서 이해될 수 있어야 한다. 회사 내에서 자신이 하는 일을 상사가 알도록 하고 상사에게 보고하는 것을 당연하게 생각하라. 어떤 상황에서든지 상사의 정책과 지시를 효과적으로 수행하는 것에 업무의 우선순위를 두라. 만약 신뢰가 훼손될 수 있다는 생각이 들면 모든 행동을 중단하고 신뢰를 회복하는 조치를 먼저 취해야 한다. 자신이 이해하기 어려운 상태로 일이 진행될 때는 '나는 지금 상사에게 신뢰받고 있는가?'를 먼저 질문해 보자.

13

팔로워로서 내공을 키우는 여섯 가지 습관

습관 1
정리-정돈-청결의 습관

비즈니스맨은 '습관'의 위력을 알아야 한다. 조금 과장해서 말하면 일도 비즈니스도 인생도 습관이 결정한다. 회사 생활에서 자기 가치를 높이기 위해 구축할 첫째 습관은 '정리-정돈-청결'이다.

'정리定離'란 필요한 것과 필요 없는 것을 구분하고, 필요 없는 것을 떠나보내는 일이다. '정돈整頓'이란 필요한 것을 있어야 할 자리에 두는 것이다. '청결淸潔'이란 필요할 때 즉각적으로 사용할 수 있는 상태를 유지하는 것이다.

'정리'는 자신이 가지고 있으나 사용하지 않는 것을 확인하는 행위다. 더는 필요 없게 된 것들을 기존의 공간과 시선에서 없앰으로써 새 필요에 집중할 수 있는 환경을 만들 수 있다. 정기적으로 '정리' 과정을 가지면 물리적, 정신적 여유 공간을 확보할 수 있다. '정리'는 일하는 사람의 태도와 자세를 분명히 한다. 그리고 일의 본질이 아닌 것에 신경이 분산되는 것을 막아준다.

다음 단계는 '정돈'이다. 하고자 하는 일이 '정돈'되어 있지 않으면 효율의 단계에 진입할 수 없다. 최악의 경우에는 '정리' 단계로 돌아가서 필요한 것과 필요 없는 것을 구분하는 일을 다시 해야 한다. 그래서 '정돈'은 독립적으로 쓰이기보다는 '정리 후 정돈'이나 '정리정돈' 또는 '정리–정돈'으로 순서를 나타내어 사용하는 것이 보통이다. '정돈'하려면 필요한 것이 어느 위치에 어떤 상태로 있어야 하는지 명확히 알아야 한다. 이것은 자기 위치에서 해야 할 최적의 행동에 대한 의견이 있을 때 가능하다. 따라서 '정돈'은 전문성을 담보한 행동이다.

'청결'이란 즉각적으로 사용할 수 있는 상태를 스스로 유지하는 것이다. 대부분 비즈니스에서 효율 추구는 '정리정돈'은 물론 '청결'이 유지되는 상태에서 가능한 활동이다. 그리고 비즈니스 진행 과정에서 외부에서 찾아오는 기회를 잡아서 활용하려면 '정리, 정돈, 청결의'의 상태를 유지하고 있어야 한다. 따라서 '정리–정돈–청결'의 습관은 외부에서 주어지는 기회를 오롯이 자신의 것으로 소화하기 위한 필요조건이 된다.

습관2
쉬운 일은 쉽게 하고 어려운 일은 어렵게 하는 습관

비즈니스 조직에서 일할 사람의 훈련 기회가 주어지면 나는 3단계 훈련 방식을 취한다.

첫째, '초점 잡기'다. 성과에 영향을 주는 변수를 파악하고, 효과의 상태를 유지하기 위한 조건을 살피고, 추가로 효율을 높이는 방식을 탐색한다.

둘째, '가중치 구분하기'다. 성과 관련 가중치가 높은 변수 한두 가지를 찾아서 우선 집중하고, 상황에 따른 가중치의 변화를 살피면서 응대하도록 한다.

셋째, 적절한 '행동 패턴pattern'을 찾아서 반복하는 것이다. 특히 맞닥뜨린 장애물을 극복하는 과정을 공유하면서, '일한다는 것'이 '방법을 찾으면서 진도를 나가는 것'임을 몸에 배게 만들어 스스로 강해지는 방식을 모색한다.

그 과정에서 내가 강조하는 중요한 내용이 있다. 바로 '쉬운 일은 쉽게 하고 어려운 일은 어렵게' 하는 것이다. 쉬운 일을 어렵게 하면 참 답답하다. 반대로 어려운 일을 쉽게 하면 자칫 위험에 처할 수 있다. 쉬운 일은 쉽게 하고 어려운 일은 어렵게 한다는 것이 말하기는 쉬워도 실제 행동은 그렇게 만만하지 않다. 한두 번은 의지를 갖고 그렇게 행동할 수 있어도 지속해서 그렇게 행동하는 것은 훈련된 사람이거나, 그런 행동을 습관화하기 위해 노력하는 사람이라야 가능하다.

쉬운 일과 어려운 일을 구분하는 기준은 '일반 상식'이다. 그래서 쉬운 일을 어렵게 하는 사람을 만나면 그 사람의 가치관을 살펴야 한다. 자신만의 특정한 신념이나 왜곡된 가치관을 가진 사람과는 함께 일할 수 없다. 그 일에서 배제해야 한다. 그들은 상식의 개념 자체가 달라서 훈계나 가르침으로 태도를 변화시킬 수 없다.

반대로 어려운 일도 쉽게 처리하는 특별한 재능을 가진 사람이 있다. 그런 사람은 상황에 따라 일당백의 역할을 하기도 하지만 성과를 반복하는 단계에서는 오히려 관리의 어려움이 생길 수 있다. 일의 진도를 나가야 할 때 성과를 예측하기 어려운 경우가 많아서 특별 관리를 해야 하기 때문이다.

일할 때는 상식의 범위에서 반복할 수 있는 방식으로 일하면서, '쉬운 일은 쉽게 하고 어려운 일은 어렵게' 하는 사람들을 중심으로 팀을 구성하면 효율 추구가 쉬워진다. 그리고 앞서 언급한 어려운 일도 쉽게 해내는 특별한 역량의 사람은 별도로 관리해서 전체 성과를 극대화할 수 있는 예외의 상황plus alpha으로 활용할 수 있으면 좋다.

습관 3
기대보다 조금 더 하는 습관

다음 세 가지 경우를 생각해 보자.

1. 기대보다 결과 크기가 큰 경우
2. 기대보다 결과 크기가 작은 경우
3. 기대와 결과가 엇비슷한 경우

1번은 만족스러운 평가 속에서 기존 관계를 지속한다. 2번은 불만족스러운 평가로 기존의 거래나 관계가 끊어질 위험이 크다. 3번은 만족 여부가 불확실한 상태에서 경쟁이나 경쟁자가 없으면 기존의 관계가 유지된다.

여기서 초점을 두고 생각할 부분은 결과 크기가 아닌, 상대의 기대가 어떠한가 하는 것이다. 만족이란 '기대보다 결과 크기가 더 큰 상태'를 말한다. 결과가 무조건 큰 상태가 아니라 상대의 기대보다 더 큰 상태인지 아는 것이 중요하다.

회사 생활에서는 결과 크기만으로 평가받지 않는다. 요구와 기대에 부응해서 어떤 결과를 만들었느냐가 중요하다. 사회 초년생들은 대개 사소한 잡무를 많이 맡게 된다. 그런데 자신이 잡무를 하는 것을 자존심 상하고 불평불만을 갖는 경우가 많다.

이때, 그들의 상사는 그 하찮은 일을 얼마나 열의를 갖고 수행하며 업무 성과를 만들어내는지 주의 깊게 지켜본다. 부하 직원은 자기 일이 전략적인지 또는 얼마나 중요한지를 신경 쓴다. 그리고 핵심 사업을 추진해야 자신의 능력을 증명할 수 있다고 생각한다. 그러나 그렇지 않다. 어떤 회사에서 중요하고 전략적인 일들을 능력이나 태도가 확인되지 않은 초보 직원에게 맡기겠는가? 조급해하지 말라는 뜻이다.

회사 생활에서 좋은 평가는 주어진 일을 얼마나 합리적이고 열정적으로 수행하느냐에 달려 있다. 그래서 작은 일이라도 좋은 성과를 내는 것이 자기 가치를 인정받는 데 유리하다. 그리고 시간이 지나며 점점 나아지는 모습을 보여줄 수 있으면 좋다. '상사의 기대'를 관리하는 것이 핵심 요령이다. 아주 작더라도 이전보다 나아진 무언가 한 가지를 덧붙이는 습관을 갖는 것이 중요하다.

일하는 과정에서 상사가 여러 가지 요구를 할 때는 객관적인 필요의 우선순위에 따라서 일을 진행해야 한다. 여기서 객관적이란 자신의 판단뿐 아니라 상사가 지정하는 우선순위를 포함한다. 대부분 회사 생활에서는 모든 일을 여유 있게 할 수 있을 만한 충분한 시간이 주어지지 않는다. 이때 중요한 일에 우선해서 집중하는 습관을 드러내야 한다. 여기서 중요한 일이란 다음 두 가지 경우다.

1. 자신이 직접 수행해야 하고 그 결과에 책임을 져야 하는 일
2. 상사가 중요하다고 강조하는 일

이 두 가지 경우의 일에 자신의 능력 안에서 최대 성과를 올릴 수 있도록 집중하는 것이 좋다.

1번의 경우는 회사에서 자신의 역할을 다해야 하는 근본적인 사명이니 당연히 최선의 결과를 얻기 위해 노력해야 한다. 상사가 중요하다고 강조하는 2번의 경우에는 상사가 사적인 이유로 중요하다고 강조하는 것인지 아니면 자신이 알지 못하는 다른 중요한 이유가 있는 것인지 구분해서 파악해야 한다. 전자의 경우라면 상황을 고려하여 적절한 요령을 발휘해서 피해야 하지만, 후자의 경우 자신이 미처 알지 못했던 중요한 이유를 알게 되면 '기대보다 조금 더 하기'를 연습할 좋은 기회가 된다.

습관 4
자신이 공헌할 바를 알고 필요에 집중하는 습관

어떤 형태의 조직 생활을 하더라도 꼭 알아야 할 두 단어가 있다. '성과'와 '공헌'이 그것이다. 조직에서 자신에게 기대하는 성과가 무엇인지 확인하고, 그 성과를 얻기 위해 자신의 위치에서 해야 하는 일에 집중해야 한다. 자신이 할 수 있다고 해서 모든 일을 하는 게 좋은 건 아니다. 성과 목표에 도달하기 위해 자신이 어떤 '공헌'을 해야 할지 알고 행동하는 것이 중요하다.

가장 효과적인 행동이 무엇인지 알고, 그것을 효율적으로 수행할 때 가장 높은 평가를 받는다. 그 과정에서 필요 없는 것을 과감히 버리고(정리), 자신의 공헌에 도움이 될 수 있는 경험과 지식과 도구를 잘 가다듬고(정돈), 그것이 필요할 때 바로 사용할 수 있도록 갈무리하는 것(청결)이 조직 생활에서 자기계발과 준비의 핵심이다.

회사에서 자신이 오랫동안 해왔던 일에서 다른 업무로 역할이 바뀔 때는 어떻게 해야 할까?

그때는 일상의 활동을 잠시 멈추고 덩어리 시간을 내서 생각해야 한다. 현재의 조직에서 계속 일할 것인가? 아니면 같은 일을 하는 다른 회사를 찾아야 하는가? 또는 지금까지 해왔던 일을 통해서 구축된 역량과 콘셉트를 갖고 창업이나 새로운 영역의 일을 찾는 것이 필요한가? 결론이 어떻게 나더라도 다음 두 가지를 확인하고 행동하길 바란다.

1. 나는 준비되어 있는가?
2. 내 눈에 보이는 기회가 정말 나의 기회인가?

자신이 오랫동안 해왔던 일에서 변화하는 것은 더 나은 삶을 구축하기 위한 행동이다. 그러나 현재의 위치를 벗어나 새롭게 집중할 방향과 구체적인 준비가 없는 상태에서 내리는 의사결정은 큰 대가를 치를 수 있다. 자신이 바라는 성공은 '외부의 기회'와 '내부의 준비'가 만났을 때 가능한 결과임을 꼭 기억하길 바란다.

습관5
콘셉트와 패턴 그리고 습관과 미소 갖추기

직장에서는 어떤 사람이 멋진 사람일까? 나는 생동감 있는 사람과 자기 콘셉트에 충실한 사람을 멋진 사람으로 꼽는다. 주어진 상황을 긍정적으로 해석하고 얼굴에 미소를 잃지 않는 사람은 주변의 다른 사람에게 생동감을 준다. 그리고 예측 가능한 행동을 하고 시간이 지날수록 쌓이는 것이 있는 사람은 회사 생활에서 자기 콘셉트를 구성한다.

콘셉트concept란 삶을 살아가는 일정한 방식으로서 '어떤 형태로 어떻게 전개할 것인가에 관한 경향'이다. 예를 들어서 장애물을 만났을 때 폭파 후 통과하거나, 밑으로 기어서 통과하거나, 우회해서 통과하는 방법과 같이 그 사람의 성향이나 경향을 통해 콘셉트를 파악할 수 있다. 일하는 방식에서도 그 콘셉트와 연결된 패턴이 생긴다. 그리고 일을 반복하면서 나름의 요령과 노하우가 쌓인다. 하지만 콘셉트가 없으면 쌓음이 생기지 않는다.

콘셉트를 강조하는 이유는 콘셉트를 가지면 예측 가능한 사람이 될 수 있기 때문이다. 자기 혼자만의 힘으로 이룰 수 있는 일은 드물다. 주변 사람들이 그를 이해하고 활용할 수 있어야 한다. 그런데 상황마다 다른 콘셉트로 행동하는 사람과 함께 일하기는 쉽지 않다. 콘셉트가 있으면 시간이 지날수록 이전보다 훨씬 적은 힘과 노력으로 같은 결과 혹은 그 이상의 결과를 얻을 수 있다.

이미 확인된 자신의 재능과 경험을 통해 쌓인 역량, 주변 사람들이 인정하는 강점을 담아낼 수 있는 자기 콘셉트를 찾기 위해 노력할 필요가 있다. 스스로 편하게 느끼고 의도한 성과에 접근하기 용이한 방식이라면 무엇이든 상관없다. "저 사람은 ○○한 사람이야" 라고 다른 사람들이 표현하기 시작했다면 자기 콘셉트가 만들어진 것이다.

'CEO 가정교사'로 활동하는 내게 기업 조직에서 중요한 단어 하나를 고르라고 하면 나는 망설임 없이 '활기'라고 말한다. 그리고 회사 생활을 하는 개인에게 중요한 단어 하나를 선택하라고 하면 '생동감'을 꼽는다. 생동감이 있는 사람은 밝고 긍정적인 사고방식을 드러낸다. 생동감이 있다는 이유 하나만으로도 같이 일하는 사람들에게 매력적인 사람이 된다. 조직의 활기와 개인의 생동감은 같은 맥락에 있다. '살아 있다'라는 느낌을 주는 것이 공통점이다.

생동감을 유지하는 요령이 있다. 주어진 환경이나 상황에 얽매이지 않고 스스로 동력을 더해서 나아갈 방향을 찾는 것이다. 자기 기준과 자기 동기로 생각하고 일하는 것이다. 그렇게 일하는 사람의 얼굴에는 늘 미소가 있다. 그렇게 일하는 사람의 미소는 단순한 습관에서 비롯된 것이 아니다. 자기 기준으로 생각하고 자기 동기로 일하면서 쌓이는 일종의 결과물이다. 회사 생활에서 미소를 잃지 않으려면 세 가지 요건이 충족되어야 한다.

첫째, 평강平康의 마음이다. 환경이나 상황에 휘둘리지 않는 것을 말한다. 우리가 위기라고 생각하는 문제들이 실제로는 생각보다 위험하지 않은 경우일 때가 많다. 그러나 평강의 마음이 없으면 대단치 않은 문제에도 크게 동요한다. 평강의 마음을 가지면 문제를 정확하게 파악하고 확대해석하지 않을 수 있으며 미소를 유지할 수 있다.

둘째, 일관된 태도다. 일희일비一喜一悲하지 않는 것이다. 상황이 어떻게 흘러가든 처음 그 마음을 그대로 유지하는 것이다. 자신이 평가받길 원하는 기준에 부합한 행동을 하면 주변 사람들의 시선에 구애받지 않고 미소를 유지할 수 있다.

셋째, 다른 사람을 배려하는 모습이다. 미소를 짓는 사람 앞에 있으면 덩달아 마음에 여유가 생긴다. 환경이나 상황이 좋아서가 아니라 자기 기준으로 생각하고 행동하기에 미소 지을 수 있다. 같이 일하는 동료가 미소를 잃지 않으면 다른 사람들은 그로 인해 안정감을 느끼게 된다.

미소는 연습과 훈련으로도 만들어질 수 있다. 그렇게 만들어진 미소도 귀하다. 그러나 자기 기준과 동기가 근원이 되어서 나타나는 미소는 스스로는 물론 같이 일하는 동료들에게도 큰 힘으로 작용한다. 자신의 미소가 성숙한 미소가 될 수 있도록 스스로 업그레이드하자.

습관6
자기 의견 갖기

회사 생활에서 자신에게 주어지는 일의 성격이나 내용과 관계없이 스스로 동기부여 해서 일할 수 있으면 참 좋다. 그렇게 할 수 있으면 자신이 공헌할 바에 집중하면서 미소 지으면서 일하는 게 그다지 어렵지 않을 것이다.

30년이 넘는 세월을 서비스업에 종사하면서 실제로 그런 행동이 습관화된 분에게 배움을 얻은 적이 있다. 그분은 사람이나 상황이 아닌 '그 일의 근본적인 필요와 가치'에 집중한다고 했다. 그리고 '상대의 평가보다 일 자체에 집중'한다고 했다. 그 일의 근본적인 필요와 자신이 그 일을 하는 이유를 연결하면 스스로 동기가 부여되고 끝까지 미소 짓는 일이 그다지 어렵지 않을 것이다.

나도 30년이 넘는 기간을 비즈니스 영역에서 활동하면서 깨달은 것이 있다. 그 일의 내용이나 성격과 무관하게 '객관적 관점'과 '주관적 신념'이 어우러져야 한다는 것이다. 나는 이 두 단어를 합쳐서 '객관적 관점 + 주관적 신념 = 객관적 신념'으로 표현하고, 내가 하는 모든 비즈니스 활동의 기본 철학으로 삼고 있다. 그리고 그 과정에서 습득한 구체적인 내용을 '비즈니스 패러다임paradigm'과 '비즈니스 프로세스process'로 정돈해서, 비즈니스 초심자들에게 실패를 피하고 성공을 강화할 수 있는 접근 방식으로 정돈해서 설명한다.

이 모든 것이 '자기 의견' 또는 '자기 생각'을 갖는 것에서 시작한다. 그런데 그 생각이 '객관적 관점'을 기초로 하지 않으면 본인은 물론이고 다른 사람의 지지를 받을 수 없다. 그래서 실패하지 않으려면 먼저 객관적 관점을 학습해야 한다. 그 과정들을 통해야 '자신의 의견 → 객관적 관점으로 정리·정돈 → 객관적 신념'으로 발전하는 것이 자연스럽다.

1. 자기 의견을 가져라. 단, 객관적 관점을 전제로 한 자기 의견이 있어야 한다.
2. 전략적으로 생각하라. 특히 가용할 수 있는 자원에 대한 냉정한 판단이 필요하다.
3. 객관적 신념을 갖고 일관되게 행동하라.

회사 생활에서 자기답게, 자기 콘셉트(색깔)를 가지고, 끝까지 미소 지으며 스스로 동기부여 해서 효율적으로 일하는 습관을 갖게 되면 팔로워 위치에서 일하는 제2의 리더로 기능하는 것이 자연스러워진다.

14

리더십과 팔로워십이 어우러져야 한다

사장은 자신의 위치에 걸맞은 역할을 알고 리더십을 훈련해야 한다. 직원들도 자기 존재의 가치와 작용을 이해하면서 팔로워십을 학습해야 한다. 그 힘의 크기와 적용하는 방식에 차이가 있을 뿐, 작용의 결과는 회사라는 한 공간에서 나타난다. 따라서 사장의 리더십과 직원의 팔로워십은 서로 닮은꼴의 자웅동체雌雄同體로 이해하고 소화하는 것이 현명하고 유익하다.

목표와 전략의 초점을 공유하고, 각자 영향력의 영역에 집중하여 성과에 접근하는 방식을 찾는 것이 핵심이다. 사장은 사장의 위치에서 직원은 직원의 위치에서 각각의 공헌에 초점을 두어 상호보완적인 관계로 행동하는 것이다.

대부분 경영 교과서에서 사장의 리더십을 중점으로 다루는 이유는 사장의 위치에 부여된 역할의 고유성과 가중치의 크기 때문이다. 그러나 사장의 리더십 못지않게 직원의 팔로워십도 중요하다. 조직원 한 사람 한 사람의 중요성이 높아진 현대의 기업 조직에서는 더욱 그렇다. 두 존재가 모두 자기 역할에 충실하지 못하면 시간의 문제일 뿐 그 회사는 곧 문을 닫게 된다. 반대로 사장이 사장의 역할을 하고 직원이 자신의 역할과 위치에 맞게 노력하는 기업은 시간이 지날수록 가치가 더욱 커진다.

리더십을 발휘해야 하는 사장이든 팔로워십을 발휘해야 하는 직원이든 모두 두 가지 행동 방식에 익숙해져야 한다. 첫째, 내적으로 '진짜'가 되기 위해 노력하고 둘째, 외적으로 '최선을 다할 수 있는 환경'을 만들고 유지하는 것이다.

리더와 팔로워, 상호 보완적인 관계

팔로워십은 변형된 리더십이다. 리더와 팔로워는 역할이 다를 뿐이다. 리더도 팔로워도 조직에서 자신의 역할을 담당하면서 함께 성과 목표에 도달하는 협력자로 인식하고 행동하는 것이 중요하다. 따라서 팔로워 위치에서 일하는 직원은 자신을 '리더를 움직이는 제2의 리더'라고 생각하는 관점을 키울 수 있으면 좋다.

그러나 대부분 현실에서는 사장은 직원들에게 쓸모 있는 팔로워십을 강조하고, 직원들은 사장에게 바람직한 리더십을 요구한다. 서로의 이해관계 속에서 명분을 가지고 자기 권리를 주장하는 데 더 열심이다. 반면에 리더십과 팔로워십의 가치와 구체적인 실행 방식에 대해서는 무지하다.

리더가 팔로워를 변화시키려고 하기보다 그가 가진 강점을 잘 활용하기 위해 노력할 것을 강조했듯이, 팔로워도 리더를 평가하는 데 멈추지 말고 그의 강점이 잘 드러나게 하는 구체적인 방법을 찾기 위해 노력하자.

실제로 리더를 잘 다루는 것이 팔로워의 책임이요 권리가 될 수 있다. 상사의 강점을 완전히 살리려고 노력하자. 만약 상사가 반드시 해야 할 일이 있으면 그가 쉽게 이해할 수 있는 형태로 제안하라. 상사의 강점을 잘 살리는 것이 부하 직원이 성과를 올릴 수 있는 핵심 열쇠다.

'성과'라는 공통의 목표를 가진 회사에서 상황에 적합한 사장의 리더십과 제2의 리더 역할을 하는 직원들의 팔로워십이 조화롭게 어우러지는 때를 기대한다.

제4부

비즈니스 패러다임

성과를 창출하는 18가지 법칙

일반 상식과는 사뭇 다른
비즈니스의 여섯 가지 본질적 특성,

미로처럼 보이는 문제들을 풀어가는
여섯 가지 비즈니스적 사고방식,

성공적 비즈니스 진행의 세 가지 핵심 원리,

그리고 그 핵심을 충족하는
사장이 반드시 알고 실행해야 할 세 가지 행동까지
18가지 공식이 성과를 창출한다.

15

비즈니스의 여섯 가지 본질적 특성

사업을 계획하고 진행하는 사장이 꼭 알아야 할 비즈니스의 여섯 가지 본질적 특성이 있다.

1. 비즈니스는 불연속 형태로 성장한다.
2. 비즈니스에서는 씨 뿌린 곳과 열매 맺는 곳이 다를 때가 많다.
3. 양量이 쌓이면 질質적인 전환이 저절로 이루어진다.
4. 효과의 시기를 넘어서 효율의 때에 돈을 벌 수 있다.
5. 진실의 사실화寫實化가 필수적이다.
6. 사장이 넘는 다섯 개 산의 실체를 알고 학습해야 한다.

공식30 비즈니스는 불연속 형태로 성장한다

비즈니스는 기본적으로 확장성을 갖는다. 작년보다 올해 더 발전해야 하고 내년에는 올해보다 더 나아가야 한다. 비즈니스는 흐르는 강물을 거슬러 나룻배를 저어가는 것과 같다. 현재에 만족하고 노 젓기를 멈추면 거기서 멈추는 것이 아니라 아래로 떠내려가게 된다. 현재의 상태를 유지하기 위해서라도 계속해서 노를 저어야 한다. 따라서 모든 비즈니스 조직은 기본적으로 성장 계획을 갖는다.

보통의 성장 계획은 연속성을 가정하고 세워진다(그림 15-1). 그러나 비즈니스를 해본 경험자들은 비즈니스가 연속이 아닌 불연속의 성향을 띠고 있다고 말한다(그림 15-2). 시간의 흐름에 비례해서 지속

그림 15-1 일반적으로 상상하는 성장 방식

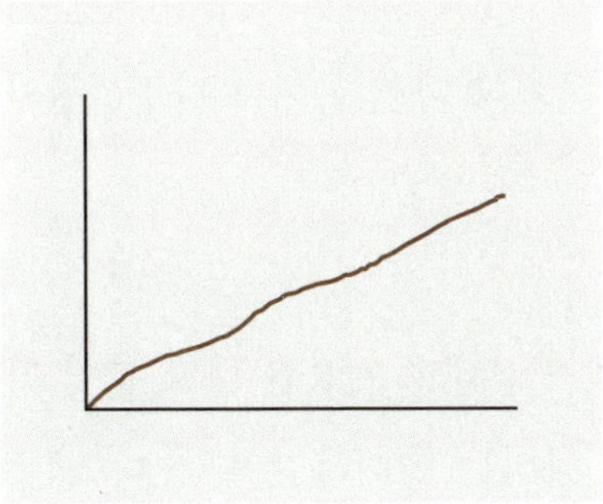

그림 15-2 실제 성장의 진행 방식

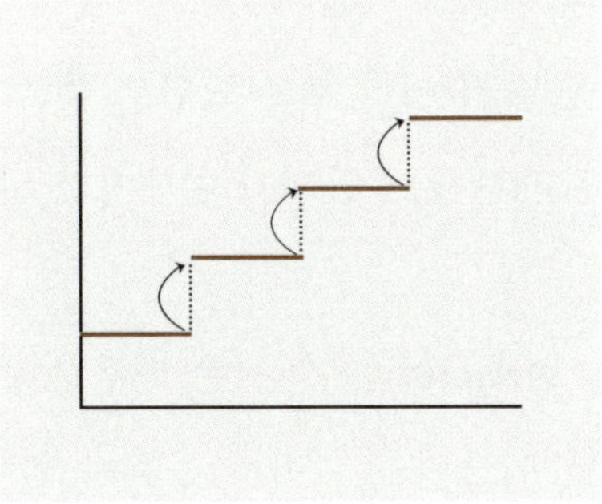

해서 성장하는 것이 아니라, 적절한 상황과 환경이 주어질 때 일정 위치에서 다음 위치로 점핑하면서 성장한다.

알_ 나비는 장차 애벌레가 먹고 자랄 식물의 잎이나 줄기, 가지, 눈, 꽃봉오리 같은 곳에 알을 낳는다. 어떤 것들은 알의 상태로 월동하기도 하는데, 그런 나비들은 대개 식물의 눈 밑부분에 알을 낳아 이듬해 움이 트자마자 애벌레가 곧바로 연한 새잎을 먹을 수 있게끔 한다.

애벌레_ 알에서 부화한 애벌레는 빠른 속도로 자란다. 애벌레는 허물을 벗으면서 자라며, 보통 네 번의 탈피를 한다. 허물을 한 번 벗을 때마다 일령씩 더해지는데 종령이 될 때까지 크기만 커지는 것이 아니라 색채와 무늬도 변한다.

번데기_ 종령의 애벌레가 번데기가 되기에 적당한 자리를 찾으면 배의 끝을 식물의 가지나 잎에 고정시키고 매달리거나, 허리에 실을 둘러 머리 부분을 위로 향하게 하거나 낙엽 속이나 나무껍질의 갈라진 곳에 들어가 번데기가 된다.

성충(나비)_ 나비들은 대부분 번데기 상태로 겨울을 나고 봄이 되면 아름다운 나비로 우화羽化한다. 나비는 교미하고 알을 다 낳을 때까지 필요한 영양분을 얻기 위해 이리저리 꽃을 찾아다니고 물도 마시고 나무 진액도 빨아먹는다.

애벌레와 번데기의 단계를 거치는 이유

나비는 왜 알에서 성충으로 바로 성장하지 않고 애벌레와 번데기 단계를 거쳐야 할까? 그 이유를 자세히 규명하기는 어렵지만, 자연의 법칙을 따라 활동하는 존재인 나비에게 꼭 필요한 과정임은 분명하다.

비즈니스는 연속적인 형태로 성장하지 않는다. 실제로 대부분 비즈니스는 불연속적인 형태로 점핑하면서 성장한다. 비즈니스가 진행되는 모든 곳에서 그런 현상이 반복된다. 여기서 점핑이란 우리의 눈과 감각으로 확인할 수 있는 발전된 상태를 말한다.

수학 시간에 배웠던 가우스 함수 $y=[x]$의 그래프를 떠올려보자. x의 값이 1.3이든 1.7이든 1.9든 y의 값은 1이다. 소수점 앞자리가 2가 되지 않는 한 아무리 숫자가 커져도 결과치는 1에서 벗어날 수 없다. 기본적으로 점핑의 앞 단계는 힘을 축적하는 과정으로 이해하는 것이 타당하다. 우리 눈으로 확인되지 않을 뿐이지 내재적인 성장을 계속한다.

하지만 막 알에서 막 부화한 애벌레나 번데기가 되기 직전의 애벌레는 모두 같은 애벌레로 평가한다. 비즈니스도 현상(성과)에 의해 평가된다. 따라서 비즈니스는 연속이 아닌 불연속 형태로 성장

한다는 것이 객관적이다.

비즈니스의 확장이 연속이 아닌 불연속의 형태를 띤다는 점을 이해하면서 다음 세 가지 적용점을 생각해 보자.

첫째, 시작점을 최대한 높이는 것이 효과적이다.

어떤 일을 새로 시작하기는 쉽지 않다. 기존의 상태에 변화를 주어야 하기 때문이다. 투자할 재원을 마련해야 하고 이전에 하지 않던 노력을 기울여야 한다. 게다가 주변 환경이 자신이 의도한 대로 반응하지 않는 경우가 많다. 새로운 일을 시작한다는 것은 힘들고 지치는 과정이다.

그래서 많은 사람이 맨 처음 계획과 달리 어느 일정한 수준에서 그냥 일을 시작하기도 한다. '조금씩 발전시키면 되지' 하고 스스로 위로하면서 말이다. 그러나 그때가 비즈니스 성장이 연속이 아닌 불연속으로 이뤄진다는 점을 상기할 순간이다. 시작할 때 집중적으로 투자하는 것이 효과적이다. 일단 시작한 후에 조금씩 발전시키겠다는 생각은 현실적이지 않다. 오늘 10의 위치에서 시작했다면 당분간은 10이라는 수치를 넘어서기 어렵다. 조금 무리가 되더라도 15의 위치에서 시작한다면 훨씬 바람직한 결과를 얻을 수 있다.

시작점을 높이라는 말이 경험 없는 일에 처음부터 올인all-in 하라는 뜻은 아니다. 그 일의 성과에 영향을 미치는 변수와 초점을 분명히 알고 있을 때 시작 시기에 집중적으로 투자하는 것이 효과적이라는 의미다. 초점이 분명하다면 초기에 집중적으로 투자하는 것이 목표에 훨씬 효과적으로 도달하는 방법이다.

그래서 시작하는 시기에는 기회가 있다. 시작점을 최대한 높게 잡아야 그다음 단계로 나아가기가 용이하다. 물론 자신의 능력과 가용 자원의 크기에 따라서도 시작점이 달라진다. 그러나 무리하지 않는 한도 내에서 시작점을 높이기 위해 투자하면 몇 배 이상의 의미 있는 결과를 낼 수 있을 것이다.

둘째, 목표에 도달하기 위한 적절한 점핑 포인트를 설정하라.

어떤 일을 시작하기 전에 그 일과 관련한 지식을 쌓고 전문가를 모으는 이유 중 하나는 최종 목표에 도달하기 위해 몇 개의 점핑 포인트를 설정해야 하는지 알기 위해서다. 적절한 점핑 포인트를 설정하려면 경험과 지식이 필요하다. 프로 비즈니스맨이란 최종 목표에 도달하기 위해 어느 곳에 점핑 포인트를 설정해야 하는지 아는 사람이다. 왜 그래야 하는가를 잘 이해하지 못한다 해도 그들의 계획에 맞추어 행동하면 대부분 좋은 결과를 얻는다.

보통은 두세 개의 점핑 포인트가 설정되는 것이 일반적이나, 정해진 답은 없다. 도달하려는 목표의 크기와 높이, 자신의 경험과 역량, 주어진 자원의 크기에 따라 점핑 포인트는 모두 다르게 설정된다. 점핑 포인트를 설정하는 것은 기업의 성장 전략을 수립하는 것과 같다.

셋째, 점핑 포인트에서는 힘을 집중하라.

단번에 목표에 도달하는 경우란 거의 없다고 보아도 좋다. 보통은 한 번의 점핑을 위해 몇 년의 준비 기간을 거쳐야 한다. 점핑 포인트에서 그 힘이 폭발할 수 있도록 자원을 비축해야 한다. 특히 같이 일하는 사람들이 점핑 포인트를 알고 행동할 수 있으면 좋다. 사장의 위치에 있는 사람에게는 점핑 포인트가 도약과 성장의 순간이지만, 그 외의 사람들에게는 견디기 힘든 고통의 시간이 될 수 있음을 기억하자. 따라서 같이 일하는 사람들에게도 그 시간이 도전과 발전의 계기가 되도록 동기를 부여해야 한다.

일단 점핑이 이루어지고 난 후에는 그 의미를 명확히 하고 성과의 열매를 나누어야 한다. 전쟁에 승리한 왕이 장수들에게 전리품을 나누어주는 것과 같다. 수고한 만큼의 분배가 이루어지지 않으면 조직원들은 다음 점핑에 적극적으로 응하지 않는다. 또한 승리의 파티가 끝나고 나면 조직원들의 시선이 다음 점핑 포인트를 향하게 해야 한다. 그렇지 않으면 과거를 바라보면서 자만에 빠지기 십상이다. 사장은 다음 점핑을 위해 조직적으로 에너지 비축을 시작해야 한다. 마지막 목표에 도달할 때까지 이런 과정을 반복한다.

공식31 씨 뿌린 곳과 열매 맺는 곳이 다를 때가 많다

비즈니스 세계에서는 씨를 뿌리는 곳과 열매를 거두는 곳이 다를 때가 많다는 사실에 유념해야 한다. 씨를 뿌린 바로 그곳에서 열매를 딸 때도 있고, 그곳에서 전혀 열매를 거두지 못할 때도 있다. 혹은 엉뚱한 곳에서 열매를 거두는 경우도 있다.

중고차를 판매하는 후배를 통해 알게 된 이야기가 있다. 중고차 비즈니스를 잘하기 위해서 가장 필요한 능력은 무엇일까? 바로 좋은 중고차를 저렴하게 사는 능력이다. 기존의 신차 비즈니스가 잘 파는 것에 초점을 두는 것과 달리 중고차 비즈니스의 초점은 잘 사는 것에 있다.

그런데 중고차 비즈니스에서 돈을 버는 사람이 따로 있었다. 명의 변경을 대행하는 사람이다. 중고차 매매를 위해서는 반드시 명의 변경이 필요하고, 각 중고차 센터의 지주는 직원 몇 명을 고용하여 그 일을 독점하고 있다. 중고차 세일즈를 하는 입장에서는 얼마 되지 않는 돈을 위해 자신의 시간을 쓰기보다는 대행을 맡기는 것이 훨씬 싸기에 이를 이용한다. 그러나 명의 변경이라는 길목을 차지한 업체는 소소한 수익을 모아 큰 수익을 만들어낸다.

성공적으로 지속되는 대부분 비즈니스는 직접 얻는 열매 외에

그림 15-3

경쟁자가 쉽게 파악하기 어려운 제3의 장소에서 열매를 얻는 경우가 많다. 다른 사람의 눈에 보이는 곳과 실제 열매를 거두는 곳이 다르면 경쟁자의 공격으로부터 훨씬 안전하게 자신을 보호할 수 있다. 씨 뿌리는 곳과 열매 거두는 곳이 다른 경우가 훨씬 많다는 것이 비즈니스가 가진 독특한 특징 중 하나다.

자연의 세계에서는 언제나 씨를 뿌린 자리에 열매가 맺히지만, 비즈니스의 세계에서는 그렇지 않을 때가 많다. 오히려 씨를 뿌린 곳이 아닌 주변의 다른 곳에서 열매가 맺히는 경우가 흔하다. 그러나 씨를 뿌린 곳에서 열매가 열리지 않는다는 이유로 씨 뿌리기를 멈춘다면 어느 곳에서도 열매를 거둘 수 없다. 열매를 맺는 곳과 씨가 뿌려진 곳 사이에는 우리 눈에는 잘 보이지 않는 어떤 연결이 있기 때문이다(그림 15-3).

이것은 비즈니스 세계에서 우연히 이루어지는 성공이 많다는 점을 통에서도 검증할 수 있다. 이미 성공한 비즈니스맨들은 자기 성공의 절반 이상이 의도적인 계획이 아닌 우연에 의해 이루어졌다고 말한다. 그러나 그들이 말하는 우연한 성공은 우연처럼 보이는 필연이었다고 해석해야 한다. 다른 곳에 뿌려졌던 씨앗들이 우연이라는 형태로 열매를 맺는 것일 뿐이다.

씨와 열매의 개념을 가지고, 몇 가지 적용점을 생각해 보자.

첫째, 비즈니스 씨앗을 어디에 뿌리고 어떤 열매를 어디에서 수확할 수 있을지 생각하자.

먼저 씨를 뿌린 자리에서 얻을 수 있는 열매가 무엇인지 생각해야 한다. 씨 뿌린 곳에서 바로 많은 열매를 거둘 수 있다면 행복한 일이다. 그러나 곧바로 강력한 경쟁자가 나타날 것을 생각하고 대비해야 한다. 달콤한 열매는 다른 사람들도 탐을 내기 때문이다. 눈에 보이는 성공에는 거의 도적 떼처럼 경쟁자들이 들러붙는 것이 비즈니스의 현실이다.

둘째, 씨 뿌린 곳이 아닌 다른 곳에서 열매를 거둘 수 없는지 생각해 보자.

실제로 성공을 반복하는 기업들은 씨를 뿌린 자리보다는 다른 영역에서 열매를 취하는 경우가 많다. 따라서 자신의 비즈니스 아이템을 진행하면서 다른 사업자들의 눈에 띄지 않는, 자신이 가진 무형 자산의 존재 여부를 살펴야 한다. 그 형태를 잘 살펴서 개념과 접근 방법을 'Before – Do – After'의 관점으로 정돈하면, 그것이 자신의 비즈니스 모델을 세워가는 과정이 된다. 그리고 경험 없는 영역에서 실패를 피하고 성공 결과를 만드는 중요한 요령이 될 수 있다.

셋째, 현재의 비즈니스를 바탕으로 또 다른 비즈니스 결과를 얻을 가능성을 상상하자.

모든 일을 처음부터 다 알고 시작할 수는 없다. 그리고 자신이 비즈니스를 시작한 후에 새로운 깨달음을 얻었다고 해서 기존의 일을 다 접을 수도 없는 일이다. 그러나 현재 진행된 비즈니스를 기반으로 새롭게 접근할 수 있는 일을 찾아볼 수는 있다.

당장 열매를 거둘 수 없다고 해서 씨 뿌리는 일을 멈춰서는 안 된다. 열매를 얻고자 한다면 계속해서 씨를 뿌려야 한다. 성공의 절반 이상이 우연에 의해 이루어졌다는 성공한 사람들의 증언은 진실인 동시에 허구이기도 하다. 눈에 보이는 것은 우연일지 모르지만 실제로는 우연으로 보이는 필연이기 때문이다. 씨가 뿌려진 곳과 열매가 열리는 곳 사이의 보이지 않는 연결을 생각하자. 일단 비즈니스를 시작한 사람은 쉬지 않고 씨를 뿌려야 한다. 씨 뿌리기를 멈추는 순간 더 이상의 우연한 성공은 기대하기 어렵다.

공식32 양이 쌓이면 질적 전환이 저절로 이루어진다

'양量이 쌓이면 어느 순간 질質적인 변화가 일어난다.' 이것이 양질전환의 개념이다. 일정한 규모 이상의 양이 축적되면 인식의 변화, 물리적 변화, 화학적 변화가 일어난다. 자연계에서도, 한 개인에게서도, 일반사회에서도, 비즈니스에서도 이런 변화는 예외 없이 일어난다. 중요한 것은 양질전환의 결과가 그 이전의 상태와는 크게 다르다는 것이다.

전국적인 유통망을 가진 회사에서 어떤 한 지역의 매출이 20퍼센트 이상을 차지하면, 보통은 그 지역을 독립시켜서 운영한다. 하나였던 본부가 두 개가 되는 것이다. 예전과 같은 시스템으로 운영하면 발생하는 비용이 더 커지기 때문이다. 반대로 매출이 일정 규모 이하로 줄어들면 다시 통합하기도 한다. 매출 규모가 운영 시스템이라는 질적인 변화를 불러오는 것이다.

테이블이 5~6개 정도였던 작은 음식점이 넓은 공간으로 이전해서 큰 음식점으로 바뀌고 난 후 음식 맛이 떨어지고 서비스가 나빠지는 경우가 있다. 이전에는 주인이 직접 음식을 만들고 서빙을 했지만, 규모가 커져서 종업원들을 두고 일하면서 가게의 유지비용이 당연하게 늘어난다. 손익분기점을 맞추려면 더 많은 손님을 응

대해야 하고, 그러다 보니 맛과 서비스에 소홀해진 것이다.

주인 부부의 넉넉한 마음만으로도 유지되던 음식점이 이제 시스템을 갖추어야 하는 상황에 놓였다. 양질전환의 상황에 대비해 적절한 준비를 했다면 이전보다 더 많은 돈을 벌겠지만, 그렇지 않다면 오히려 가게 문을 닫아야 하는 상황에 몰릴 수도 있다.

작은 기업으로 시작해서 어느 정도 규모 이상으로 성장할 때도 같은 상황이 벌어진다. 중소기업 사장은 모든 부서의 부서장이다. 각 부서에서 일어나는 일을 잘 알고 있고 본인이 가장 능숙하게 처리하는 실무자이기도 하다. 그래서 중소기업의 사장은 정말 바쁘다. 일주일 이상 회사를 비운다는 것은 상상도 할 수 없다. 기업의 매출이 늘어날수록, 또 직원들의 수가 늘어날수록 사장의 역할은 더 커진다. 양질전환의 순간이 다가오는 것이다.

중소기업의 운영 시스템과 중견기업, 대기업의 운영 시스템이 차이 나는 이유는 단 하나다. 규모가 다르기 때문이다. 규모가 달라지면 운영 방식이 달라져야 한다. 그렇지 않으면 어려움을 겪게 된다. 모든 사장은 자신의 비즈니스에서 전문가가 되어야 한다. 그 비즈니스에 대해서 속속들이 알아야 한다는 의미가 아니라, 언제 양질전환이 일어나는지 구분하고 알아챌 수 있어야 한다는 뜻이다.

양질전환이 언제 이루어지는지 알아야 한다. 일정 크기 이상이 되면 질적 변화가 일어난다는 개념을 이해하고, 자신의 비즈니스에서 언제가 양질전환의 때인지 생각해 보자. 중요한 것은 그 상황이 예고되지 않는다는 것이다. 사장의 시각으로 그때가 언제인지 구분해야 한다. 이를 위해서는 경험도 필요하고 어느 정도의 감각도 필요하다.

사장이 현장의 분위기를 놓치지 말아야 하는 중요한 이유가 여기에 있다. 고객들을 직접 접하는 현장에서는 양질전환의 징후가 쉽게 포착된다. 그것은 마치 화산 폭발이 일어나기 전에 나타나는 징후들과 같다. 문제는 그 징후를 이해하고 소화할 수 있는 시각과 능력을 갖추었냐는 것이다.

일정 규모 이상의 중견기업이 되면 기업을 운영하는 시스템이 달라져야 한다. 가장 먼저 사장의 마인드가 바뀌어야 한다. 주요 부서마다 사장의 마인드를 갖고 전문적으로 일 처리를 할 수 있는 책임자(작은 사장)를 세워야 하기 때문이다. 사장이 오랜 시간 자리를 비워도 회사가 정상적으로 운영될 수 있는 시스템을 마련해야 한다. 사장의 기업 운영 방식이 바뀌어야 한다.

기업에서 확장을 계획할 때마다 양질전환의 프리즘으로 상황을 살펴볼 필요가 있다. '이번 확장 결정이 질적인 변화를 초래하는 것은 아닐까?'를 묻고 확인하는 것이다. 사장이 평상시에 공부해야 하는 이유는 다른 사람들의 기업 경영을 간접적으로 보면서 자신의 기업에 적용할 어떤 상황에 관한 통찰력을 얻기 위해서다. 특히 조언자mentor의 의견을 경청할 필요가 있다. 양적인 확장이 어떤 질적인 변화를 가져올 수 있을지 다양한 시각으로 살펴야 한다.

공식33 효율의 시기에 돈을 번다

효과效果란 결과output의 크기가 어떤 기대치나 임계치를 넘어선 상태를 말한다. 투입input의 크기와는 상관없다. 결과가 일정 크기 이상인가 하는 것만이 중요하다. 효율效率이란 결과로 나온 것output을 투입한 것input으로 나눈 수치(비율)다. 같은 결과라면 투입의 크기가 작을수록 효율이 높다. 그리고 투입의 크기가 같다면 결과 크기가 클수록 효율이 높아진다.

효과가 기준이 되어야 할 때와 효율이 기준이 되어야 할 때를 구분하지 못하면 낭패를 당할 수 있다. 집에서 음식을 하는 것과 전문 음식점을 운영하는 것은 언뜻 보기엔 비슷해 보여도 완전히 다른 일이다. 전자가 음식이라는 효과 중심의 행동이라면, 후자는 음식이라는 주제를 가지고 경영을 해야 하는 효율 중심의 행동이기 때문이다. 실제로 비즈니스는 효과가 아닌 효율의 게임이다. 효과는 기본적인 요건일 뿐 비즈니스의 성패는 효율에 달려 있다. 비즈니스에서 사장의 역량이 중요한 비중을 차지하는 이유도 여기에 있다. 얼마나 효율을 추구할 수 있느냐가 비즈니스의 성패를 가른다.

새로운 분야에서 비즈니스를 시작할 때는 보통 그 분야의 성공기업을 벤치마킹하기 위해 노력한다. 이때 유의할 점이 있다. 성공

기업을 연구하고 배울 때는 반드시 성공한 후의 모습이 아닌 성공하기 전의 모습에 주목해야 한다. 성공한 기업의 현재 모습은 모두 효율 중심의 시스템을 갖추고 있기 때문이다. 그러나 그 기업도 처음에는 효과를 얻기 위해 고생한 기간이 있었으며, 새롭게 시작하는 우리가 배워야 할 것은 바로 그 효과의 시기다.

처음부터 효율을 추구할 수 있다면 더 바랄 것이 없겠지만, 효율은 효과의 단계를 지난 후에야 비로소 추구할 수 있음을 알아야 한다. 대부분 비즈니스에서 처음부터 효율을 추구하기란 거의 불가능하다. 효율을 얻기 위해서는 일단 효과의 단계를 넘어야 한다.

비즈니스에서 첫 번째 효과의 포인트는 대부분 손익분기점BEP, break even point이다. 손익분기점이란 수입과 지출이 같아져서 이익이 없으나 손실도 없는 상태를 말한다. 손익분기점을 넘기지 못하면 운영을 위해서 필요자금을 차입해야 한다. 따라서 비즈니스를 시작하고 일정 기간이 지난 후에도 손익분기점을 넘기지 못하면 사업을 접어야 할지도 모른다. 일단 비즈니스를 시작했다면 가능한 한 빨리 손익분기점을 넘기 위해 노력하자.

경영학 교수, 경영 컨설턴트 등 대부분의 경영 이론가는 효율을 연구하고 추구한다. 그래서 이미 존재하는(효과의 단계를 넘어선) 기업에는 도움을 줄 수 있지만, 아직 효과의 단계를 넘어서지 못한 기업에는 큰 도움이 되지 못한다. 많은 것을 알고 있는 경영 이론가들이 정작 자신의 기업을 일구지 못하는 이유도 거기에 있다. 그들은 효율을 추구하는 데 익숙할 뿐, 효과를 만들어내는 데는 익숙하지 않다. 새로운 아이디어가 아무리 많아도 그것을 비즈니스로 만들어내는 역량이 없으면 실제로는 어떤 상황도 만들어낼 수 없다. 먼저 효과를 얻을 수 있어야 비로소 효율을 추구하는 것이 가능하다.

비즈니스의 성공은 효율에 달려 있다. 실제로 비즈니스는 효율의 게임이다. 그래서 비즈니스맨은 반드시 적절한 지식과 전문성을 추구해야 한다. 이때 자기 일에 대한 핵심 변수가 무엇인지 파악해야 비로소 효율을 추구할 수 있다. 돈을 좇아서, 유행 아이템을 좇아서 하는 비즈니스가 위험한 이유도 여기에 있다. 어떤 일이든 그 일의 효과를 얻기까지는 절대적인 시간과 노력을 지불하는 과정을 거친다.

효과를 얻은 후에는 반드시 효율을 추구하는 노력이 뒤따라야 한다. 이전에는 절대우위에 있는 것을 중심으로 활동했다면 이제는 상대우위에 있는 것을 중심으로 활동해야 한다. 이전에는 사장이 모든 부서의 업무를 관장했다면 이제는 각 부서를 책임지고 경영할 수 있는 부서장을 육성하는 데 힘을 기울여야 한다. 만약 효율을 추구해야 하는 시기에도 여전히 효과만을 추구하고 있다면 그 비즈니스는 크게 성공할 수 없다.

효과에서 효율로 성과의 포인트가 바뀔 때, 또는 효과에서 효율로 의사결정 기준이 바뀔 때 사장은 반드시 같이 일하는 직원들에게 그 기준을 알리고 공유해야 한다. 효과에서 효율로 기준이 바뀌는 것이 직원의 관점으로는 이전보다 상황이 좀 더 빡빡해지는 것을 의미하고, 이전과는 다른 공헌을 요구받는 일일 수도 있다. 그래서 효과를 추구하는 시기에 중요한 역할을 담당했던 사람들이 효율을 추구하는 시기에는 오히려 큰 방해가 될 수도 있다.

효과를 원하는 사람에게 효율을 제공하라

효과를 원하는 사람에게 효율을 제공할 때 비즈니스 성과가 가장 커진다. 결혼식장, 장례식장 등을 떠올리면 쉽게 이해할 수 있다. 대부분 사람이 일생에 한 번 경험하는 이런 일에는 효과를 중시할 수밖에 없다. 그런 상황에서 업자들은 효율을 추구한다. 폭리나 바가지가 성행하는 근본적인 이유다.

전쟁 등 위기 상황에서도 사람들은 대부분 효과를 추구한다. 수요보다 공급이 절대적으로 부족하기 때문이다. 실제로 전쟁이나 천재지변 등 사회적 패러다임이 효과를 추구하는 시기에 부를 구축한 사람들의 이야기는 너무나 많다. 일반적으로 선진국보다 후진국에 시장 기회가 많은 이유도 여기에 있다. 선진국보다는 후진국에 효과를 지향하는 영역이 더 많기 때문이다.

인터넷 비즈니스 모델로 정착된 '티끌 모아 태산'도 같은 맥락에서 생각할 수 있다. 클릭하는 사람들에게는 500원, 1000원이 부담 없는 돈이지만, 10만 명, 100만 명이 모이면 수천만 원에서 수십억 원이 될 수 있기에 비즈니스가 성립하는 것이다.

자신의 사업이 효과의 단계를 넘어섰다고 생각한다면 스스로 질문해 보라. '나는 효율을 제공할 수 있는 기반을 갖추었는가?' 만약 그렇다면 그 영역에서 효과를 얻고자 하는 사람들을 찾으려고 노력해야 한다. 거기에 비즈니스 기회가 있기 때문이다.

'효과와 효율'의 관점에서 비즈니스맨이 활용할 적용점을 찾아보자.

첫째, 효과를 추구해야 할 때와 효율을 추구해야 할 때를 구분해야 한다. 효과를 추구해야 할 시기에는 효과를 중심으로 의사결정하고, 효율을 추구해야 할 시기에는 효율을 중심으로 의사결정 해야 한다. 다시 한번 강조한다. 효과를 추구할 때와 효율을 추구할 때를 구분하는 것은 매우 중요한 일이다.

둘째, 효과를 달성하고 난 후에 효율을 추구할 수 있다. 또한 효과라는 고지를 넘은 사람만이 효율의 게임에 참여할 수 있다. 아무리 급하게 서둘러도 곧바로 효율을 얻을 수는 없다. 우리가 노력할 포인트는 효과의 기간을 최대한 단축하는 것뿐이다.

셋째, 효과를 얻은 후에는 효율을 추구하는 시스템으로 전환해야 한다. 효과의 고지를 넘었다면 이제 전체적으로 체질을 바꾸어야 한다. 의사결정 기준이 효과에서 효율로 바뀌었음을 조직 전체에 알리고, 그에 맞추어 행동하게 해야 한다.

넷째, 효과를 원하는 사람에게 효율을 제공하라. 효과를 원하는 사람에게 효율을 제공할 때 가장 크게 돈을 벌 수 있다. 스스로 효율을 제공할 수 있는 상황을 유지하면서 효과를 원하는 사람들을 찾아야 한다.

공식34	진실을 만들고 효과적으로 사실화하라

우리가 어떤 일을 접할 때는 진실, 사실, 지각으로 구분하는 시각을 길러야 한다. '진실眞實'은 진짜 존재하는 어떤 것을 말하며 본인의 양심과 조물주 외에는 아무도 확인할 수도 검증할 수도 없다. '사실事實'은 실제로 있었던 일이나 현재에 있는 일을 말한다. 법정이나 신문기사에서 사용하는 사실은 모두 이 의미다. 그리고 '지각'이란 지각된 진실 또는 투영된 진실을 말한다. 다르게 표현하면 '사실寫實[음은 같아도 '일 사事'자를 쓰는 사실과 뜻이 다르다. 지각의 의미로써 '베낄 사寫'자를 쓴다]'이 된다.

인간은 스스로 지각하지 못하면 그것이 존재하지 않는 것처럼 생각한다. 반대로 실제로는 존재하지 않는 허상이라도 자신이 상상할 수 있으면 마치 존재하는 것처럼 생각하고 받아들이는 경향이 있다. 일단 진실이라고 지각하고 나면 그것의 진위를 따지지 않고, 최소한 그 사람에게는 진실이 되어버리기 때문이다. 우리가 진실이라고 표현하는 말과 단어에는 진실, 사실, 지각(지각된 진실)이 혼재되어 있다.

여기서 유의해서 주목할 부분이 있다. 많은 사람이 진실이 아닌 지각에 영향받고 행동한다는 것이다. 다수의 사람이 전문가인 의사의 소견보다도 신문이나 잡지에 나온 의료기사의 내용을 더 신뢰하는 경향이 있다. 작은 사건도 주요 매스컴에서 크게 다루면 큰 사건이 되어버린다. 반대로 중요한 문제도 매스컴이 다루지 않으면 현대의 사회에서는 전혀 중요하지 않게 된다. 매스컴이 현대사회에서 권력을 갖는 것도 그 때문이다. 대중에게 진실을 사실화寫實化해서 이해시키는 사회적 위치를 차지하고 있어서다.

비즈니스맨으로서 사장이 꼭 알아야 할 것이 있다!

좋은 상품을 갖춘 후에는 그것을 사실화寫實化 하는 과정의 필요성을 알고, 자신의 기업과 브랜드에 적합한 방식을 찾고 실행할 구체적인 매뉴얼manual을 만들어야 한다.

저렴한 가격이 가장 큰 경쟁력이라면 그저 "가격이 저렴합니다!"라고 외치기만 할 게 아니라, 사람들이 '아! 저기는 가격이 정말 싼 곳이야'라고 지각할 수 있는 어떤 장치를 마련해야 한다. 제품의 질이 우수하다면 사람들이 그것을 지각하도록 어떤 '거리'를 제공해야 한다. 많은 업체에서 KS, ISO, HACCP 같은 뭔가 있어 보이는 이름을 사용하고 강조하는 것도 그런 이유 때문이다. 전문가의 의견을 첨부하기도 하고 이미 경험한 사람들의 증언을 반복해서 전달한다. 필요에 따라서는 그 제품을 일정 기간 사용할 기회를 제공하기도 한다.

다음 세 가지 상황을 상상해 보자.

1. 진실 〉 지각
   자신이 가진 진실보다 사람들의 지각이 부족한 경우
2. 진실 〈 지각
   실제 가진 것보다 부풀려져서 사람들에게 알려져 있고, 그래서 더 많은 기대를 하는 경우
3. 진실 ≒ 지각
   자신이 가진 진실과 사람들 지각의 정도가 비슷한 경우

어떤 경우가 바람직할 것 같은가? 결론부터 말하면 각 상황이 다 의미 있다. 보통은 세 번째 경우가 바람직한 상황이라고 생각하겠지만, 비즈니스에서는 이것이 정체된 상황을 의미할 수 있다. 안정적 상태를 박차고 진실을 키우려는 조직적인 노력이 필요한 상태로 보는 것이 더 객관적이다.

두 번째 경우는 위험해 보이기는 하지만 기회가 있는 경우다. 사실寫實을 만드는 데 필요한 노력과 비용을 줄일 수 있기 때문이다. 단, 빠르게 진실의 크기를 키우지 못하면 사기꾼 취급을 당할 수 있음을 유념해야 한다.

첫 번째 경우는 적절한 방법만 찾는다면 짧은 시간 안에 비즈니

스를 성장시킬 수 있는 상황이다. 그러나 적극적인 사실화寫實化 작업을 하지 못하면 경영의 비효율성으로 인해 경쟁 상황에서 어려움에 놓일 가능성이 크다.

좋은 제품과 서비스라는 진실을 만들었는가? 그렇다면 이제 잠재고객이 그 진실을 이해할 수 있도록 효과적으로 사실화하는 방법을 연구하라. 진실만을 갖고 있을 때와 적절하게 지각되었을 때의 비즈니스 성과는 뚜렷이 차이가 난다. 진실을 만드는 노력에 더해서 효과적인 사실화 작업을 위한 노력과 비용도 준비해야 한다는 것을 꼭 기억하자.

공식 35 블루오션에서 사업하는 방식을 생각하라

비즈니스를 계획하고 실행할 때 성과의 초점을 잡는 순서가 있다. 첫 단계는 실패하지 않는 것(생존)이고, 둘째 단계는 성공 확률을 높여가는 것이다. 그리고 셋째 단계는 자신의 성공 공식 기초를 만들고, 보완하고 수정하며 완성해가는 것이다.

'세 개의 원' 개념을 이해하고 활용하면 그 핵심에 쉽게 접근할 수 있다.

그림 15-4

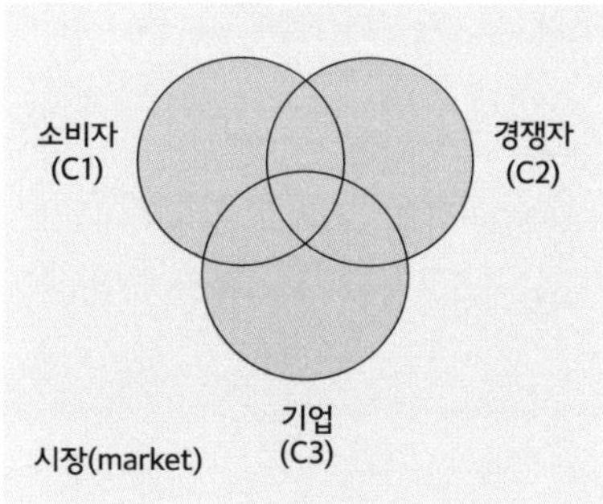

비즈니스 게임의 주인공은 셋이다. 첫째는 소비자consumer, 둘째는 경쟁자competitor, 셋째는 기업company이다. 이 세 주인공이 시장market이라는 무대에서 어떻게 활동하고 엮이느냐에 따라 게임의 양상이 달라진다.

그림 15-5

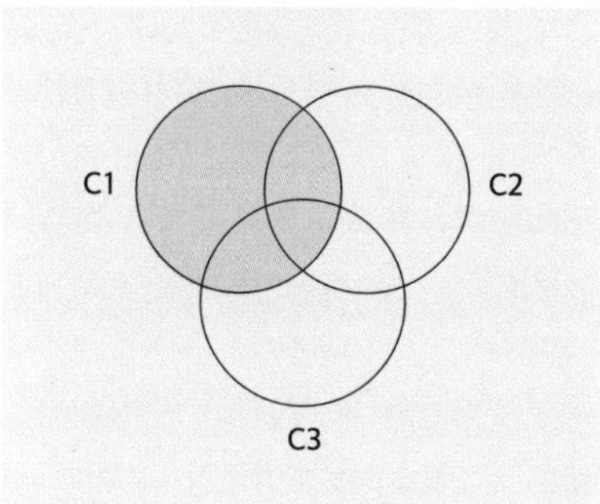

먼저 자신의 비즈니스가 소비자의 원(C1)에 속해 있어야 한다. 소비자가 비용을 치를 만한 가치가 있어야 한다는 뜻이다. 기존 소비자들이 어떤 이유로 돈을 내어놓는지 파악하고, 자신이 제안하는 상품에 기꺼이 돈을 내어놓을지 확인해야 한다.

그림 15-6

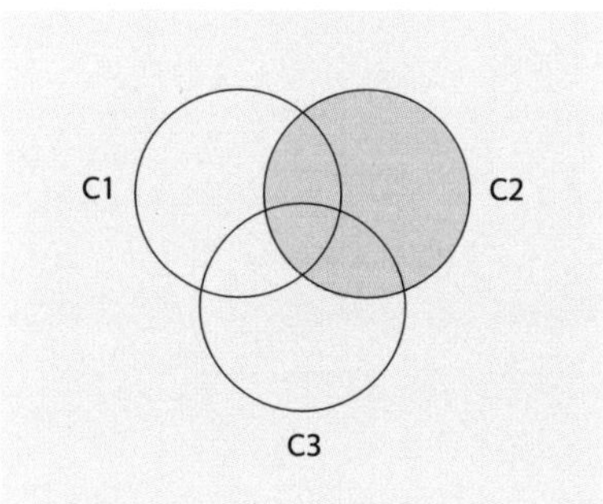

그다음은 경쟁자의 원에 속한 경쟁자(C2)가 누구인지 알고 피할 수 있는 방식으로 사업을 세팅하는 것이 좋다. 자신이 아무리 좋은 상품을 제공해도 경쟁자가 더 저렴한 가격에 같은 상품을 제공하거나 같은 가격에 더 질 좋은 상품을 제공한다면 소비자들은 경쟁자의 편으로 돌아설 것이 뻔하다.

그림 15-7

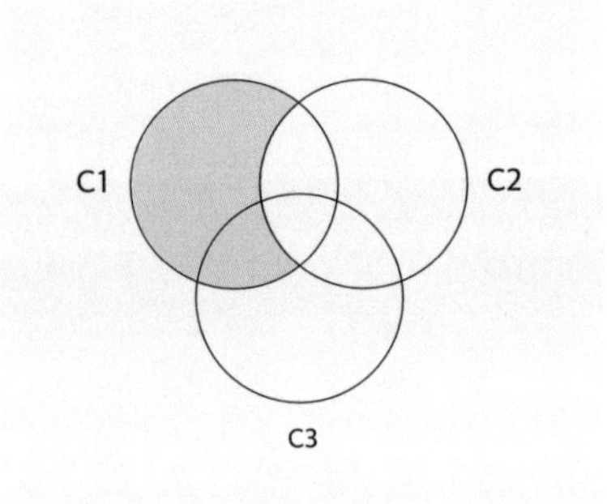

만약 기존의 경쟁 상황 그대로 게임에 참여해야 할 때는 소비자 관점에서 의미 있는, 경쟁자와의 분명한 차별점이 있어야 한다. 비즈니스에서 실패하지 않으려면 소비자의 원과 기업의 원이 교차하는 부분에서 시작해야 한다.

그림 15-8

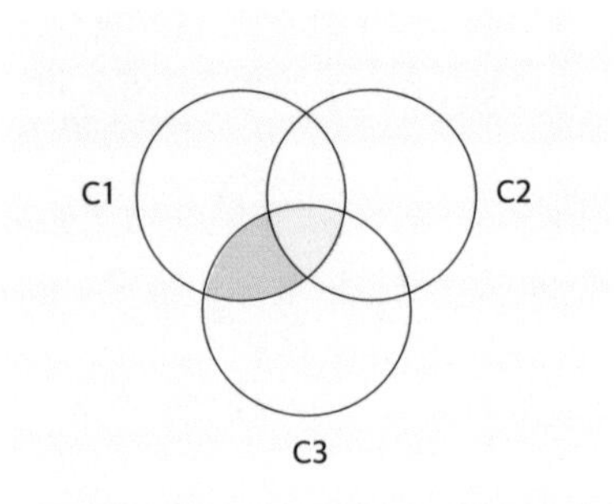

그리고 기업의 원(C3)에서는 강점을 유효하게 활용하고 단점은 드러나지 않도록 사업 모델을 구축해야 한다. 자신의 강점을 활용하고, 변화하는 외부 환경에 능동적으로 대처할 수 있는 조직 체계를 갖추는 것이 가장 좋다. 동시에 그것이 기존 경쟁자와 차별화되어 있다면 의도하는 목표에 더 쉽게 접근할 수 있다.

이 그림의 방식으로 이해하고 행동할 수 있다면 객관적으로는 경쟁이 존재해도 사업을 실행하는 구체적인 환경에서는 경쟁이 없는 것처럼 기업 운영이 가능하다. 이제 경쟁과 다툼이 치열한 레드 오션red ocean을 당연한 것으로 생각하지 말고, 경쟁의 영향을 받지 않으면서 사업을 시작하고 지속할 수 있는 방식을 찾자.

16

문제 해결을 이끄는 여섯 가지 사고법

비즈니스를 준비하는 과정이 아무리 치밀해도 구체적인 실행의 과정에서는 늘 장애물을 만나고 어려움을 겪는다. 다음 여섯 가지 생각의 방식을 통해 '기회'에 초점을 두고 행동하는 사장으로 자신을 발전시키자.

1. 변수변환: 문제를 통제할 수 있는 형태로 전환하기
2. 예측과 통제: 알아도 못 하는 것에서 기회 찾기
3. 1+1+1 성공 공식: 작은 가게의 성공 경영 방식
4. 비즈니스 밤 까기: 성과를 이루는 스텝 밟기
5. 비즈니스 숨 참기: 성공까지는 몇 번의 숨 참기가 필요하다
6. Simple & Powerful: 실행을 위한 준비 단계의 마지막 요건

공식 36 변수변환: 문제를 통제할 수 있는 형태로 전환하기

주말 오후에 7살 조카를 돌봐야 하는 처지에 놓인 삼촌이 어떻게 하면 자기 시간을 방해받지 않을 수 있을까 생각했다. 그래서 조카에게 세계 지도 퍼즐을 주면서 "이걸 다 맞추면 밖에 나가서 축구하자!" 하고 약속했다. 그런데 최소 2~3시간은 걸릴 것이라는 삼촌의 생각과는 다르게 조카는 10분 만에 퍼즐을 완성하고 빨리 밖에 나가자고 재촉했다.

의외의 결과에 당황한 삼촌이 어떻게 그렇게 빨리 맞추었냐고 묻자, "응, 뒤에 공룡 그림이 있었어" 하고 대답했다. 삼촌은 세계 지도를 주었는데 조카는 자신에게 익숙한 공룡 그림 퍼즐을 맞춘 것이다.

변수변환이란 자신에게 주어진 문제가 해결하기 어렵거나 힘든 것일 때, 그 문제를 자신이 통제할 수 있는 형태로 바꾸어서 해결하는 개념이다. 동시에 요구받은 현상 속에 숨겨진 본질에 집중하여 문제를 해결한다는 뜻이기도 하다.

'불량품 세일'을 하는 한 백화점에서 주부 고객이 스웨터 한 장을 앞뒤로 살피며 10분 이상 서 있었다. 흠이 있는 것을 알면서도 싸니까 사려고 했지만, 그러면서도 자신이 생각하지 못한 또 다른 흠집이 있을까 봐 살피고 또 살피는 것이다.

이때 흠이 있는 곳마다 표시해서 왜 값이 싼지 분명히 알게 해주면 어떨까? 백화점 입장에서도 고객이 살 것인지 말 것인지를 빨리 결정하는 것이 더 이익이다. 그렇게 하면 피차 시간 절약도 되고 고객 회전율도 높아질 것이다. 만약 가구라면 "이 찬장에는 한 군데 흠이 있습니다만, 벽에 붙여 놓은 상태에서는 보이지 않습니다. 그런데 50퍼센트 할인이라면 싸지 않습니까?" 하는 식으로 알려주는 것이다.

'마네킹에 입혀놓았던 여성복 40퍼센트 할인' '지난해 골프채 60퍼센트 할인' 등 이유가 있는 바겐세일은 판매자와 구매자 모두에게 이득이 된다. '고객이 이해할 만한 이유'에 '싸다, 맛있다, 좋다, 가볼 만하다' 등으로 정리할 수 있다.

이때 중요한 것은 누구나 고개를 끄덕이며 이해할 만한 설명을 하는 것이다. 공급자는 모든 정보를 갖고 있다. 좋은 정보도 있고 고객이 알면 안 될 것 같은 정보도 있다. 그러나 자신의 약점을 고객의 입장에서 장점으로 바꾸는 관점을 가지면 새로운 설명이 가능해진다.

수익을 올리는 다섯 가지 접근 방법

상품을 유통하는 곳에서 수익을 높이는 방법을 찾기 위해서 다음 두 가지 공식을 생각해 보자.

수익 = 매출 × 이익률 - 손실 및 비용

매출 = 방문 고객수 × 구매율 × 객단가

두 공식을 조합한 최종 공식은 다음과 같다.

수익 = (방문 고객수 × 구매율 × 객단가) × 이익률 - 손실 및 비용

이 공식을 기준으로 하면 수익을 높이는 다섯 가지 접근 방법을 생각할 수 있다.

1. 방문 고객 수를 늘린다.
2. 방문 고객의 구매율을 높인다.
3. 구매 고객의 객단가를 올린다.
4. 이익률을 높인다.
5. 손실 및 비용을 줄인다.

사업을 시작한 비즈니스 초기에는 방문 고객 수를 늘리는 데 초점을 맞추는 것이 효과적이다. 어느 정도 안정적으로 고객과의 관계가 마련되면 구매율과 객단가를 높이기 위해 노력할 수 있다.

사업이 궤도에 올라서고 전체 사업에 대한 통제력을 충분히 갖추고 나면 이익률을 높이려는 노력과 동시에 손실 및 비용을 줄이려는 노력을 병행해야 한다. 다섯 가지 변수 중 하나만 개선해도 수익이 커진다.

현상이 아닌 본질에 집중하기

변수변환의 패턴을 생활화하는 가장 좋은 방법은 현상이 아닌 본질에 집중하는 것이다. 먼저 어떤 문제든 해결책이 존재한다고 스스로 믿으라. 당장은 불가능해 보인다 하더라도 그 문제가 요구하는 본질적인 면을 찾기 위해 노력하자. 문제의 핵심을 이해하려고 노력하고 문제를 해결할 수 있다는 믿음을 가지고 집중하자.

그러려면 'why'에 대한 이해가 선행되어야 한다. 습관적이고 관행적으로 이루어지는 상황들을 'why'의 관점에서 질문하고, 스스로 납득하는 답을 찾는 노력을 기울여야 한다. 다른 사람이 그렇다고 하니까 나도 그렇게 생각하고, 지금까지 그렇게 해왔으니까 나도 그렇게 따라서 한다는 방식으로는 변수변환의 패러다임을 소화하기 어렵다. 'why'에 대한 근본적인 이해와 주어진 상황의 본질what을 명확히 할 수 있으면, 문제의 새로운 해결책how을 찾아내는 것은 대부분 시간의 문제일 뿐이다.

공식 37 예측과 통제: 알아도 못 하는 것에서 기회 찾기

많은 사람이 멋진 아이디어 또는 빅big 아이디어를 찾으려고 한다. 그러나 사업의 성패는 아이디어에 좌우되지 않는다. 오히려 작은 아이디어라도 자신의 의도대로 현실화할 수 있는 실행력이 더 중요하다. 굳이 수치로 표현하자면 아이디어가 10, 실행력이 90이다. 실제화하는 능력이 그만큼 중요하다는 뜻이다. 다른 이가 몰라서 못하는 것은 대부분 아이디어 차원의 기회다. 실제 비즈니스 기회는 다른 사람이 알아도 못 하는 것을 능숙하게 처리할 수 있을 때 생긴다.

어떤 환경이나 상황이 자신의 비즈니스 기회가 되려면 두 가지 요건이 갖추어져야 한다. 하나는 예측할 수 있어야 하고, 다른 하나는 자신의 힘으로 통제할 수 있어야 한다. 두 가지 요건 중 더 중요한 것은 통제다. 아무리 그럴듯한 기회처럼 보여도 자신이 원하는 때와 장소에서 구현해내지 못하면 그것은 자기 비즈니스가 될 수 없다.

중요한 것은 실행 능력이다. 시장을 예측할 수 있는 능력과 동시에 자신이 원하는 대로 시장의 반응을 이끄는 능력을 갖추어야 한다. 그에 따라 다른 사람에게 기회인 것이 자신에게는 전혀 관계없는 일이 될 수도 있고, 반대로 다른 사람들에게는 관계없는 일이 자신에게는 좋은 기회가 될 수도 있다. 자신의 관점으로 예측하고 자신의 능력으로 통제할 때 비로소 그 기회가 자신의 기회가 된다.

모든 비즈니스는 시장 기회를 포착하는 것에서 시작한다. 시장에서 어떤 것을 필요로 하지만 충분한 공급이 이루어지지 않고 있을 때, 혹은 이전에는 없었던 새로운 개념의 상품을 제안할 수 있을 때, 그리고 경쟁자들이 제공하는 상품을 조금 더 나은 방법이나 새로운 방식으로 전달할 수 있을 때 기회가 생긴다.

첫 번째 경우를 만난다면 가능한 한 신속하게 행동해야 한다. 상품을 공급하는 만큼 돈이 되기 때문이다. 그러나 독점적인 상품 공급의 상황은 전쟁, 재난 등의 경우를 제외하고는 쉽게 생기지 않는다.

두 번째 경우의 예시로 과거에는 '워크맨'이나 'mp3' 같은 상품이 있었고, 최근에는 '아이폰'이나 '전기차', '챗GPT' 같은 인공지능을 활용하는 새로운 개념의 상품이 폭발적인 반응을 얻고 있다. 그러나 그런 성공을 얻으려면 개인이나 평범한 조직은 감당하기 어려운 수많은 실패와 대규모 마케팅 비용을 감당해야 한다.

가장 현실적으로 활용할 기회는 세 번째 경우다. 기존에 존재하는 상품(개념)을 새로운 방식이나 더 나은 방식으로 제안하는 것이다. 주로 유통 부문을 중심으로 기회가 만들어지는 경우가 많다.

비즈니스는 실행력의 싸움이다

성공적인 비즈니스를 위해 실행력을 갖추려면 다음 순서로 접근해야 한다.

첫째, 자신의 핵심 역량을 충분히 구축하라. 역량이 충분히 구축되지 않은 상태에서 외부 기회가 주어질 때는, 돈을 벌려고 하지 말고 그 기회를 자신의 역량을 강화하는 쪽에 초점을 두는 것이 현명하다.

둘째, 함께 움직일 수 있는 팀이나 시스템을 확보하기 위해 노력하라. 자신의 강점과 역량을 쉽게 반복할 수 있는 시스템을 구축하고, 그 시스템을 이해하고 운영할 수 있는 사람을 한 명 이상 확보할 수 있으면 좋다. 그리고 외부의 제안에 손쉽게 응대할 수 있도록 효과적인 매뉴얼을 준비할 수 있으면 더욱 좋다.

셋째, 객관적인 시장 기회를 탐색하라. 새로운 수요가 생겨나고 있거나 자신의 핵심 역량이 프로세스상 꼭 필요한 상황이 될 때가 좋은 기회다. 이미 구축된 시스템을 70~80퍼센트 이상 활용할 수 있다면 더욱 바람직하다. 최소의 비용으로 참여할 수 있기 때문이다.

그러나 핵심 역량이 구축되지 않은 상태에서 만난 외부 기회는 오히려 재앙이 될 수 있다. 그래서 핵심 역량은 있으나 시스템을 구축하지 못한 경우라면, 그 기회를 활용하여 시스템 정립에 초점을 두는 것이 바람직하다. 돈은 그 다음번에 벌 수 있다.

논리적으로 생각하면 외부의 시장 기회를 찾고 그것에 적합한 자기 강점을 만드는 것이 순서다. 그러나 현실에서는 자신의 강점을 객관적으로 파악하고, 그 강점이 무기로 활용될 만한 외부의 기회를 찾는 것이 훨씬 효과적이다. 그러나 순서야 어떻든 비즈니스에서 성공하길 원한다면 객관적인 시장 기회를 찾아내고, 그것을 자신 또는 자기 조직의 강점과 연결할 수 있어야 한다.

대부분 비즈니스 승자들은 시장에 처음 진입한 사람이 아니다. 그 기회를 나중에 알았어도 치밀하게 준비하여 뒤따른 사람이다. 조직적인 강점과 실행력을 갖춘 사람들이 승자가 되는 것이다. 그래서 자신의 강점을 기반으로 하는 것, 자신이 정말 중요하다고 생각하는 것에 더 많은 기회가 있다.

다른 사람이 알아도 못 하는 일에 기회가 있다

'남이 알아도 못 하는 것'을 실행할 수 있으면 그 기회는 오랫동안 유지된다. 그것이 원가절감의 역량이든, 새로운 기술이든, 아이디어든 상관없다. 다른 사람이 카피하기 힘들거나 아니면 아주 큰 비용을 들여야 흉내 낼 수 있는 것일수록 더욱 그렇다. 그래서 비즈니스를 시작할 때는 자기의 강점이 무엇인지 객관적으로 분명히 아는 것이 중요하다.

다른 사람이 알아도 못 하는 것을 할 때 성공할 가능성이 크다. 자신이 1등이 될 수 있는 영역을 찾아라. 만일 작은 가게를 운영하고 있다면 '이 거리에서 나는 어떤 면에서 1등인가?'를 묻고 답하라. 그리고 그 강점을 반복한다면 어떤 아이템을 진행해도 성공 가능성을 높인다.

비즈니스는 아이디어가 아닌 실행력의 싸움이다. 남이 알아도 못 하는 자신만의 강점을 바탕으로 계획하고 실행하라.

공식38	1+1+1 성공 공식: 작은 가게의 성공 경영 방식

여러 개의 횟집이 몰려 있는데 그중 한 집에만 유난히 사람들이 많이 몰린다. 20여 군데의 고깃집 중에서 두세 집에만 손님이 몰린다. 10여 개의 순두부 가게 중에서 원조를 표방하는 곳이 다섯 곳이 넘는데 그중 한 곳에만 차들이 빽빽하게 주차되어 있다. 이는 우리 주변에서 흔히 볼 수 있는 모습이다.

사람들이 몰리는 데는 몇 가지 공통된 이유가 있다. 특히 손님들에게 원조라고 인정받는 음식점에는 늘 사람들이 몰린다. 그 집의 벽면은 이름만 들으면 알 만한 유명 인사나 연예인들의 한 마디와 사인으로 장식되어 있다. 이런 곳은 별다른 노력을 기울이지 않아도 장사가 잘된다. 방문하는 고객들에게 실망감을 주지 않도록 음식의 질을 유지하고 평균적인 친절함만 제공하면 된다. 나머지는 고객들 스스로 느끼고 긍정적으로 받아들인다. 오랜 시간 기다려도 불평하지 않고 오히려 그런 경험을 자랑스럽게 생각한다.

음식을 다 먹은 후 제공되는 후식이 특별한 경우에도 사람이 몰린다. 어느 고깃집에서는 얼음이 둥둥 떠 있는 식혜를 준다. 고기 맛이 비슷하고 가격에 차이가 없으면 사람들은 그 집을 다시 찾는다. 어느 횟집에서는 후식으로 브랜드 아이스크림을 제공한다. 직접 떠먹는 재미도 있어서 아이들뿐 아니라 어른들도 흐뭇해한다. 대나무 통 밥을 전문으로 하는 인사동의 한 식당에서는 조리 후 필요 없게 된 대나무 통을 손님들에게 선물로 주기도 하고, 어떤 커피 전문점에서는 커피 찌꺼기를 탈취제로 사용하도록 예쁘게 포장해서 선물로 준다.

당연히 모두 공짜다. 후식이나 공짜로 제공하는 선물이 주 메뉴와 직접적인 관련이 있으면 더 좋겠지만 꼭 그럴 필요는 없다. 다른 곳에서는 경험하기 힘든 차별화된 경험을 제공하면 된다. 물론 공짜라고 해서 질이 떨어지거나 무성의한 선물을 제공하면 의도한 효과를 거두지 못할 수도 있다.

어떤 곳은 입구를 전시관처럼 꾸며서 럭셔리한 칼국수 집으로 성공한 식당도 있다. 가격은 1000원 정도 비싸지만 늘 사람들로 붐비고 동네 주민들 입소문의 소재가 된다. 반대로 음식 맛은 평범해도 가격이 주변 가게보다 훨씬 저렴한 경우에도 사람들이 몰린다.

다른 가게에 비해 가격이 저렴하다고 소문난 곳인 경우는 생산지에서 직접 원재료를 조달하거나 중간 유통단계를 줄여서 판매 가격을 낮추는 경우가 있으나, 보통은 일단 매력적인 가격으로 손님들을 모은 뒤에 주 메뉴 외에 다른 메뉴를 동시에 판매해서 수익의 부족분을 메우는 방식으로 운영한다. 음식점에서는 술이 그런 경우에 해당한다. 그래서 음식을 저렴한 가격에 판매하는 음식점에서 술을 주문하지 않으면 주인의 표정이 순간 어두워지기도 한다. 어떤 가게는 역발상으로 술값을 절반 이하의 가격으로 싸게 제공하고 안주를 추가로 주문받는 방식으로 매상을 올리는 음식점도 있다.

앞의 세 가지 접근을 한마디로 요약하면 '차별화'다. 주 메뉴의 질로 차별화하고, 무료로 제공하는 후식이나 선물로 차별화하고, 저렴한 가격으로 차별화하는 것이다. 그런데 이 세 가지 방식을 적절하게 조합하면 아주 멋지고 단순한 성공 공식을 도출할 수 있다.

생존하고, 호의를 얻고, 돈을 번다

첫째는 사람들의 상식 속에 명확히 개념화되어 있는 것을 표방하는 것이다. 만약 개념이 정립되지 않은 아이템을 다루고자 할 때는 그 개념을 목표 고객에게 지각知覺시키는 작업을 병행해야 한다.

'고객보다 반보만 앞서가라'는 마케팅의 원리는 고객의 지각과 밀접한 관계가 있다. 반보만 앞서가면 신선함으로 받아들여질 아이템이 그 이상 앞서가다가 고객의 방문조차 얻지 못하는 경우가 많다. 반보를 앞서간다는 것은 고객이 '받아들일 수 있는 새로움'을 제안한다는 의미다. 고객의 상식 속에 개념이 정립되지 않은 경우라면 상당한 커뮤니케이션 기술을 가지고 비용과 시간을 투자해야 한다.

둘째는 구매 고객에게 차별화된 기억을 제공하는 것이다.

구매를 마치고 비용을 지불한 고객의 머릿속에는 '괜찮았다'와 '별로였다' 두 가지 중 하나만이 남는다. 이때 괜찮았다는 만족감 외에 구체적인 이미지(경험) 하나를 더 각인시키기 위해 시도하라. 주 아이템과 직접적인 관련성이 있으면 더 좋지만, 꼭 그럴 필요는 없다. 새롭고, 센스 있고, 진심이 담긴 차별화된 서비스는 고객의 재방문과 호의적인 입소문을 만드는 중요한 변수로 작용한다. 사람들은 고기 먹으러 가자고 하면서 "아, 거기 있잖아. 얼음 동동 뜬 식혜 주는 곳"이라고 설명한다.

대부분 비즈니스에서 고객 접점에서의 경험과 친절함 등이 차별화된 지각을 만든다. 참 희한한 것이 사람들은 비용을 지불하고 구매한 제품이나 서비스보다는 부가적으로 제공되는 어떤 것을 기억하는 경우가 더 많다. 그래서 성공 공식의 둘째는 차별성이 있는 특징적인 '그 무엇'을 고객의 기억 속에 남기는 것이다.

셋째는 돈이 되는 부가 아이템을 추가하는 것이다.

앞서 두 가지가 준비되었다면 생존 이상의 비즈니스가 가능하다. 그러나 거기서 멈추어서는 안 된다. 세 번째로 행동할 것이 있다. 방문 고객 또는 구매 고객에게 유익한 방식으로 더 많은 구매가 이루어지도록 유도하는 것이다. 쉽게 말해서 객단가를 높이는 것이다. 고객이 나를 찾아오게 하는 데는 상당한 수준의 커뮤니케이션 비용이 지출된다. 그러나 이미 찾아온 고객에게 추가로 판매하는 데에는 추가 비용이 발생하지 않는다. 따라서 추가 매출을 얻을 기회를 놓치지 않아야 한다. 구매 의도를 가지고 방문한 고객의 다음 행동은 현장의 분위기에 좌우된다.

고기만 먹으러 왔다가 주변의 다른 손님들이 입가심으로 냉면을 먹는 것을 보고 냉면을 주문하는 경우가 그렇다. 리스트에 적은 물건을 쇼핑카트에 담고 계산대 앞에서 기다리다가 껌이나 건전지를 추가로 담기도 한다. 케이크를 사러 왔다가 예쁜 카드와 샴페인을 함께 사기도 한다. 20~30만 원 하는 재킷을 7~8만 원으로 세일 가격에 구매한 고객에게 그 재킷과 잘 어울리는 4~5만 원짜리 넥타이를 권하면 세 명 중 한 명은 받아들인다.

이때 주의할 점이 있다. 고객이 즐겁게 선택할 수 있어야 한다. 그것이 메뉴판이든, 진열대든, 아니면 다른 사람들의 행동이든 자연스럽게 이루어져야 한다. 세련된 기술과 요령이 요구되는 부분이다. 고객에게 부담을 주어서도 안 된다. 비록 부가 아이템을 판매해서 추가 구매가 생겼다 해도, 고객에게 부정적인 기억을 남기면 그 고객의 다음 방문 자체가 이루어지지 않기 때문이다.

고객이 이해하고 반응할 수 있는 명확한 이슈 한 가지, 그 제품과 서비스를 경험하고 난 후 호의적인 인식을 얻을 수 있는 차별화된 경험 한 가지, 그리고 주 아이템 외에 추가로 구매할 수 있는 부가 아이템이 그것이다. 그렇게 하면 첫째 요소로 생존하고, 둘째 요소로 고객 호의를 얻고, 셋째 요소로 돈을 벌 수 있다. 단, 이 공식을 적용할 때는 꼭 순서대로 진행되어야 함을 기억하자!

공식 39	비즈니스 밤 까기: 성과를 이루는 스텝 밟기

초등학생인 아들을 데리고 밤 줍기에 나섰다. 1인당 5000원씩 내고 자루 하나씩을 받았다. 나무를 흔들고 막대기로 가지를 치자 밤송이가 땅에 떨어졌다. 밤송이를 두 발로 빗겨 밟아 가시를 제거했다. 윤기 흐르는 암갈색 밤송이를 자루에 담았다. 밤송이 자루를 평상에 올려놓고 토실토실한 밤 하나를 꺼내어 껍데기를 벗겼다. 딱딱한 껍데기 안에는 내피가 붙어 있었다.

처음으로 밤을 까보는 아들 녀석은 급한 마음에 이빨로 내피를 벗기다가 이내 퉤퉤 하며 입술을 문질렀다. 내피의 떫은맛을 본 것이다. 내가 작은 칼을 이용해서 내피를 벗기자 먹음직스러운 밤이 알몸을 드러냈다. 아삭아삭 달콤한 밤 맛에 기분이 좋아진 아들 녀석은 자루에서 다른 밤을 찾아 다시 껍데기를 벗기고, 내 주머니칼을 가져가서 내피를 벗기고 이내 알맹이를 입안에 집어넣는다. 두세 번 같은 과정이 반복되면서 이제 녀석의 동작이 능숙해진다.

모든 비즈니스는 밤 까기와 아주 유사한 과정을 거친다.

1. 산에 올라가기
2. 가시 제거하기
3. 딱딱한 껍질 까기
4. 떫은 내피 벗기기
5. 달콤한 밤 맛보기
6. 또 다른 밤송이 찾기

사람들은 꿈과 확신으로 자기 사업을 시작(산에 올라가기)한다. 그러나 지식과 경험의 부족으로 실패와 서러움을 경험하고(가시에 손을 찔림), 전혀 예상하지 못했던 장애물(딱딱한 껍질)을 만나 큰 고통을 겪는다. 겨우 장애물을 넘어섰나 했더니, 그 일의 결과가 보잘것없고 몸과 마음이 너무 지쳐서(씁쓸한 맛의 내피) 또 다시 실망한다. 하지만 그 단계를 극복하고 나면 달콤한 성공의 맛을 경험하게 된다. 그 과정이 두세 번 반복되면 곧 능숙하게 '비즈니스 밤 까기'를 하게 된다.

대부분 사람이 두세 번의 실패를 경험하고 나서야 어렵게 성공에 도달한다. 처음부터 성공하는 사람은 드물다. 처음부터 당연히 성공할 것을 생각하는 것은 망상에 가깝다. 성공이라는 맛있는 알밤을 먹기 위해서는 가시 제거, 껍질 까기, 내피 벗기기라는 과정을 거쳐야 한다.

따라서 비즈니스를 처음 시작할 때는 가능한 한 작게 시작하는 것이 좋다. 실패의 경험이 필요하기 때문이다. 그리고 일단 시작한 후에는 포기하지 않아야 한다. 처음의 실패는 다음 도전의 밑거름이 된다.

또한 자신의 삶의 방향(소명, 즐거움, 욕구)과 일치하는 일을 사업 아이템으로 정하는 것이 좋다. 아무리 충분한 준비를 했어도 실제 상황에 들어가면 늘 새로운 장애물을 만난다. 돈을 좇고 다른 사람의 성공만을 뒤쫓아서는 그 장애물을 넘기 어렵지만, 자신의 강점이 발휘되고 욕구를 충족시키는 일을 할 때는 장애물이 자신을 강하게 만드는 계기가 된다. 시간이 다소 늦어질 뿐 곧 달콤한 성공을 경험할 수 있다. 가끔은 그 과정 자체가 성공으로 평가되기도 한다.

성공은 간단히 얻어지는 것이 아니다. 어떤 사람도 피해갈 수 없는 '밤 까기' 과정을 거친다. 실제로 눈물과 두려움 없는 성공도 없다. 거기에 더해서 다음 단락에서 설명하는 '숨 참기' 과정을 매 순간 견뎌야 한다. 일반인들은 그것을 두려워하고 피하려고 한다. 그러나 성공을 바라는 사장은 그것을 즐긴다. 절벽 위에 서서 뒤돌아보지 않고 오히려 앞으로 발을 내민다. 그리고 거기에 새로운 길이 있음을 깨닫고 경험한다.

공식 40 비즈니스 숨 참기: 성공까지는 몇 번의 숨 참기가 필요하다

모든 성공 뒤에는 보이지 않는 어려움을 이겨낸 사람들의 이야기가 있다. 돈, 사람, 예기치 않은 자연재해, 강력한 경쟁자의 등장, 거기에 개인적인 질병에 이르기까지 어려움의 형태는 다양하다. 장애물을 만나고 실패를 경험할 때 비즈니스맨은 어떻게 대처해야 할까?

한 수영 강사가 설명해 준 물에 빠졌을 때의 대처요령이 있다. 수심 3미터 정도의 물이라면 즉시 숨을 멈추고 바닥까지 내려갔다가 바닥을 차고 올라오라고 했다. 그렇게 하면 수면 위로 머리가 나와서 숨을 쉴 수 있게 된다는 것이다. 바닥을 차고 올라오는 행동을 세 번만 반복하면 정상적으로 숨을 쉴 수 있어서 방향감각을 찾을 수 있다. 생존할 가능성이 커지는 것이다. 만약 당황하여 허우적대다가는 코나 입으로 물이 들어가면 곧 정신이 혼미해져서 생명을 잃는다.

비즈니스맨이 장애물을 만나거나 실패를 경험하는 것은 수영에 익숙하지 않은 사람이 물에 빠지는 것과 다르지 않다. 그런 경우에는 당장 상황을 모면하기 위해서 성급하게 행동하지 않는 것이 중요하다. 숨을 참고 바닥까지 내려가 보라. 약해지는 마음을 다잡을 수 있는 여유를 얻을 수 있다. 그리고 현재 겪는 어려움의 원인을 찾고 그에 맞는 근본적인 대응책을 생각하자. '비즈니스 숨 참기'를 하는 것이다.

어릴 때 친구들과 했던 놀이 중에 '누가 더 오래 숨을 참나' 하는 것이 있었다. 허리 높이의 탁자 위에 세숫대야를 두 개 놓는다. 물을 가득 채운 세숫대야 앞에 짧은 머리의 아이 둘이 선다. 주변에는 다른 아이들이 미소를 머금고 둘을 지켜본다.

심판을 맡은 아이가 "하나, 둘, 셋!" 하고 외치면 동시에 물속으로 머리를 담근다. 몸을 떨면서 숨을 참던 아이 중 하나가 먼저 고개를 내밀면 승부가 가려진다. 오래 참은 아이가 이긴 것이다. 주변의 아이들이 환호성을 지른다. 게임에서 진 아이가 한 번 더 하자고 씩씩댄다.

초등학생의 경우 보통 10~15초 정도가 지나면 승부가 결정된다. 처음 10초는 누구나 견딘다. 그러나 10초가 넘어가면 가슴이 답답하고 머리가 아득해진다. 결국은 마지막 2~3초를 누가 더 참아내느냐에 따라 승부가 갈린다. 다른 경쟁자들도 특별하지 않다. 내가 느끼는 어려움을 그들도 똑같이 느끼고, 내가 만나는 장애물과 실패를 그들도 똑같이 경험한다. 결국에 마지막 순간을 견뎌내는 사람이 승자가 된다.

처음 계획한 대로 사업이 순탄하게 펼쳐지고 있는가, 아니면 여러 가지 장애물과 어려움 속에서 괴로워하고 있는가? 돈에 쪼들리고, 사람에게 치이고, 규제에 휘둘리고, 게다가 몸까지 힘들지는 않은가? 그것은 모든 비즈니스맨이 겪는 일상적인 과정일 뿐이다. 일단 어렵고 힘든 상황이라고 생각되면 즉시 '비즈니스 숨 참기'를 시도하라. 처음으로 돌아가서 기본부터 다시 생각하고, 어려움의 원인을 진단해야 한다. 그리고 그 문제들을 근본적으로 해결할 수 있는 아이디어와 접근 방법을 고민해야 한다. 일단 생존해야 한다. 그래야 또 다른 방향을 모색할 수 있다.

대부분 경우에 사업의 과정에서 맞닥뜨리는 어려움은 '사장의 근육'을 단련시키는 기회가 된다. 그래서 비즈니스에서 성공을 바란다면 맞닥뜨리는 어려움을 기회로 전환하는 것에 익숙해질 필요가 있다. 여러 번의 '비즈니스 숨 참기'를 경험하고 극복하면서 단단한 근육을 가진 사장으로 변모한다.

공식 41 Simple & Powerful: 실행을 위한 준비 단계의 마지막 요건

어떤 일을 되게 하려면 그 일과 관련된 '변수'를 줄이는 것이 효과적이다. 변수가 늘어나면 처음 생각보다 진행이 더디거나 예상하지 못한 어려움을 겪게 되기 때문이다. 그래서 모든 비즈니스에서 실행을 준비하는 마지막 단계는 실행의 방식을 단순하게 정돈하는 것이다. 변수를 줄이고 실행의 형태가 단순simple할수록 실행의 결과가 강력powerful해진다.

세상의 모든 강력한 것들은 단순한 형태를 띠고 있다. 만약 자기 생각과 계획이 복잡하다면 그것은 아직 완성되지 않은 것이다. 그런데 전체적인 이해가 있어야 단순해질 수 있고, 구체적인 실행 계획이 있어야 그 단순함을 유지할 수 있다. 이 말은 단순하지 않은 것은 강력해질 수 없다는 뜻이기도 하다. 따라서 모든 준비의 마지막 단계는 자신의 계획을 단순한 형태로 정돈하는 것이다.

이때 유의할 것이 있다. 이해하고 받아들이는 관계와 입장에서 단순한 것이 되어야 한다. 대부분 사람은 한 가지만 기억한다. 두 가지를 말하면 자신이 쉽게 이해할 수 있거나 받아들이기 좋은 것 하나만 수용한다. 그래서 가장 우선순위에 있는 한 가지를 명확히 요구하는 것이 효과적이다.

단순한 아이디어가 힘이 있다. 그러나 그 아이디어를 실행하는 과정은 복잡할 수 있다. 또는 비즈니스 아이디어는 복잡하지 않더라도 그것을 복잡하게 만드는 사람이 다수 존재한다. 본래 의도와 무관하게 각자의 이해관계 속에서 아이디어를 수용하려고 하기 때문이다. 따라서 실행단계에서는 처음 의도와 초점focus을 명확히 하는 것이 중요하다.

조직의 운영에서 기업의 목표, 전략, 전술의 이해와 활용에서도 단순한 이해를 바탕으로 해야 한다. 직원들은 경영자의 논리를 묵묵히 받아들이지만 결국에는 자신들의 결정에 따라 행동하기 때문이다. 비즈니스 조직을 효과적으로 집중시키려면 모든 조직원이 성과의 초점을 명확히 공유하고, 현재의 자기 강점과 핵심 역량을 중심으로 공헌할 수 있는 환경을 조성해야 한다.

이때 목표는 토시까지 똑같은 단어를 사용해야 한다. 전략은 같은 이해를 하고 있는지 수시로 확인해야 한다. 그리고 전술(방법, 실행)은 각 사람과 부서의 강점과 전문성(핵심 역량)을 바탕으로 다양한 활동이 이루어져야 한다.

비즈니스 패러다임 열두 가지 중간 정리

'불연속 형태의 성장' '씨 뿌리는 곳과 열매 맺는 곳이 다를 때가 많음' '양적인 쌓음과 질적인 변화의 관계' '효과를 넘어선 이후의 효율 추구' 등은 말 자체는 어려운 것은 아니지만 그것들이 어떻게 작용하는가에 관한 설명에는 수긍할 수 있는 것도 있고, 생소하게 느껴지는 것도 있다. 중요한 것은 이런 내용이 비즈니스맨으로서 자신의 기존 상식과 어떤 관계에 있느냐다.

우리의 기존 생각(지각)에는 불연속 대신 '연속적인 성장'이, '씨를 뿌린 곳에서 열매를 얻으려는' 기대가, '처음부터 효율을 얻고자 하는' 욕심이, 그리고 '양적 성장은 무조건 좋은 것'이라는 어긋난 비즈니스 상식이 자리 잡고 있지 않은가?

여기서 강조하는 것은 '객관적'인 것의 이해다. 객관적이라는 것은 자신이 어떻게 생각을 하느냐와 관계없이 별개로 존재하고 작용하는 것을 말한다. 따라서 객관적인 것은 평가가 필요한 영역이 아니다. 적극적으로 이해하고 소화하려는 노력이 필요하다. 비즈니스 실패의 대부분은 이미 존재하고 기능하는 비즈니스의 메커니즘을 이해하지 못하고 자기 생각과 방식으로 시도하는 데서 비롯한다. 비즈니스에 관한 기초적인 이해 없이 성공을 기대할 수 있을까?

눈이 보이지 않는 이가 코끼리를 만질 때 어떤 사람은 기둥 같다고 말하고, 어떤 사람은 물컹한 호스 같다고 말하며, 코끼리 등에 올라탄 경험이 있는 사람은 널찍한 평상 같다고도 말한다. 코끼리에 대해서 잘 아는 사람에게는 모두 다 옳은 이야기지만, 아직 경험하지 못한 사람이 기둥, 호스, 평상이라는 말을 들으면 상당한 혼돈에 빠진다. 따라서 비즈니스라는 코끼리를 다루기 위해서는 이 모든 개념을 조합하여 형상화할 수 있어야 한다. 그래야 비로소 자신이 갈 길을 그려볼 수 있다.

앞서 설명한 열두 가지 비즈니스 패러다임business paradigm을 개별적으로, 그리고 종합해서 자신의 상황에 맞게 적용할 수 있기를 바란다.

17

성과를 반복하는
세 가지 비즈니스 진행 원리

비즈니스 리더로서 사장은 다음 세 가지 초점에 대하여 자신의 실행 방식을 찾고 정립할 수 있어야 한다.

1. 첫 거래를 어떻게 시작할 것인가?
2. 시작된 거래를 반복할 수 있는 구체적인 방법은 무엇인가?
3. 방문 → 구매 → 재방문의 '3단계 마케팅'을 어떻게 정립할 것인가?

구체적인 사업 아이템을 갖고, 이 세 가지 초점에 대한 자신의 실행 방식을 찾는 것이 사장이 비즈니스를 진행하는 과정이다.

공식 42 만족 블랙박스: 목표 고객의 '만족 블랙박스 변수'를 찾아라

사람들은 언제 거래를 시작하는가? 불만족스럽지 않아서 거래하는 사람은 없다. 모든 면에서 완벽하게 만족해야만 호주머니에서 돈을 내놓는 것도 아니다. 여러 가지 불만 요소가 있어도 명확한 한 가지 만족 요인이 있을 때 사람들은 거래를 시작한다. 불만족스럽지 않은 것은 평판을 좋게 할 수는 있다. 그러나 거래는 이루어지지 않는다. 돈을 지불하는 거래는 오직 명확한 만족 요소가 한 가지 이상 있을 때만 이루어진다.

프레드 크로포드Fred D. Crawford와 라이언 매튜스Ryan Mathews 저서 『소비자 코드를 제대로 읽어라』 내용 중 '소비자 적합성'이라는 개념을 활용하여, 거래를 시작하고 유지하는 전략적 접근 방식의 힌트를 얻어보자.

모든 비즈니스를 가격price, 제품product, 접근성access, 서비스service, 체험experience의 다섯 가지 특성 요소로 구분하고, 각 특성 요소별로 소비자들의 반응 수준에 따라 점수를 매긴다. '지배'의 경우 5점, '차별'은 4점, 적절한 수준이지만 시장 경쟁력을 가질 정도가 아닌 '보통'의 경우에는 3점을 부여한다. 그리고 이 다섯 가지 기준으로 소비자의 눈을 통해 각 기업의 비즈니스 수행 능력을 평가한다.

이때 어떤 특성 요소라도 업계 평균인 3점 이하로 내려가서는 안 된다. 업계 평균 이하의 요소가 있으면 시간이 지나면서 소비자들의 외면을 받고 결국 도태된다. 그렇다고 해서 한 개 요소를 초과해서 5점과 4점을 넘길 필요도 없다. 이는 불필요한 차별화를 추구하고 있으며, 자원을 낭비하고 있음을 의미한다.

소비자 적합성 관점에서 바라본 최고의 기업은 대부분 '5·4·3·3·3' 전략을 취한다. 다섯 가지 특성 요소 중 한 개는 지배 수준(5점), 다른 한 개는 차별 수준(4점), 나머지 세 개는 평균 수준(3점)을 추구하는 것이다.

세계적인 유통 할인점 월마트는 '가격'에 초점을 두고 가격에 대해서는 어떤 경쟁자들보다도 최고가 위해 끝없이 노력한다. 일본 교토의 MK택시는 '친절함(서비스)'에 초점을 맞추고 최고로 친절한 택시로 인정받기 위해 다른 택시 회사에서는 상상하기 어려운 과감한 시도를 망설이지 않는다. 미국의 패션백화점 노드스트롬은 '고객과의 친밀감(서비스)'에 초점을 두고 최전방 직원들에게 권한을 집중하는 조직 운영을 하고 있다. 자신이 초점을 둔 부분에 대해서는 어떤 대가를 치르더라도 최고(5점)를 유지하는 것이다. 그것이 거래를 만들고 강화하는 전략적 행동임을 잘 알기 때문이다.

소비자가 관심을 가진 모든 분야에서 최고가 될 필요는 없다. 어떤 분야에서는 최고가 되어야 하지만 나머지 부분에서는 평균 이상만 유지하면 충분히 의도한 목표에 도달할 수 있다. 월마트는 가장 저렴한 가격에 상품을 판매하지만 동시에 제품의 질이 고객들이 받아들일 수 있는 허용 범위를 넘지 않는다. MK택시는 고객이 감동할 만한 친절한 서비스를 제공하기 위해 다른 택시보다 더 높은 가격을 요구하지 않는다. 노드스트롬은 고객별로 전담자를 두어서 개인에 대한 신상정보가 외부에 노출되지 않도록 조심한다.

사람들은 보통 만족하면 불만족하지 않고 불만족하면 만족하지 않는다고 생각하는 경향이 있다. 그러나 과연 그런가? 만족滿足과 불만족不滿足이라는 단어의 뜻만 보면 만족과 불만족은 서로 반대편에 있는 것처럼 생각된다. 즉 만족하지 못하면 불만족하고 불만족하지 않으면 불불不不만족, 즉 만족하는 것처럼 생각한다(그림 17-1).

그러나 현실 세계에서는 불만족하지 않아도 만족스러운 것은 아니며, 동시에 만족하면서도 불만족을 느끼는 경우가 더 많다. 만족과 불만족을 동시에 느끼는 것이다. 만족과 불만족이 상호 연관성이 있는 것은 분명하지만, 만족하면 불만족하지 않고 불만족하지 않으면 만족한다고 생각하는 것은 잘못이다. 만족과 불만족은 서로 다른 차원에 존재한다. 따라서 만족과 불만족은 별도로 관리되어야 한다(그림 17-2).

특히 비즈니스 세계에서 '만족'과 '불만족'은 명확히 다른 차원에 존재한다. 불만족스럽게 느끼면서도 한 가지 분명한 만족 요소 때문에 거래가 시작되고, 충분히 만족하면서도 절대적인 불만족 요소 때문에 거래가 중단되기도 한다. 앞서 설명한 '소비자 적합

그림 17-1

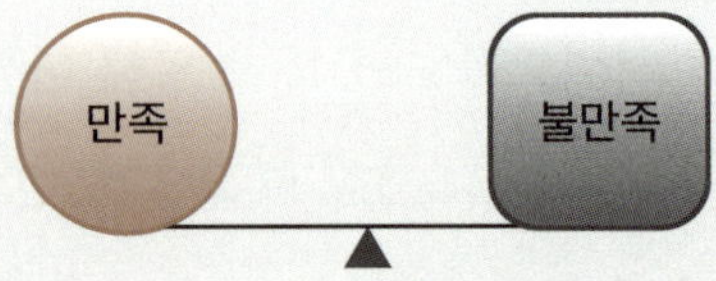

(×)

성'과 연결해서 생각하면 이해가 쉽다. 5점 특성 요소 때문에 거래가 시작되고, 3점 이하의 특성 요소 때문에 기존의 거래가 멈추는 것임을 통찰할 수 있다.

모든 비즈니스의 시작점은 목표 고객의 마음속에 숨겨진 두 개의 블랙박스의 변수들을 찾는 것에서 비롯한다. 그리고 그 변수들을 '만족 블랙박스' 변수와 '불만족 블랙박스' 변수로 구분할 수 있어야 한다. 이때 자신의 제품과 서비스가 목표 고객의 만족 블랙박스에 담긴 변수를 강하게 건드리면(5점) 거래가 시작되고, 불만족 블랙박스에 담긴 변수가 평균(3점) 이하로 떨어지면 기존의 거래를 멈춘다.

만족 블랙박스와 기업의 마케팅 전략(S-T-P) 연결하기

비즈니스를 준비하고 실행하는 과정에서는 자신의 행동 전략이 분

그림 17-2

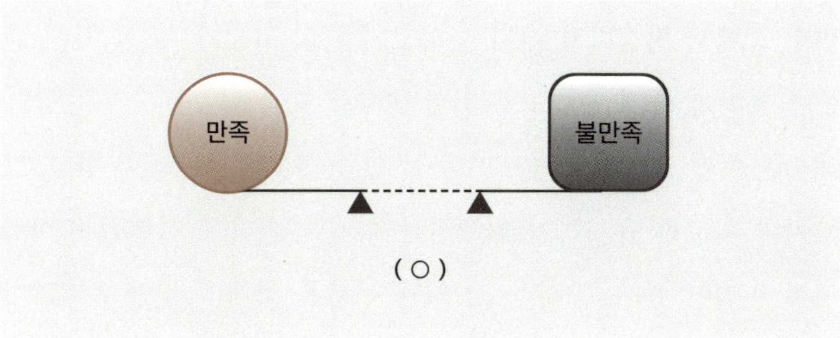

명해야 한다. 여기서 전략이란 목표 고객의 만족 블랙박스에 어떤 변수가 들어 있는지 알고, 그 가운데 어떤 변수에 초점을 두고 행동할 것인가를 결정하는 것이다. 소비자를 구분segmentation하고, 자신의 목표 고객targeting의 '만족 블랙박스'에 담긴 변수를 강하게 건드릴 수 있는 구체적인 제안이 담긴 메시지positioning를 방출하는 행동을 조직적으로 진행하는 것이다.

모든 사업business의 시작점은 자신이 초점focus한 목표 고객의 '만족 영역'과 '불만족 영역'을 규정하는 것이다. 개념으로 설명할 때는 쉽지만 실제로 비즈니스 행동을 할 때는 만족의 영역과 불만족의 영역에 어떤 변수들이 담겨 있는가를 찾는 것이 어렵다(그래서 나는 그것을 블랙박스라고 부른다). 그러나 그것을 찾고 구분하는 것은 꼭 필요한 것이며, 상품 준비에 앞서 이 두 개의 블랙박스 변수를 찾고 확인하는 과정을 꼭 거쳐야 한다.

효과적인 사업을 위해서는 목표 고객의 만족 블랙박스에 속한 변수 중에서 경쟁자가 갖지 못하고 충분히 규모가 큰 한 가지 변수를 찾아야 한다. 그리고 그러한 변수를 포착했다면 그 부분에 대해서는 어떤 경쟁자도 넘보지 못할 만큼 최고를 추구해야 한다. 그 분야의 최고를 유지하기 위해서는 어떤 대가라도 지불할 준비가 되어 있어야 한다. 그러나 그 외의 부분은 업계 평균만 유지하면 된다. 더 이상을 갖는 것은 조직적인 낭비일 뿐이다. 그 여력을 모아서 자신이 초점을 둔 변수에 투자하는 것이 효과적이다.

공식 43	**Give & Take: 주고받음의 균형을 유지하라**

어떤 목적이 있는 행사나 이벤트를 진행할 때는 그 대상이 누구냐에 따라 운영 방법을 달리해야 한다. 대상이 40~50대의 중년 남성이라면 '기-승-전-결'의 흐름을 따라야 한다. 그래야 체계적으로 잘 준비된 행사라고 평가한다. 중년 여성을 대상으로 하는 행사는 로맨틱한 분위기에서 진행하는 것이 효과적이다. 유명인과의 기념사진이나 자랑할 만한 기념품을 준비할 수 있으면 더욱 좋다. 행사가 끝나고 집에 돌아가서 동네 지인들에게 자랑할 만한 '거리'가

필요하기 때문이다.

어린아이들을 대상으로 행사를 준비할 때는 아이들의 상상력을 자극할 수 있는 신기한 무언가를 준비해야 한다(일반적으로는 공룡과 같은 소품이 많이 사용된다). 아이들은 자기도 쉽게 할 수 있는 것에는 관심을 두지 않는다. 그러나 새로운 것을 발견하면 호기심이 발동하여 흥미를 잃을 때까지 만져보고 움직여본다. 아이들에게 일상에서 쉽게 접할 수 없는 어떤 것을 보여주면 그 행사는 평균 이상의 성공을 거둘 수 있다.

10~20대를 대상으로 할 때는 행사 초반에 마음을 사로잡는 무언가가 있어야 한다. '기-승-전-결'이 아닌 '승-승-전-결'의 진행이 이루어져야 한다. 처음에 감정을 최고조로 올려놓으면 그다음은 어떤 내용이 진행되든 크게 상관하지 않는다. 스스로 흥분을 유지하기 때문이다.

먼저 주어야 얻을 수 있다

얻고자take 한다면 먼저 주어야give 한다. 비즈니스 세계에서는 먼저 주지 않으면 아무것도 얻을 수 없다. 만약 무언가를 먼저 얻는 상황이라면 긴장해야 한다. 자신이 통제할 수 없는 상황에서 자기가 가진 중요한 것을 내놓아야 할 수도 있기 때문이다. 거래를 기본으로 하는 비즈니스 세계에서는 그것이 상식이다.

또한 얻은 후에는 반드시 줘야 한다. 그것이 비즈니스의 기본 공식이다. 대가 없이 진행되는 거래는 없다. 한 번은 가능할지 몰라도 그 후에는 거래 자체가 불가능해진다. 모든 비즈니스 프로들은 반드시 기브 앤드 테이크를 전제로 거래한다. 그렇지 않은 사람은 아마추어로 취급받고, 곧 비즈니스의 세계에서 퇴출되고 만다.

거래에서 유의할 점은, 상대에게 무언가를 줄 때는 자신이 얻고자 하는 것을 분명히 하는 것이다. 내가 상대를 살피는 것처럼 상대 역시 내 필요가 무엇인지 살핀다. 이때 상대가 내 필요를 잘못 파악하면 상대는 주었음에도 나는 얻은 것이 아무것도 없는 상황을 맞을 수도 있다.

새롭게 일을 시작한 기업들은 보통 실적을 중요시한다. 그래서 어떤 경우에는 큰돈이 되지 않아도 자기 비용을 쓰면서까지 거래를 성사시키기도 한다. 그러나 사업이 어느 정도 궤도에 올라가면 이익의 크기가 주된 거래 이유가 되는데, 만약 기업 초기에 거래했던 상대라면 여전히 실적이 될 수 있는 거리를 가지고 낮은 가격을 요구할 수 있다. 상대가 의견을 제시한 후에 그것을 다른 것으로 바꾸게 하려면 매우 힘든 과정을 거쳐야 한다. 그래서 처음부터 내가 상대에게 얻고자 하는 것이 무엇인지 분명히 알리는 것이 훨씬 바람직하다.

예의에 벗어나지 않으면서 상대가 적극적으로 내 필요를 이해하고 받아들일 수 있도록 전달하는 방법을 연구하자. 얻고자 하는 게 있어서 상대와 거래하지만, 그것을 명확히 밝히는 과정에는 어느 정도 요령이 필요하다. 특히 상대가 자본가이거나 권력자인 경우에는 더욱 그렇다(요즘 대부분 소비자는 자신을 권력자로 생각한다). 그들은 자신의 힘과 위치를 이용해 상대에게 조금 주고 많이 받는 것에 익숙해졌기 때문이다.

기브 앤드 테이크의 균형을 유지하면 관계를 지속할 수 있다. 만약 좋은 관계를 유지해 왔던 상대의 반응이 언제부턴가 과거처럼 적극적이지도 긍정적이지도 않다면, 가장 먼저 기브 앤드 테이크의 균형이 깨지지 않았는지 살펴야 한다. 이것은 비즈니스 외에 다른 영역에서도 마찬가지다. 좋았던 기존의 관계가 멈칫하는 이유는 명확하다. 상대가 주고받음의 균형이 깨졌다고 느끼기 때문이다.

거래에서 기본적으로 유의해야 할 것이 있다. 내가 100을 얻으려면 상대에게 120 정도를 줘야 한다. 인간은 기본적으로 이기적이어서 자신이 100을 받고 상대에게 100을 주면 상대는 자신이 손해를 봤다고 생각한다. 주고받음의 균형에 관한 판단이 비용이나 노력의 객관성에 있지 않고 상대의 지각에 좌우되기 때문이다.

그래서 상대가 더 많이 가져가고 있다는 것을 확인시켜 줄 방법을 생각해야 한다. 공짜가 효과적인 이유가 거기에 있다. 1000원을 내라고 요구할 때와 공짜로 가져가라고 할 때 사람들의 반응은 하늘과 땅만큼 차이가 크다. 상대가 더 많이 가져가고 있다고 지각하게 하고 그것을 유지할 수 있을 때 더욱 효과적으로 거래를 반복할 수 있다.

기브 앤드 테이크 공식을 활용하면 윈윈win-win 개념의 '협상negotiation'을 쉽게 정의할 수 있다. '상대에게는 돈이 되지만 내게는 돈이 되지 않는 것을 주고, 상대에게는 돈이 되지 않지만 내게는 돈이 되는 것을 받는 것.' 단순하지만 명쾌한 정의다. 기브 앤드 테이크 공식을 이용해서 거래를 성공시키는 3단계 접근 방법을 정돈할 수 있다.

1단계, 자신의 필요를 분명히 한다.

거래를 시도하는 이유는 필요가 있어서다. 그것이 돈이든 명성이든 아니면 경험이든 자기에게 필요한 것이 있어서 거래하는 것이다. 따라서 성공적인 거래를 위한 첫 단계는 자신이 원하는 것, 자신이 필요로 하는 것을 분명히 하는 것이다.

자신의 필요를 분명히 하지 않은 상태에서 거래에 임하면 조금만 삐끗해도 상대의 첫 반응에 잘못된 대응을 하게 된다. 대부분 거래 상대들은 처음부터 쉽게 '오케이' 하지 않는다. 실제로 상대의 거절이 첫 번째 반응인 경우가 대부분이다. 내 관점에서 상대의 필요를 안다는 것은 상대방 입장에서는 내 필요를 아는 것과 같다. 상대가 필요로 하는 것을 제공하는 이유는 내가 원하는 것을 얻어내기 위해서다. 따라서 성공 거래를 위한 첫 단계는 자신의 필요를 명확히 하는 것임을 분명히 알자.

2단계, 상대가 원하는 것이 무엇인지 파악한다.

상대방도 나와 마찬가지로 어떤 필요가 있으니 거래에 응한 것이다. 상대가 필요로 하는 것이 실적인지, 돈인지, 아니면 다른 무엇인지 파악할 수 있어야 한다. 일반적으로 좋은 거래 상대는 자신의 필요가 무엇인지 밝힌다. 그리고 관계의 본질에 적합한 것을 요구한다. 뒷거래를 요구하거나 거래의 핵심과 관계없는 다른 것을 요구하는 경우, 지속적인 거래를 할 상대가 아니라고 판단해도 틀리지 않는다. 꼭 그와 거래를 해야 한다면 최악의 경우를 상상하면서 방법을 찾아야 한다.

3단계, 상대가 원하는 것을 제공하되 가장 돈이 덜 드는 방법을 찾는다.

상대는 자신의 필요를 해결하는 것이 중요하다. 그것을 위해서 내가 얼마나 힘을 기울일지의 문제는 전적으로 내 몫이다. 늘 최선의 노력을 다해야 하지만, 거래에 있어서 효율성의 가치는 거래의 성사 여부만큼 중요하다. 돈이 남아야 하기 때문이다. 그러나 자신의 돈을 덜 들이기 위해 거래 상대를 불편하게 하지 않도록 주의해야 한다. 한번 아마추어라는 평가를 받으면 다음 거래가 힘들어질 수 있다.

자신의 필요를 분명히 하고 상대가 원하는 것이 무엇인지 파악해서 제공하되, 가장 돈이 덜 드는 방법으로 제품과 서비스를 제안할 수 있다면 성공적인 거래가 될 가능성이 크다. 그리고 지불하는 것보다 자신이 받는 것이 크다는 상대의 지각이 유지된다면 거래 관계를 지속할 수 있다.

공식44 3단계 마케팅: 사람을 움직이는 네 가지 변수

사장이 연구해야 할 중요한 주제 중 하나가 '사람'이다. 아무리 좋은 제품과 서비스를 준비했어도 사람들이 사줘야 하기 때문이다. 실제로 마케팅은 사람을 움직이는 구체적인 방식이자 기술이다. 사장은 자신이 원하는 시기에 원하는 형태로 사람들을 움직이는 방법을 알고 있어야 한다. 먼저 사람을 움직이는 네 가지 변수에 대해 알아보자.

첫 번째 변수, '돈'과 '이익'이 사람을 움직인다.

김장철을 앞두고 한 할인점에서 배추를 한 포기에 500원씩 판매했다. 오픈 시간이 10시인데 아침 7시부터 사람들이 모여들기 시작했다. 마침 그날은 비가 와서 한 손에는 장바구니를 한 손에는 우산을 들고 있어야 했는데도 길게 줄을 선 사람들의 표정은 매우 밝았다. 당시 시중의 배추 한 포기가 2500원, 1인당 다섯 포기까지만 판매하니까 한 사람이 얻을 수 있는 최대 이익은 1만원 정도였다. 그런데도 수많은 사람이 빗속에서 우산을 들고 세 시간 이상을 불평 없이 기다린 것이다.

사람들은 자신에게 돈이 되고 이익이 될 수 있다고 판단하면 적극적으로 반응한다. 기대되는 이익의 크기가 클수록 반응은 더 적극적이다. 상황이나 환경을 아울러서 사람들이 기대하는 최소 이익의 크기를 넘어설 수 있으면, 돈과 이익은 사람들을 움직이게 하는 가장 쉽고 효과적인 방법이다.

두 번째 변수, '재미'와 '흥미'가 사람을 움직인다.

매년 10월이면 서울 여의도에서는 불꽃놀이 축제가 열린다. 토요일 저녁 8시부터 멋진 불꽃놀이를 보여준다. 행사가 진행되는 날 여의도는 인산인해를 이룬다. 차가 꽉 막혀 길에서 몇 시간씩 기다려야 하지만 아무도 불평하지 않는다. 이유는 단 하나다. 감탄과 환호를 일으키는 불꽃을 감상하기 위해서다.

프로야구와 프로축구에서는 박빙의 승부나 재미를 많이 주는 팀 경기 때 관중들이 많이 모인다. 결승전이나 챔피언 결정전일 때는 더욱 그렇다. 꼴등 팀이면서도 관중을 많이 몰고 다니는 팀이 있는 것은 승부와 무관하게 그 팀의 경기가 사람들에게 재미를 주기 때문이다. 사람들은 재미있다fun고 생각하거나 흥미interest를 느끼면 움직인다.

세 번째 변수, '관계'가 사람을 움직인다.

혈연, 지연, 학연, 조직 등의 관계를 갖게 되면 사람들은 움직인다. 처음 매장을 오픈하면 가족이나 친지, 가까운 친구들이 찾아온다. 그들은 꼭 필요하지 않아도 한두 가지씩 물건을 산다. 그래서 오픈 당일의 매출은 평상시보다 두 배 이상 높은 것이 보통이다. 결혼식장이나 장례식장에 가면 관계의 힘이 얼마나 대단한지 쉽게 체험할 수 있다. 대부분 봉투 하나씩을 들고 깔끔한 옷차림으로 찾아온다. 의례적인 인사와 축하, 격려가 오간다. 매우 형식적이라고 생각하면서도 사람들은 그렇게 행동한다.

인정하고 싶지 않으나 대부분 조직에는 파벌이 존재한다. 정치는 말할 것도 없고 가장 효율적인 의사결정이 이루어져야 할 비즈니스 조직에도 파벌이 존재한다. 그래서 자신의 라인에 속한 사람을 우선해서 배려한다. 길거리에서 우연히 만난 사람도 고향이 같으면 왠지 동질감을 느끼면서 쉽게 마음을 열게 된다. 요즘은 어느 기업에 속해 있는지가 그 사람을 평가하고 이해하는 기준이 되고 있다.

사람들은 가능한 한 자신에게 유리한 관계를 맺으려고 노력하고 투자한다. 그리고 그 관계를 최대한 활용하려고 한다. 그래서 관계는 사람을 움직이는 중요한 변수가 된다.

네 번째 변수, 사람은 습관으로 살아간다.

우리의 하루 생활은 90~95퍼센트가 습관적으로 이루어진다. 특별한 이유가 없으면 어제의 행동을 오늘도 반복한다. 아침이 되었으니까 일어나고 시간이 되었으니까 출근한다. 12시가 되면 점심을 먹으러 가고 저녁 6시가 되면 집으로 향한다. 습관적으로 TV를 켜고 습관적으로 신문을 읽는다. 공휴일에도 자명종 소리가 들리면 일어나서 화장실로 향한다. 그러다가 쉬는 날임을 깨닫고 다시 침대로 향한다.

넓은 장소에 가도 자기가 주로 앉는 자리가 있다. 같은 종류의 상점이 많아도 자주 방문하는 단골집이 따로 있다. 한 지점에서 다른 지점으로 이동할 때도 언제나 가던 길로 간다. 기존의 인식과 행동을 바꿀 만한 자극이 없으면 사람들은 습관적으로 행동한다. 거기에는 이유가 없다. 단지 관성만이 작용할 뿐이다. 습관은 사람을 움직이는 가장 무서운 힘이다.

사람을 움직이는 '최소 이익'의 크기를 알라

네 가지 변수 중에서 가장 일반적으로 사람들을 움직이는 힘은 돈과 이익이다. 특히 가장 영향력 있는 비즈니스 대상target인 주부의 경우 이익에 민감하게 반응한다. 그러나 쉽게 움직일 수 있다는 것은 쉽게 떠날 수 있음을 의미한다. 따라서 늘 이익을 중심으로 사람들의 반응을 끌어가는 것은 한계가 있다. 그러나 아직 나를 잘 이해하지 못하거나 내가 제안하는 제품과 서비스를 경험하지 못한 경우, 또는 새로운 제품과 서비스를 제안하는 등 어떤 일의 시작점이나 전환점에서 이익이라는 변수를 활용하면 대부분 좋은 결과를 얻는다.

사람을 움직이는 무기로 이익을 사용할 때는 '최소 이익의 크기'를 알아야 한다. 사람들은 자신이 얻을 수 있는 것이 일정 크기 이상의 가치가 있다고 느낄 때만 반응한다. 그래서 '무료' '공짜'가 힘을 발휘한다. 자신은 아무 대가도 치르지 않아도 된다고 생각하기 때문이다. 최소 이익의 크기를 제대로 알아야 이익이라는 무기를 효과적으로 사용할 수 있다.

어린아이와 10~20대에게는 재미와 흥미가 이익 못지않게 중요하다. 자기가 좋아하는 가수의 콘서트를 보기 위해 며칠 밤을 새우는 사람들은 모두 젊은 층이다. 아이들은 종일 재미를 찾아다닌다. 그래서 아이들에게 인기를 얻으려면 재미있어야 한다. 유의할 점은 아이들은 뻔한 결과에는 반응하지 않는다는 것이다. 과정과 결과가 모두 가변적일 때 더 열광적으로 반응한다.

반면 이들과 달리 성인 남자들은 주로 관계로 움직인다. 보통의 남자들은 단골 지향형이다. 동네의 특별할 것 없는 작은 술집들이 망하지 않고 운영되는 이유는 주 고객이 성인 남성이기 때문이다. 이들은 외부의 큰 자극이 없는 한 자신을 기억해 주는 집을 다시 찾는다. 이들은 자신이 사용해 온 브랜드를 쉽게 바꾸지도 않는다. 그래서 남자를 주 고객으로 사업하는 경우에는 그 사람을 기억해 주고 관계 형성을 위한 별도의 노력을 기울여야 한다.

이때 유의할 것이 있다. 첫 거래에 정성을 들여야 한다. 처음이 좋으면 다음 연결이 쉽지만, 첫 경험이 불쾌할 때는 부정적인 태도를 바꾸기가 거의 불가능하다.

습관은 어느 계층의 사람에게나 똑같이 영향력을 발휘한다. 그래서 습관은 사람을 움직이는 가장 강력한 동인動因이다. 알코올 중독, 마약 중독, 흡연 등이 사회적 이슈로 다루어지는 이유는 그 폐해를 심각하게 지각하고 나서도 습관으로 인해 행동을 바꾸지 못하기 때문이다. 사람을 움직이는 무기로써 습관을 갖게 한다는 것은 일종의 중독을 만들어내는 것을 의미한다.

변수를 조합하면 더 강력하다

각 변수를 두세 가지씩 조합해서 사용하면 반응은 더욱 증폭된다. 이미 관계가 형성되어 있는 집단에 이익을 더하면 매우 호의적인 반응이 나타난다. 경영기법 중 하나인 CRMcustomer relationship management이 대표적인 예다. 80퍼센트의 매출과 이익을 만들어내는 20퍼센트의 고객을 구분하고, 그들이 지속적인 고객이 될 수 있도록 특별 관리하는 방식이다. 생소한 용어이긴 하나 사실은 관계를 중심으로 이익을 덧붙여서 기존 고객을 유지하고 강화해서 기업의 이익을 극대화하는 노력의 하나인 것이다.

이익에 재미와 흥미를 더하면 더욱 효과적인 반응을 이끌어낼 수 있다. 그냥 선물을 주지 않고 즉석 복권 형태의 상품권을 제공하거나, 다트를 던져서 사은품을 받게 하거나, 돌아가는 통 가운데 손을 넣어서 선물 이름이 적힌 공을 잡게 하는 게임이 이런 경우다. 이익이 최종 목적이라 해도 이익 자체만 강조하면 사람들이 천박하게 느낄 수도 있고 자존심에 상처를 입을 수도 있다. 관계나 재미를 중심으로 진행하고 이익은 당연한 결과인 것처럼 제공하면 사람들은 훨씬 더 호의적으로 반응한다.

사람을 움직이는 최종 목표는 습관에 두는 것이 바람직하다. 좋은 의미에서 중독시키는 것이다. 일단 습관이 형성되면 웬만해서는 바꾸기 어렵다. 이미 내게 길들어진 고객을 경쟁 상대가 빼앗아 가려면 내가 고객과의 관계에서 큰 실수를 하지 않는 한 매우 큰 대가를 치러야 가능하다. 현실적으로 한번 습관이 형성된 고객을 빼앗아 가는 것이 어렵다는 뜻이다. 따라서 이익, 재미, 관계에서 시작되었더라도 마지막은 습관적으로 나를 찾아오도록 시스템화해야 한다.

자기 기업에 적합한 '3단계 마케팅' 정립하기

사람을 움직이는 네 가지 변수에 대한 이해를 바탕으로, 자기 기업에 적합한 '3단계 마케팅'을 정립하는 방식을 생각하자.

1단계는 고객이 방문할 수 있도록 고지告知하는 것이다. 2단계는 방문한 고객이 구매할 수 있는 환경을 갖추는 것이다. 3단계는 구매 고객이 재방문할 수 있는 장치를 마련하는 것이다.

제품의 품질은 3단계 중 어디에 영향을 미칠까? 품질은 구매가 아닌 재방문에 영향을 미친다. 첫 구매 시점에 상품의 질을 정확히 알고 구매하는 사람은 많지 않기 때문이다. 이미 사용해 본 경험이 있는 주변 사람들의 평가, 상품을 구매할 때의 현장 분위기, 할인 또는 무이자 할부 등 가격에 관련된 조건 등이 구매에 직접적인 영향을 미친다.

아이템의 특성, 경쟁 상황, 시기 등에 따라 다소 차이가 있으나 고객의 3단계 행동에 영향을 미치는 변수들은 대략 다음과 같다.

'방문'에 영향을 주는 것은 브랜드에 대한 호의적인 인식과 접근성인 경우가 많다. 적극적으로 알리지 않아도 고객들이 움직이는 동선에 위치함으로써 많은 사람이 방문하기 때문이다. 오픈 매장에는 '오픈발'이라는 것이 있다. 새로움에 대한 호기심이 사람들의 발길을 잡는 것이다. 이미 경험한 사람들의 추천도 방문을 유도하는 중요한 요소가 된다.

'구매'에 영향을 주는 것은 구매 시 현장 분위기와 관련된 변수들이 대부분이다. 판매 직원의 역할이 중요한 이유가 여기에 있다. 재킷을 고른 손님에게 그와 잘 어울리는 셔츠와 타이를 권하면 받아들인다. 손님이 요구하는 상품이 없어도 대체할 만한 다른 적절한 상품을 소개하면 구매가 쉽게 이루어진다. 비슷한 상품이라면 할인, 무이자 할부 등 가격 조건이 유리할수록 쉽게 구매한다. 인터넷 쇼핑몰이나 케이블 TV를 통한 홈쇼핑의 경우에는 상품에 대한 구체적인 정보와 이미 사용한 사람들의 의견이 영향을 끼친다. 애프터 서비스나 배송 같은 조건이 구매에 영향을 미치는 경우도 많다.

'재방문'에 영향을 주는 것은 주로 품질에 대한 평가와 호의적인 구매 경험 여부다. 자신이 구매한 상품에 대해서 만족한 경우에는 자연스럽게 주변 사람들에게 호의적인 입소문을 전달하기 마련이다. 자신에게 새 필요가 생기면 그곳을 재방문할 가능성이 크다. 판매원의 친절함과 세심한 애프터 서비스도 재방문에 영향을 미친다.

고객 대부분이 상품 구매 후에는 '괜찮았다'와 '별로였다'의 두 가지 중 한 가지를 기억하는데, '괜찮았다' 기억이 경험 고객을 재방문으로 이끈다. 이때 마일리지나 포인트 적립 등 금전적 보상을 하거나 고객 관리 등을 통해 특별한 관계를 형성하면 재방문에 긍정적인 영향을 준다.

3단계 마케팅 실행: 환경 세팅 → 재방문 장치 → 매력적인 고지

3단계 마케팅 실행의 첫째 행동은 방문 고객이 적극적으로 구매할 수 있는 환경을 세팅하는 것이다. 매장을 방문한 고객이 빈손으로 돌아가지 않게 한다는 생각으로 구매율과 객단가(고객이 1회 구매 시 사용하는 평균금액)를 높이는 방법을 지속해서 연구하자.

둘째 행동은 구매 고객이 재방문할 수 있도록 장치하는 것이다. 본인의 재방문뿐 아니라 다른 사람에게 추천하거나 호의적인 입소문을 퍼뜨릴 수 있도록 방법을 찾아야 한다.

그리고 목표 고객이 자신을 '방문'할 수 있도록 적극적으로 알리는 것이 셋째 행동이다. 자신의 강점과 차별성을 적절한 메시지와 매체를 통해 목표 고객에게 전달할 구체적인 방법을 준비해야 한다.

방문, 구매, 재방문을 유도하기 위한 자기 나름의 방법을 정립했다면, 그중에서 경쟁우위가 있고 차별화할 수 있는 효과적인 방법을 고르고 거기에 다른 방법을 매끄럽게 연결해야 한다. 전달할 메시지와 핵심 방법은 단순할수록 효과적이다. 한 가지 콘셉트를 중심에 두고, 단계별로 적절한 방법을 매끄럽게 연계시킴으로써 3단계 마케팅을 더욱 효과적으로 활용할 수 있다.

18

사장이 반드시 실천해야 할 세 가지 행동 원칙

자신의 비즈니스가 어떤 형태와 성격을 가졌는가에 관계없이, 사장이 찾아내고 풀어야 하는 초점focus 세 가지를 꼭 기억하자.

1. 자신의 목표 고객과 첫 거래 만들기
2. 경험 고객의 재방문(재구매)과 호의적인 입소문 만들기
3. 자기 기업에 적합한 '3단계 마케팅' 정립

이제 그 실행의 과정에서 사장이 다음 세 가지를 자신의 행동 양식behavior pattern으로 삼을 것을 권한다.

1. 효과效果의 때를 벤치마킹하라.
2. 양질전환量質轉換의 때까지 인내하라.
3. '만족'을 'Give' 하되 '사실寫實화'하라.

공식45	효과의 때를 벤치마킹하라

비즈니스 생태계에서 대부분 경영 이론가들은 효율을 연구하고 추구한다. 그래서 아직 효과의 시기를 넘어서지 못하고 생존을 도모하는 단계의 기업들은 외부의 도움을 받기는 쉽지 않다. '사장이 넘어야 할 다섯 개의 산' 중에서 '생존의 산'을 넘는 방식은 사장이 홀로 스스로 해내야 한다.

경영 지식이 풍부한 대학교수나 경영 컨설턴트들이 자신의 기업을 직접 경영할 때 좋은 결과를 내지 못하는 이유도 거기에 있다. 그들은 효율을 추구하는 데는 익숙해도 효과의 단계에 있는 기업을 경영하는 방식에 대해서는 일반인의 상식을 넘지 못한다. '생존의 산'을 넘는 방식에 대한 배움과 경험이 없기 때문이다.

앞서 '효과와 효율'의 패러다임을 설명할 때 비즈니스는 효율의 게임이며 효율을 추구하는 시기에 돈을 벌 수 있음을 강조하고, 효과를 얻으려는 사람에게 효율을 제공할 때 돈 벌기가 용이함을 설명했다. 그러나 효율을 추구하기 위해서는 먼저 효과의 시기를 거쳐야 함을 명확히 알자.

세간에 성공했다고 평가받는 기업들은 대부분 효율을 지향하는 형태로 나타난다. 그러나 현재의 효율적인 모습을 갖추기 전에는 예외 없이 시행착오를 포함하여 효과를 지향하는 시기를 지난다. 효과의 시기를 거친 후에 비로소 효율에 접근할 수 있다. 그러나 이미 성공한 곳으로 평가받는 기업들에서는 효과를 추구하던 시기의 과정이 쉽게 드러나지 않는다.

그래서 초보 사장이 비즈니스 관련 책을 읽을 때는 분석가의 책보다는 사업을 이끌었던 사람이 직접 쓴 책을 읽는 것이 좋다. 그래야 실용적으로 적용할 수 있는 구체적인 방식을 배울 수 있다. 효과의 시기에 헤매고 서툴던 과정을 통해 현재의 자기 모습을 투영할 수 있기 때문이다. 현재의 성공을 강조하는 분석가의 책에서는 효과를 지향하는 시기의 시행착오나 헛발질을 언급하지 않는다. 이미 성공한 모습을 이론적으로 정리해서 사람들이 잘 이해할 수 있도록 설명해 줄 뿐이다.

대부분 비즈니스 진행 과정에는 현재의 성공 뒤에 가려진 실패의 경험과 기록들이 숨겨져 있다. 사업을 진행하는 긴 시간의 관점으로 보면, 어떤 순간의 성공은 오히려 실패를 만들고 어떤 순간의 실패는 오히려 성공의 씨앗이 되는 경우가 비일비재하다.

유명한 배우가 되고 싶다면 이미 유명해진 사람의 현재 모습을 따라서 하려는 시도는 적절치 않다. 그가 무명 시절에 어떤 노력과 접근을 했는가를 살펴야 한다. 실제로 성공한 기업들의 시작은 대부분 작고 미미했다. 화려한 모습으로 박수를 받으면서 시작하는 사업은 없다. 처음부터 효율을 얻을 수 없기 때문이다. 배고프고 힘든 효과의 시기를 넘어서야 비로소 비즈니스 게임의 본선에 들어서는 것이다.

사업에 성공한 사람들이 공통으로 하는 말이 있다. "제 성공의 절반 이상은 우연이었습니다." 이 말은 결코 겸손의 말이 아니다. 정말 그렇다. 그러나 성공의 절반 이상이 우연이었다면 도대체 그들에게서 무엇을 어떻게 배울 수 있다는 것인가? 우연히 만난 시장 기회들, 우연히 찾아온 꼭 필요한 사람들, 어느 순간 번득 떠올랐던 꼭 필요한 아이디어들, 이제 끝났구나 하고 포기하려는 순간 다가온 도움의 손길들. 이 모든 것은 결코 우연히 얻어진 것들이 아니다. 뿌린 씨앗이 있었기에 맺힌 열매들이다.

실제로 우연이란 없다. 우연을 가장한 필연만이 있을 뿐이다. 고민하고 행동했던 사람, 그 시간을 극복했던 현장의 사람만이 알고 있는 이야기가 있다. 그것을 읽고 거기서 배워야 한다. 성공하기 이전에 치열하게 방법을 찾아서 고민하고 노력했던 시기의 모습들을 벤치마킹해야 한다.

공식 46 양질전환의 때까지 인내하라

아버지는 내가 다섯 살이 되었을 때 높은 곳에서 뛰어내리는 요령을 가르쳐주셨다. 반드시 두 발로 착지해야 한다는 것이었다. 그래야 다치지 않는다고 강조했다. 실제로 그렇게 했더니 한 발로 떨어질 때보다 훨씬 안정감을 느낄 수 있었다.

군대에서 이등병 시절에 제대를 두 달 앞둔 사수(선임병)에게서 야간 사격 요령에 대해서 배웠다. 그는 소대 내에서 야간 사격을 가장 잘하는 사람이었고, 그에게서 요령을 배운 나도 얼마 지나지 않아 야간 사격을 잘하는 사람으로 인정받게 되었다.

요령이란 모르는 사람에게는 특별한 것이지만 방법을 아는 사람에게는 그다지 특별한 것이 아니다. 다만 머리로 이해하는 것에서 멈추지 않고, 몸에 배게 해서 능숙하게 사용할 수 있는 상태를 유지하는 것이 중요하다. 이때 비즈니스맨으로서 사장이 지식을 추구할 때 유의할 것이 있다. 상황을 분석하는 지식이 아닌 '상황을 만드는 지식'을 추구하는 것이다.

절묘한 각도로 프리킥을 차는 선수가 상황을 만들어내는 지식의 소유자라면, 그 프리킥이 왜 유효한지 설명하는 해설가는 상황을 분석하는 지식의 소유자다. 어떤 기업이 왜 성공할 수밖에 없었는지 잘 설명하는 경영 컨설턴트가 상황을 분석하는 지식의 소유자라면, 3년이나 5년 후의 경쟁력을 상상하면서 기업의 체질을 다지는 기업가는 상황을 만드는 지식의 소유자다. 우는 아이의 심리 상태를 잘 파악하고 울음소리에 따라서 아이의 욕구를 구분해 내는 아동 심리학자가 상황을 분석하는 지식의 소유자라면, 업기만 하면 아이의 울음을 뚝 그치게 만드는 이웃 아주머니는 상황을 만드는 지식의 소유자다.

어떤 지식은 상황을 분석하면서 상황을 만들어내는 작용을 하기도 한다. 그러나 보통은 상황을 분석하는 지식과 상황을 만드는 지식이 구분된다. 상황을 분석하는 데는 도움이 되지만 자신이 원하는 상황을 만들지 못하는 지식은 경계해야 한다. 상황을 분석하고 이해하는 것은 자신이 의도한 결과를 만들기 위한 과정일 때 의미가 있다. 따라서 '안 되는 이유'와 '그렇게 할 수 없는 이유'를 설명하는 데 긴 시간을 할애하지 않도록 유의하자. 모든 비즈니스맨은 자신이 원하는 상황을 만들어내는 것에 초점을 두고, 그것을 구체적으로 구현할 방법과 접근 방식을 찾아서 열심히 노력해야 한다.

일한다는 것은 '방법을 찾으면서 진도를 나가는 것'이다. 구체적인 실행의 방식으로 앞서 설명한 '변수변환'은 매우 유용한 접근 방식이다. 주어진 상황이나 문제를 자신이 통제할 수 있는 형태로 바꾸어서 해결하는 방식을 적극적으로 연습하자. 장애물이 생길 때마다 변수변환의 요령을 사용하자. 문제의 현상 속에 숨겨진 본질을 캐치catch 하고, 문제의 해결책이 반드시 존재한다는 믿음을 갖고 구체적으로 문제를 해결하는 경험을 하자.

일정 이상의 양이 축적되면 질적 전환이 저절로 이루어진다. 이것은 우리가 사는 세상에서 반복되는 일종의 법칙에 가깝다. 양의 축적이 질적인 전환의 본질임을 꼭 기억하자. 자신의 비즈니스를 진행하는 방향이 맞으면, 쉽게 포기하지 말고 그러한 노력의 축적이 질적인 변화로 나타날 때까지 인내해야 한다. 그런데 양질전환量質轉換의 때가 언제인지 쉽게 알기 어렵다. 그래서 자신의 삶에서 바른 방향을 찾는 것이 중요하다. 그리고 자기 생각을 계속 발전시켜야 한다.

'되게 하는 습관'을 길러야 한다. 자신의 전략을 분명히 하고, 목표하는 바를 달성하고자 하는 열망과 구체적인 방법을 찾아서 행동하는 태도를 습관으로 만들어야 한다. 기회가 보이고 준비가 되었다고 생각하면 이제 시작하라. 그러나 작은 것에서부터 출발하라. 작은 것에서 큰 것으로, 쉬운 것에서 어려운 것으로 나아가며 자신이 가진 진실의 꼬투리를 키워가는 것이다. 안 되는 이유가 아니라 될 필요에 집중하면서 가능성을 키워가야 한다.

준비와 실행의 과정에 진심으로 집중하라. 스스로 설정한 목표에 도달하기 위해 전력투구해야 한다. 그러면 성과를 얻는다. 간혹 결과가 기대에 못 미치거나 예상치 못한 장애물을 만나서 고꾸라지기도 한다. 그 모습이 다른 사람의 눈에는 실패처럼 보일지 몰라도 시간이 지나면 그것은 성공의 씨앗으로 발아한다. 성공한 사람들의 진실한 기록을 꼼꼼히 살펴보라. 형태는 달라도 예외 없이 그런 과정을 지나왔다.

옳은 방향, 효과적인 방식을 정립하고 양量을 축적하라. 매일 아침 태양이 떠오르는 것처럼 자신의 목표를 향해 끊임없이 다가가라. 시간은 당신 편이다. 시간이 지나면 당신은 질적 전환의 과정을 경험하게 될 것이다.

공식 47 만족을 Give하되 사실화하라!

비즈니스의 핵심 단어는 '거래'다. 거래를 시작하고, 시작한 거래를 지속할 수 있으면 된다. 그래서 언제 어떤 방식으로 거래를 시작하고, 그 거래를 자신에게 유리한 방식으로 지속할 수 있을지 생각하고 방법을 찾는 것이 비즈니스 진행의 근간이다.

경영의 구루로 불렸던 피터 드러커는 새로운 고객을 모으고 기존 고객을 유지하는 것을 기업 활동의 핵심이라고 강조했다. 거래를 만들고 유지하는 것이 성공 비즈니스의 요체다. 그래서 비즈니스맨은 어떤 한 사람과의 거래, 특정 집단과의 거래, 불특정 다수와의 거래 등 자신의 상황에 적합한 거래를 성공적으로 반복할 수 있는 능력을 갖추어야 한다. 그래서 비즈니스 게임의 리더인 사장은 거래를 만들고 지속할 수 있는 자기 공식을 갖고 있어야 한다.

비즈니스를 성공으로 이끄는 핵심 단어는 '차별화'다. 차별화란 고객에게는 새로움이고, 경쟁자에게는 경쟁우위이고, 기업에는 자신의 핵심 역량이 중심이 된 전략이다. 차별화를 만드는 개념은 앞서 설명한 '세 개의 원' 그림으로 쉽게 설명된다. 고객의 원에 속하면서 업계 경쟁자들이 간과하고 있는, 그리고 자신의 핵심 역량을 바탕으로 고객의 숨겨진 욕구와 필요를 채워줄 수 있도록 사업화하는 것이다.

고객과의 첫 거래를 위해서는 고객 만족의 영역에 속한 변수 중 하나를 해결할 수 있는 구체적인 방법을 제공하면 된다. 첫 거래를 성공한 후에는 만족의 영역에 있는 핵심 변수를 기업의 핵심 강점으로 유지하도록 지속해서 투자하고, 불만족의 영역에 있는 변수들에 대해서 업계 평균을 유지하도록 노력하면 된다.

이 과정에서 자신의 상품을 매력적으로 사실화寫實化할 수 있는 자기 나름의 방법을 준비하고 실천해야 한다. 사실화를 위한 아이디어는 책, 기사, 시장조사 등을 통해 구체적인 형태와 방법들을 배우고 흉내 낼 수 있다. 아이디어 자체의 독창성보다는 자기 상품의 강점과 목표 고객 만족의 영역에 있는 핵심 변수를 효과적으로 연결할 수 있는 아이디어를 찾아내는 것이 중요하다.

거래를 만들고 유지하는 자기 성공 공식은 무엇인가?

첫째, 목표 고객의 '만족 블랙박스' 속 변수를 건드려야 한다. 불만족 블랙박스 속 변수는 평판을 좋게 할 뿐이지 돈이 지불되는 거래는 일어나지 않는다.

둘째, 기브 앤드 테이크 공식을 적용하라. 목표 고객 또는 거래할 상대를 상상하면서, 상대가 주는 것give보다 받는 것take이 더 많다고 생각할 수 있도록 하면 된다. 대부분 평가는 주관적으로 이루어진다. 따라서 상대로 하여금 자신이 준 것보다 받은 것이 더 크고 많다는 지각perception이 유지되도록 있도록 노력해야 한다. 고객들은 자신의 기대보다 약간 더 큰 만족이 제공될 때 준 것보다 받은 것의 크기가 더 크다고 생각한다.

셋째, 그 내용을 가시화할 방법을 찾아서 실행해야 한다. 자신이 가진 진실을 상대에게 효과적으로 사실화할 수 있는 연결점이 필요하다. 좋은 상품을 가지고 있다면 그 상품이 좋은 것임을 상대가 확인할 수 있도록 장치하는 것이다. 상대의 긍정적인 지각을 만들어낼 어떤 자극 또는 메시지를 찾아야 한다. 그리고 진실을 지각한 고객이 자신을 방문, 구매할 수 있는 계기를 제공해야 한다.

모든 비즈니스 과정에 꼭 들어 있는 광고와 홍보의 본질은 '진실의 사실화寫實化'다. 목표 고객의 만족 블랙박스를 건드릴 수 있는 상품을 준비하고, 잠재 고객의 기억 속에 차별화된 지각을 만들어야 한다. 자신의 진실과 상대가 듣고 싶은 내용을 연결해서 사실화할 때 가장 효과적이다. 그리고 그것을 단순화시켜서 전달할 수 있어야 한다. 한 번에 한 가지만 전달하는 것이 효과적이다. 우리가 도달하고자 하는 브랜딩 활동의 핵심이자 본질은 '잠재 고객의 기억 속에 브랜드 고유의 차별화된 인식'을 심어주는 것, 즉 자신이 가진 '진실을 사실화' 하는 것이다.

비즈니스를 실행으로 옮길 때는 단 하나의 문장, '만족을 Give하되 사실화하라!'를 기억하고 실천하길 바란다.

제5부

비즈니스 프로세스

사업을 성공으로 이끄는 10단계 실전 로드맵

비즈니스 진행 과정에서
평범한 사람이 타고난 재능을 가진 사람을 이기기 어렵다.
그의 본능적인 행동이 비즈니스의 핵심을 건드리기 때문이다.

그러나 한 가지 이기는 방식이 있다.
적절한 프로세스를 알고 실행하면 된다.

사업을 시작하는 시점에서는
타고난 재능을 가진 사람보다 불리할지 몰라도
일단 프로세스에 익숙해지면
평범한 사람의 끈기가 타고난 재능을 가진 사람을 능가한다.

사업 경험이 없고 미숙한 초보 사장도
프로세스를 밟으면서 의미 있는 성공에 접근할 수 있다.

19

비즈니스 프로세스 10단계의 원리

지구상에 존재하는 생물의 행동을 이해하기 위해서는 두 단어를 알아야 한다. 하나는 '생존'이고 또 하나는 '번식'이다. 식물이든 동물이든 곤충이든 모든 생물은 생존하고 번식하기 위해 행동하고 환경에 적응하고자 노력한다. 생존과 번식을 위한 각 종種의 필사적인 삶은 먹이사슬이라는 순환 고리로 연결된다. 순환의 테두리 내에서 생존과 번식의 균형이 유지된다.

순환의 고리가 끊어지면 자연의 생태계는 무너진다. 이러한 순환의 원리는 사업과 비즈니스에도 그대로 적용된다. 실패를 피하고 성공 확률을 높이는 데 필요한 순서 있는 행동이 순환의 테두리 안에서 반복된다. 그림으로 표현하면 다음과 같다.

그림 19-1 **비즈니스 프로세스 10단계**

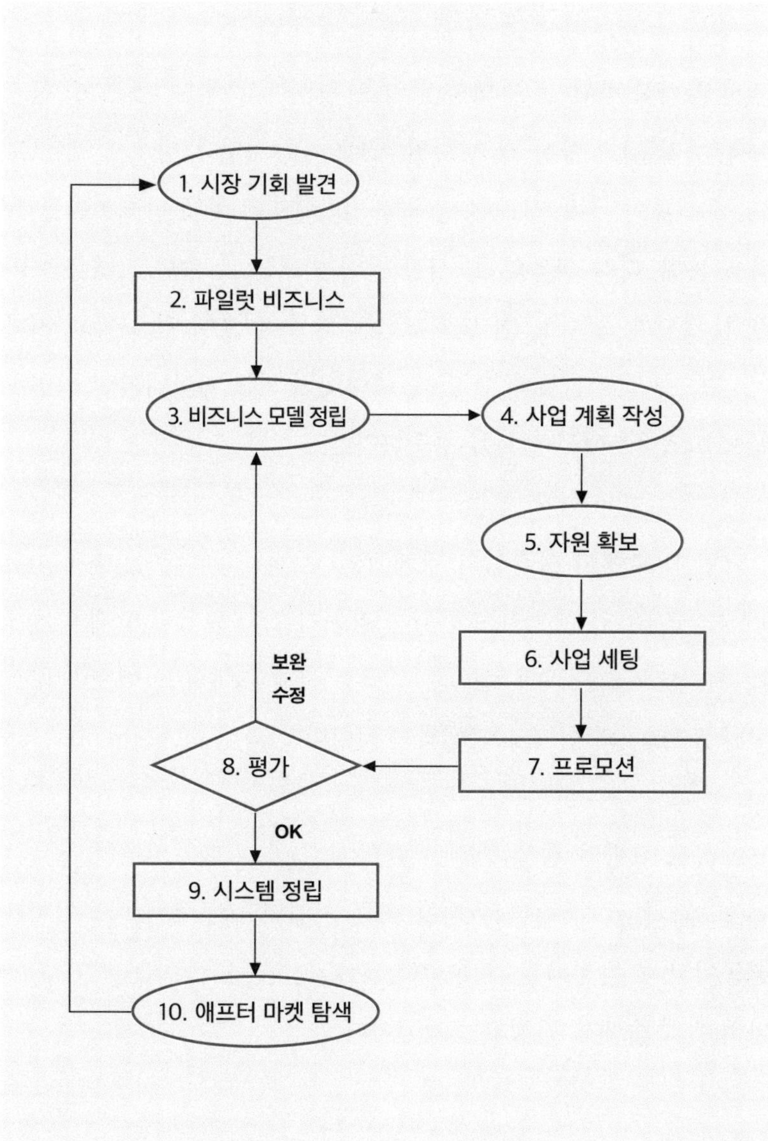

성과를 반복적으로 창출하는 10단계 구조

1. 시장 기회 발견 → 2. 파일럿 비즈니스 → 3. 비즈니스 모델 정립 → 4. 사업 계획 작성 → 5. 자원 확보 → 6. 사업 세팅 → 7. 프로모션 → 8. 평가 → 9. 시스템 정립 → 10. 애프터 마켓 탐색이라는 과정을 통해, 다시 처음의 '1. 시장 기회 발견'으로 순환 고리를 이어간다. 10단계 중 어느 한 단계도 생략할 수 없으며 앞 단계를 지나야 다음 단계로 진입할 수 있다. 이렇게 순서를 밟아나가면 자연스럽게 비즈니스에서 성과를 창출한다.

그림 19-1에서 사각형의 단계(파일럿 비즈니스, 사업 세팅, 프로모션, 시스템 정립)는 구체적인 행동이 수반되는 활동이고, 타원형의 단계(시장 기회 발견, 비즈니스 모델 정립, 사업 계획 작성, 자원 확보, 애프터 마켓 탐색)는 머릿속 구상이나 도상圖上의 형태로 진행되는 것이다.

그리고 그림의 왼쪽(시장 기회 발견, 파일럿 비즈니스, 비즈니스 모델 정립, 평가, 시스템 정립, 애프터 마켓 탐색)은 개인 또는 기업의 내부에서 이루어지는 활동이고, 오른쪽(사업 계획 작성, 자원 확보, 사업 세팅, 프로모션)은 기업 외부와의 관계 속에서 진행되는 활동이다.

20

1~3단계 프로세스

핵심 역량을 구축하고 확인한다

비즈니스는 기회market opportunity를 포착하는 것에서 시작된다. 거래를 만들 수 있는 어떤 '거리'를 보는 것이다. 그 모양이나 형태는 시대와 상황에 따라 그리고 그 기회를 보는 사람에 따라 다르다. 기회를 포착한 뒤에는 그것을 사업으로 연결하는 접근 방식(사업 전략)을 세우고, 그 전략을 의도대로 실행할 수 있는 실행 역량(전술적 역량)을 확보한다. 즉, 사업의 준비와 실행은 다음 순서로 진행된다.

1. 새로운 기회 포착
2. 기회를 사업으로 풀어갈 수 있는 전략 수립
3. 전략을 효과적으로 실행할 수 있는 전술적 역량 확보
4. 기회-전략-역량을 한 방향 정렬 되도록 관리

논리적으로는 1→2→3→4 순서로 진행하는 것이 맞지만, 현실에서는 3→1→2→4 순서로 진행되는 경우가 더 많다. 현실에서 진행 순서가 바뀌는 이유는 단순하다. 실행에 필요한 전술적 역량을 확보하는 3번 단계에 긴 시간이 소요되기 때문이다. 자기 사업을 생각하는 예비 사장이라면 3번 단계(전술적 역량 확보)를 충실하게 준비하는 것이 중요함을 꼭 기억하자.

공식 48	business process step 1. **시장 기회의 발견**

어떻게 기회를 포착하는가?

날씨 좋은 가을 오후에 인사동의 조그만 카페에 앉아 있던 30대 남성에게 카페 주인이 불편한 얼굴을 내보이며 말했다. "손님, 주말에 이렇게 혼자 오래 앉아 계시면 영업에 지장이 있습니다. 그만 일어나주시면 좋겠습니다." 당시 여러 가지 사정으로 궁핍한 형편이었던 그는 초라해지는 마음에 얼른 자리에서 일어날 수밖에 없었다. 자존심이 상한 탓에 분한 마음이 들기도 했으나 또 한편으로 장삿속만 따지는 각박한 현실에 안타까움이 겹쳤다.

그러다가 번뜩 떠오르는 것이 있었다. '오랫동안 앉아 있어도 쫓

그림 20-1 1~3단계: 시장 기회 포착과 파일럿 비즈니스를 통한 확인

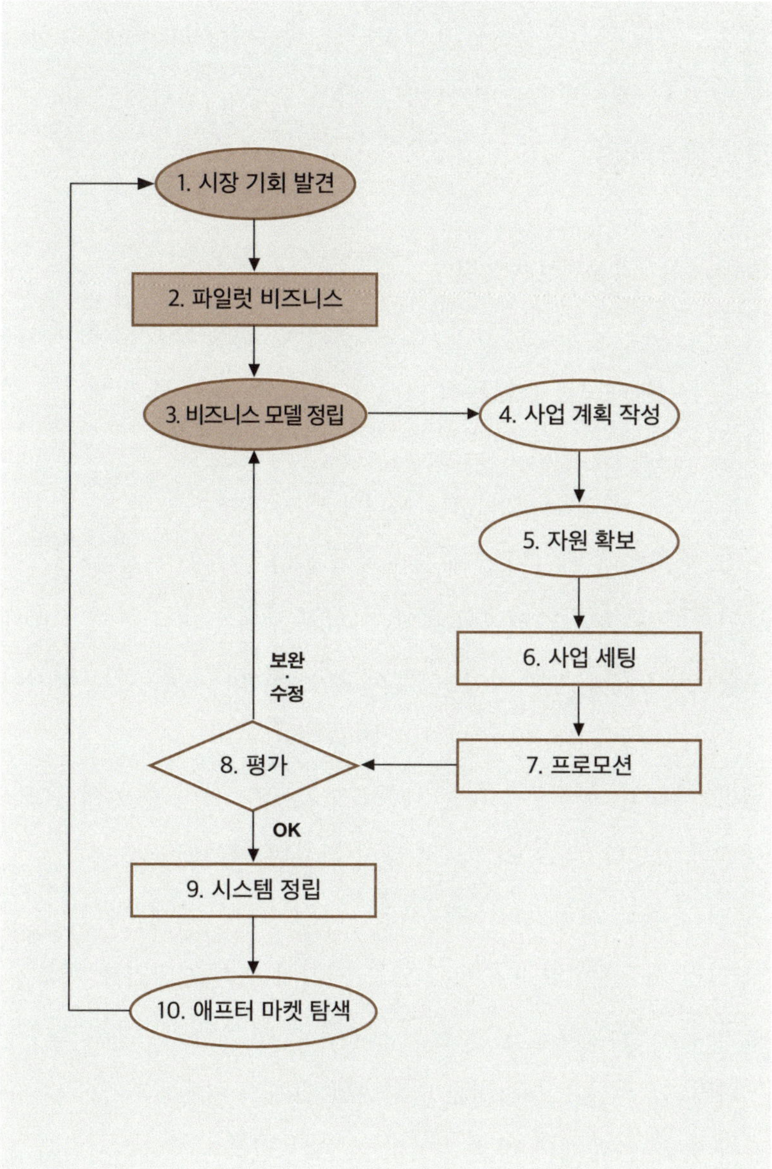

겨날 걱정 없는 편안한 카페를 만들면 어떨까?' 지금은 그 힘이 약해져서 사람들의 관심에서 멀어졌지만, 한동안 스타벅스에 대항할 수 있는 한국형 카페로 평가받던 지승룡 소장의 '민들레영토'는 그렇게 시작되었다.

Before 시기의 숨겨진 씨앗 찾기

세상의 모든 일에는 반드시 Before 과정이 존재한다. 다만 Before 과정이 외부에서는 파악되지 않기에, 마치 바로 Do로 진행되는 것처럼 오해하고 착각한다.

객관적인 시장 기회가 모든 사람에게 기회가 되는 것은 아니다. 먼저 그 기회가 자신의 눈에 들어와야 한다. 그리고 그것을 자신의 사업으로 연결할 수 있어야 한다. 기회가 눈에 들어오고 그 기회가 사업으로 연결되는 과정에는 그 사람의 삶 속에 녹아 있는 강점이나 핵심 역량이 밑바탕이 된 경우가 많다.

대중목욕탕에서 옷을 벗는 사람들의 속옷 색깔이 흰색 하나였던 시절이 있었다. 요즘 젊은 세대들이 들으면 의아해할지 몰라도 35년 전의 한국 사람들의 속옷 색깔은 오직 하나, 흰색뿐이었다. 당시 인기 개그맨이었던 주병진 씨는 여기서 기회를 발견해 패션 속옷 사업을 생각했다.

외의外衣 시장은 가격대별 연령대별 이미지 차별화가 모두 이루어져 있고 수백 개의 경쟁 기업이 있는 데 반해 내의內衣 시장은 쌍

방울, 백양, 태창 3사가 85퍼센트 이상의 시장을 점유하고 있었다. 게다가 빅3의 분할 점령으로 신제품 개발이나 디자인 개발, 품질 개발은 제자리걸음을 하고 있었다.

검정 팬티, 무지개색 브라, 야광 팬티 등 소비자의 선택지를 넓혀서 생산자 중심의 체제를 소비자 중심의 체제로 바꾼다면 승산이 있어 보였다. 당시 1조 2천억 규모의 속옷 시장에서 1퍼센트만 건져도 120억이 가능하다는 계산이 나왔다. 백 개 중 하나라면 해볼 만했다.

주병진 씨가 패션 속옷에서 기회를 본 것은 새로운 것을 시도하는 데 익숙한 그의 습관과 무관하지 않다. 〈일요일 밤의 대행진〉이나 〈주병진쇼〉를 통해 알려진 그의 순발력과 기존 질서에 얽매이지 않으려는 노력이 기존에 없던 새로운 것을 상상하게 했을 수도 있다. 어릴 적부터 회사를 만들고 사장이 되어야겠다는 욕구가 있었다는 것은 후에 알려진 사실이다.

이미 유명인이었던 그는 자신의 직관을 믿고 패션 속옷 사업을 구체화하기 위해 밑바닥에서부터 이를 악물고 뛰었다. 그는 기본 원칙에 충실하면서도 사업에서 운의 중요성까지 알고 있던 사람이었다. 어찌 되었든 대한민국 모든 사람이 의심 없이 수십 년간 입어 온 속옷 색깔이 그로 인해서 바뀌게 된 것은 분명하다.

기회의 본질

기회란 직관이며 어떤 사업이나 주제 또는 전문 영역에 대한 몰입이다. 시장에서 기회를 포착한 사람들은 자신의 관심 영역에 몰입한 사람들이었다. 실제로 모든 사업 아이템은 그 시대를 사는 사람에게는 모두 똑같은 기회다. 그래서 '객관적 시장 기회'다. 중요한 것은 '자기만의 시장 기회'를 발견하는 것이다.

다른 사람이 몰라서 못 하는 것은 진짜 기회가 아니다. 빅 아이디어는 이미 사업 기반을 가진 사람에게만 기회가 된다. 다른 사람이 모두 쉽게 접근할 수 있는 것도 진짜 기회가 아니다. 영업력, 자본력, 타이밍이 승부를 좌우하기 때문이다. 자신에게 실행 능력이 갖추어지지 않았을 때 주어지는 기회도 진짜 기회가 아니다. 기회를 보고 실행력을 갖추는 것은 대부분 현실적이지 않다.

'남들이 알아도 못 하는 것'을 찾아내고 거기에 '자신이 능숙하게 진행할 수 있는 것'을 덧붙일 때, 자신의 사업 기회가 만들어진다. 즉 '자기만의 시장 기회 = 경쟁자가 알아도 못 하는 것 + 자신이 능숙하게 진행할 수 있는 것'이라는 공식이 성립한다.

경쟁자가 알아도 못 하는 것이란 시장이 너무 작아서 사람들이 관심을 두지 않은 것, 핵심 노하우가 없거나 남는 게 거의 없어서 경쟁자가 도외시하는 것, 진입장벽이 높고 힘들어서 못 하는 것도 포함된다. 경쟁자가 관심을 두지 않으면서 자신의 실행력이 뒷받침되는 곳에 자기의 시장 기회가 존재한다.

그래서 자신이 오랫동안 해왔던 일의 주변에 자기만의 시장 기회가 숨어 있을 가능성이 크다. 다른 사람은 어려워하는 것이지만 자신은 쉽고 능숙하게 처리할 수 있는 일이 많기 때문이다. 만약 완전히 새로운 영역에서 사업을 시작할 때는 하고자 하는 일의 핵심 변수를 알고, 각 변수와 관련한 지식과 경험을 축적하기까지 수년간의 준비가 필요하다.

좋은 사업 기회는 자신의 신념이 담겨 있고 자기 자신을 잘 정리해서 표현하는 곳에 있다. 그래서 스스로 배우고자 하는 것, 성취하고자 하는 것의 연장선에서 더 쉽게 기회를 찾을 수 있다. 새로운 지평을 열 만한 아이디어를 통해 성공을 거둘 기회는 대부분 코앞에 있다. 또한 좋은 아이디어가 순조롭게 사업으로 이어지는 경우가 거의 없다는 것도 기억하자. 독창적인 아이디어는 실행의 과정에서 큰 어려움을 겪는 것이 보통이다.

공식 49

business process step 2.

파일럿 비즈니스로 기회 확인하기

자신의 눈에 들어온 시장 기회가 본인이 원하는 형태로 쉽게 풀리는 경우는 거의 없다. 멀리서는 단순하게 보였던 것이 가까이 가보면 어떻게 접근해야 할지 모를 만큼 복잡한 모양을 하고 있을 때가 많다. 자신이 포착한 기회를 현실로 구현하는 과정에는 온갖 장애물과 어려움이 존재한다.

그래서 시장 기회를 포착한 후에 반드시 거쳐야 할 단계가 있다. '파일럿 비즈니스pilot business' 과정이다. 이 말은 통계 조사 등에 쓰이는 파일럿 서베이pilot survey의 개념에서 내가 따와서 만든 말이다. 본 비즈니스를 시작하기 전에 자신이 포착한 시장 기회가 정말 그런지 확인하고, 그 기회를 자신의 사업으로 성공적으로 연결하기 위하여 검토해야 할 핵심적인 사항들과 외부 변수들이 무엇인지 찾아내는 과정이다.

시장 기회를 다시 한번 확인하라

파일럿 비즈니스를 통해 첫 번째로 확인할 것은 자신이 본 시장 기회가 정말 기회인지 확인하는 것이다. 지금은 껌 시장을 장악한 자일리톨 껌도 처음 출시되었을 때는 실패한 상품으로 평가되었다. 아무도 사주지 않았기 때문이다. 아무리 의도가 좋고 뛰어난 상품이라 해도 그것이 고객에게 받아들여지는가는 별개의 문제다. 정말 수요가 있는지 확인해야 한다. 그리고 그 수요가 자연스럽게 일어날 수 있는 것인지 아니면 어떤 구체적인 노력과 과정을 거쳐야 이루어질 수 있는 것인지도 알아야 한다.

둘째는 자신이 얻으려는 성과와 관련하여 치러야 할 대가가 무엇이며 그 사업에 영향을 주는 변수가 무엇인지 확인하는 것이다. 외부에서 보이는 성과와 그 성과를 얻기 위해 치러야 하는 대가는 별개다. 외부에서는 성과만 보인다. 실제 상황 또는 유사한 상황에 들어가 봐야만 어떤 대가를 치를지 알 수 있다. 주병진 씨가 네 가지 품목의 패션 속옷 시제품 3500장을 만드는 데 1년 8개월이 걸렸다고 한다. 원단, 봉제, 밴드, 라벨, 케이스 등 각 작업 공정마다 매번 해결해야 할 어려움과 장애물이 있었기 때문이다.

파일럿 비즈니스의 겉모습은 본 비즈니스와 다르지 않다. 그러나 목적에 큰 차이가 있다. 파일럿 비즈니스는 경험과 배움이 목적이다. 그 과정에서 돈이 되면 좋지만, 돈이 되지 않아도 문제 되지 않는다. 실패의 요소들과 현실적이고 효과적인 접근 방식을 찾아낼 수 있는 모티브를 얻을 수 있는 어려움을 많이 겪을수록 파일럿 비즈니스의 가치는 더 높아진다. 본 사업을 하는 데 영향을 주는 변수들을 파악하고, 그것을 어떤 방식으로 소화할 것인지 찾는 것이 주된 목적이기 때문이다.

셋째는 자신이 포착한 기회에 접근할 수 있는 현실적이고 효과적인 사업 방식을 찾는 것이다.

이랜드의 자기 방식 찾기

지금은 패션 유통 기업으로 성장한 이랜드는 1980년, 이화여자대학교 앞 골목에서 보세 옷을 취급하는 작은 가게 '잉글랜드'로 시작했다(국가명을 브랜드 이름으로 사용할 수 없다는 규제를 피해 '이랜드'로 브랜드명을 바꿈). 이후 교복 자율화 등으로 촉발된 수요를 감당하기 위해 이랜드, 브렌따노, 언더우드 등 자체 브랜드에 자체 디자인과 생산력으로 상품을 공급하는 운영 방식을 채택했다. 고급스러운 디자인의 옷을 부담스럽지 않은 가격으로 판매했던 것이 그 시대 소비자들의 욕구를 만족시켰다.

이랜드는 디자인, 생산, 영업 모두에서 자기 나름의 독특한 비즈니스 모델을 구상했다. 먼저 디자인은 해외 유명 브랜드들을 충분히 연구한 후에 우리나라 수요에 맞게 변형했다. 생산은 철저하게 위탁 생산 방식을 취했다. 회사 내부에는 아이템별 생산 관리자만 두었을 뿐, 생산은 모두 노하우를 가진 공장에 맡겼다. 유통은 프랜차이즈 방식을 취했다. 당시의 패션 브랜드가 당연하게 생각한 백화점이 아닌 로드숍을 중심으로 가맹점을 늘려간 것이다.

물론 그 과정에서 수 없는 시행착오를 겪었다. 다행히 1980년대 초반 점포 임대 비용은 지금보다 훨씬 저렴한 편이었다. 폭발적인 사회적 수요가 있는 상황에서 이랜드 가맹점들이 돈을 많이 번다는 소문이 났고, 매장 숫자는 짧은 기간에 기하급수적으로 늘었다.

지금은 프랜차이즈 방식이 판매망을 늘려가는 기본 상식처럼 되어 있지만, 이랜드 초창기 때는 국내에서 프랜차이즈 방식이 통용되기 어렵다는 평가를 받던 시절이었다. 그러나 결과적으로 박 회장의 비즈니스 모델은 자본 없고 경험 없는 작은 회사를 디자인,

생산, 영업 모두에서 기존의 대기업들과 당당하게 경쟁하는 힘을 갖게 했다.

파일럿 비즈니스의 목적

파일럿 비즈니스 과정은 본 비즈니스의 축소판이다. 규모가 작을 뿐 본 비즈니스에서 필요한 요소들은 모두 확인할 수 있다. 그래서 사업 진행에 필요한 핵심 역량의 파악과 해당 역량을 가진 사람들과의 관계를 확보하는 부수적인 효과도 얻을 수 있다.

파일럿 비즈니스의 목표는 자신이 포착한 시장 기회를 극대화할 수 있는 적절한 비즈니스 모델을 정립하고, 효과적이고 현실적인 사업 계획을 수립하는 데 있다. 의도된 실패 또는 의도된 고생이라고 생각해도 무방하다. 그렇게 하는 것이 길게 보았을 때 치르는 대가가 더 작기 때문이다.

사업 경험자 중 많은 사람이 자신이 오랫동안 일한 분야에서 시장 기회를 찾으라고 조언한다. 그것이 의미 있는 이유는, 해당 영역의 핵심 변수에 대해서 이미 충분히 알고 있고 어떻게 접근하는 것이 효과적인지 쉽게 찾아낼 수 있기 때문이다.

파일럿 비즈니스는 꼭 필요한 과정이며 비즈니스 프로세스에서 실패를 줄이고 성공을 강화하는 가장 효과적인 행동이다. 만약 그 과정 없이 본 비즈니스에 들어가면 첫 번째 비즈니스가 파일럿 비즈니스가 될 가능성이 크다. 물론 실패를 통해서도 배울 수 있는 것이 많겠지만, 자신이 목적하고 계획해서 파일럿 비즈니스를 하는 것과 어쩔 수 없는 실패 경험을 통해 배우는 것은 큰 차이가 있다. 자신이 오랫동안 해왔던 능숙한 영역을 제외하고는 반드시 파일럿 비즈니스 과정이 필요하다는 것을 꼭 기억하길 바란다.

공식50 business process step 3. 사업을 시작하고 유지할 모델 정립하기

우연이든 필연이든 시장 기회를 발견했다면 어떤 방식으로 자신의 사업을 풀어갈 것인가는 전적으로 사업자에게 달려 있다. 이때 어떤 비즈니스 모델을 가질 것인가는 매우 전략적인 결정이 된다. 자신이 이미 가진 강점이나 노하우 등을 활용할 수 있으면 가장 좋다. 또 자신이 다루려는 아이템의 특성을 고려해서 경쟁우위를 유지할 수 있는 방식일수록 바람직하다. 자신이 가진 자원resources의 크기가 어떠한가도 고려해야 한다. 비즈니스 모델을 정립한다는 것은 자신의 사업을 어떻게 시작하고 확대해 갈 것인가에 대한 전체적인 그림과 구체적인 접근 방식을 정하는 것이다.

비즈니스 모델을 정립하는 단계에서는 네 가지를 생각해야 한다.

1. 어떻게 사업을 시작할 것인가
2. 어떤 방식으로 사업을 확대할 것인가
3. 그 과정에서 필요한 핵심 역량을 어떻게 구축할 것인가
4. 핵심 수익 모델을 무엇으로 할 것인가

최고의 품질로 승부한 총각네 야채가게

트럭 행상을 통해 장사의 기초와 사업자금을 확보한 총각네 야채가게의 이영석 사장은 다섯 명의 후배를 데리고 1997년에 서울 대치동에 첫 가게를 낸다. 상품은 철저하게 가락동 농수산물 시장에서 직접 맛을 본 후에 구매하는 방식을 취했다. 최고의 상품을 찾아내는 자신만의 노하우가 이미 정립되어 있었기 때문이다. 그리고 당일 구매한 상품은 당일 판매를 원칙으로 했다.

폐점 시간이 되어서도 남아 있는 야채는 도보(물건을 들고 주변의 식당에 팔러 나가는 것)를 나갔다. 생선을 팔면서도 가게에는 냉동고를 두지 않았다. 당일 판매 원칙에 대한 예외를 두지 않기 위해서다. 이러한 운영 방식은 이영석 사장이 '최고의 품질'을 자신의 비즈니스 모델의 중심에 두고 있었기 때문이다.

이 사장은 직원들에게 자신이 가진 노하우를 모두 전수했다. 그리고 더 이상 가르칠 것이 없다고 생각되는 사람은 분가分家 방식

으로 독립시켰다. 자신의 방식을 충분히 이해하고 행동하는 사람들을 통해 사업을 확장해간 것이다. 단순하지만 가장 효과적인 방식으로 총각네 야채가게의 명성이 쌓여갔다.

이영석 사장은 초창기에 함께 일하던 사람들에게는 가맹비나 로열티 없이 자신의 경험과 노하우를 전했다. 그러나 그 이후에는 일정 금액의 가맹비와 교육비 등을 받았다. 이전 가게에는 없던 냉동창고도 이후에는 꼭 필요한 것이 되었다. 사업을 운영하는 방식이 확대되었기 때문이다. 이전의 방식과 다르다고 해서 무엇이 옳고 그르다고 평가할 수는 없다. 어떤 방식으로 사업을 전개할 것인가는 철저하게 필요에 따른 선택일 뿐이다.

남성 속옷에 집중한 좋은사람들

좋은사람들의 주병진 씨는 사업 초기에는 남성 속옷에 집중했다. 첫 브랜드 '제임스 딘'에서 시작해서 '보디가드' 등으로 브랜드를 확장할 때도 남성 속옷이라는 초점은 변하지 않았다. 일반적인 상식으로는 시장이 훨씬 큰 여성 속옷이 우선일 수 있었지만, 자신이 가진 자본의 크기로는 여성 속옷에 접근하기 어려웠기 때문이었다. 현실적인 제한으로 어쩔 수 없는 선택이었지만 매우 전략적인 결정이었다. 그러나 어느 정도 자본력을 갖추게 되고 속옷에 대한 노하우를 확보한 후에는 여성 속옷 분야에도 진출했다.

위탁 생산과 프랜차이즈 유통으로 급성장한 이랜드

이랜드의 박성수 회장은 보세 옷을 떼어다가 판매하는 방식으로 사업을 시작했다. 본인의 타고난 감각을 활용하고 적은 자본으로 시작할 수 있었기 때문이다. 이 과정은 본인의 의지와 관계없이 고객의 수요를 확인하는 파일럿 비즈니스가 되었다. 이후에 몇 개의 점포를 추가하면서 보세 옷 판매의 한계를 느끼면서 본격적인 사업을 위해서는 상품을 직접 생산하는 방식으로 가야 한다고 생각했다.

공장을 세울 만한 자금도, 노하우도 없는 박 회장이 시도한 방식은 기존의 생산 공장 노하우를 활용할 수 있는 위탁 생산이었다. 동시에 진행한 것이 위탁 판매 형태의 프랜차이즈 유통이었다. 위탁 생산 방식과 프랜차이즈 유통 방식의 상호 작용을 통해 상품 공급 능력을 키웠다.

그러나 이 과정에서 중요한 것이 위탁 생산을 담당하는 생산 관리자와 프랜차이즈 가맹점을 관리하는 영업 관리자의 역할이었다. 그래서 박 회장은 회사 초기부터 직원들의 교육에 많은 투자를 했다. 굳이 대학 졸업자가 하지 않아도 되는 분야에도 고급 인력을 투입했다. 이랜드가 초창기 직원 교육에 쏟은 투자는 당시 대기업 수준을 훨씬 뛰어넘는 것이었다. 그 결과로 이랜드 직원 대부분이 사회적 경험이 거의 없는 초년생들로 이루어졌음에도 불구하고 짧은 시간 내에 제 역할을 충분히 감당할 수 있게 되었다.

기업의 핵심 역량은 쉽게 바뀌지 않는다

비즈니스 모델을 정립하는 과정은 사업을 지속하는 동안 계속 반복된다. 사업 환경이 변하고 경쟁 상황이 달라지며 기업이 진화하는 단계에 따라 핵심 수익 모델이 달라지기 때문이다. 그러나 사업의 전 과정을 통해서 쉽게 바뀌지 않는 것이 있다. 핵심 역량과 관련된 부분이다.

총각네 야채가게가 존재하는 한 최상의 품질을 가진 상품 선택이라는 노하우와 전략은 쉽게 변하지 않을 것이다. 이랜드가 의류생산을 하는 한 이미 쌓아 놓은 위탁 생산 노하우를 버리는 경우는 없을 것이다. 또한 문화비를 중심으로 운영되는 민들레영토의 운영 방식이 바뀔 가능성도 거의 없다. 기업의 핵심 역량은 창업자가 어떤 배경을 가지고 성장했고 준비했으며 시작했는가에 따라 크게 달라진다.

외부에는 기회가 있고 내부에는 준비가 있다

사업의 준비와 진행의 과정에서 외부에는 '기회'가 있고 내부에는 '준비'가 있다. 외부에 존재하는 기회를 자신의 핵심 역량으로 소화하며 풀어가는 것이 사업의 과정이다. 그래서 사업자가 포착한 기회가 무엇이며 어떤 방식으로 그 기회를 활용하고 풀어갈 것인가에 대한 사업자의 관점과 태도를 명확히 해야 한다.

특히 자신의 핵심 역량에 대한 객관적인 통찰과 준비는 매우 중요하다. '사장이 넘어야 할 다섯 개의 산' 중 생존의 산을 넘을 수 있는 가장 큰 힘이 사장의 체화된 역량과 절실함에서 나오는 사장의 태도임을 기억하자.

사업을 준비하고 실행하는 전체 과정에서 앞 3단계는 'Before' 과정에 해당한다. '어떤 Before 과정을 가졌는가'가 사업 성패의 70~80퍼센트를 차지한다. 그런데 그 과정이 외부에서는 잘 보이지 않기에 마치 'Before' 과정 없이 바로 'Do'로 진행되었다고 오해하고 착각하지 않아야 한다.

창업 이후 20년의 수명 사이클

국내에서 중저가 의류회사로 자리매김한 이랜드가 중국에서는 폴로와 동급의 대우를 받는 고급 브랜드로 포지셔닝하는 데 성공했다. 또한 IMF 시기를 지나면서 '지식 경영'을 화두로 국내외의 많은 패션 브랜드를 M&A해서 국내에서는 패션 유통 그룹으로, 해외에서는 패션 브랜드 그룹으로 기업의 색깔을 바꾸었다. 그러나 '총각네 야채가게'와 '민들레영토'는 지금은 사회적으로 존재감이 매우 미미해졌다.

인간이 만든 것들은 대부분 수명을 갖는다. 기업의 경우는 20년 정도가 자수성가한 기업의 수명이지 않을까 싶다. 이것은 아마도 인간이 적극성을 갖고 활동할 수 있는 기간과 관련되어 있을 것이다. 그래서 사업을 준비하고 진행하는 사업자는 20년을 사멸 포인트 또는 점핑 포인트로 생각해 볼 수 있을 것이다.

21

4~6단계 프로세스

자원을 확보하고 계획을 실행한다

시장에서 새로운 거래를 만들어낼 기회를 보았다. 그 기회를 사업으로 풀어가는 과정에서 영향을 줄 수 있는 변수들에 대한 파악도 끝났다. 그리고 각 변수에 대해서 어떻게 대응하고 소화할 것인지, 어떤 방식으로 사업을 시작하고 핵심 역량을 쌓아갈 것인가에 대한 생각도 정리되었다. 이제 자신이 생각해 온 것과 준비한 것을 다른 사람들과 공유할 수 있도록 정리할 단계다.

그림 21-1 4~6단계: 사업 계획서 작성, 자원 확보 계획, 전략적인 사업 세팅

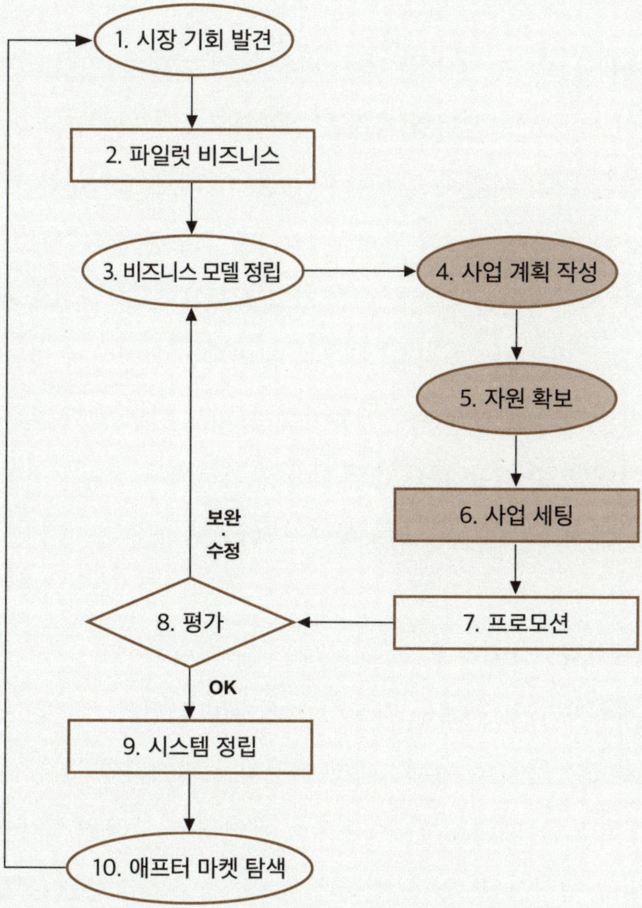

공식 51

business process step 4.

사업 계획을 세우고 검토하기

사업 계획을 세우는 과정은 자신이 본 시장 기회, 파일럿 비즈니스 과정, 비즈니스 모델 정립 과정을 전체적으로 정리해서 본인의 사업 계획을 다른 사람과 공유할 수 있는 형태로 요약하는 것이다. 이 과정은 자신의 사업에 관해 다른 사람들의 동의를 구하기 위한 것이 아니다. 사업을 준비하는 자신의 의도를 누구나 쉽게 이해할 수 있도록 정돈하는 것이다. 사업을 준비하는 과정에서 다른 사람의 참여와 도움이 필요하기 때문이다. 그리고 사업 계획을 다른 사람이 이해할 수 있는 형태로 정리하는 과정에서 사업의 타당성과 합리성, 전략적 적합성을 검토할 수 있다.

사업 계획서의 다섯 가지 요건

사업 계획서의 첫 번째는 자신이 계획하는 사업의 성격을 명확히 하는 것이다. 총각네 야채가게의 이영석 사장이라면 '최상 품질의 과일과 야채를 제대로 된 가격으로 판매해서 수익을 극대화하는 것'이라고 설명할 수 있다. 민들레영토의 지승룡 소장은 '고향집의 포근함을 느낄 수 있는 휴식 공간으로서의 카페'라고 정의할 수 있다. 좋은사람들의 주병진 씨라면 '흰색 속옷만 입어 온 대한민국 남성들에게 색깔 있는 속옷을 입도록 하는 것'이라고 요약할 수 있다.

두 번째는 사업을 통해 제공할 제품과 서비스의 형태, 그리고 최종 소비자에게 제공할 수 있는 이익을 설명하는 것이다. 이랜드를 통해 사람들은 고급 디자인의 옷을 부담 없는 가격으로 구매할 수 있다. 좋은사람들의 컬러 속옷을 입는 사람은 몰개성과 획일화에서 벗어나 개인적인 열망과 욕망을 표현할 수 있다. 총각네 야채가게에 가면 기분 좋은 서비스를 받으며 최상의 품질과 신선도가 보장되는 과일과 야채를 살 수 있다. 고객이 돈을 주고 구매하는 것은 제품product이 아니라 가치value임을 알고, 그 가치에 부합한 기업의 성격과 전략의 초점을 분명히 설명할 수 있으면 된다.

세 번째는 해당 사업 영역의 경쟁 상황과 주요 경쟁자에 대한 것이다. 주병진 씨는 쌍방울, 백양, 태창의 빅 3사가 1조 2천억 원 규모의 시장 85퍼센트를 차지하고 있으며, 수십 년간의 과점 체제에서 품질이나 디자인 개발이 도외시되어 왔고 앞으로도 큰 변화가 없을 것으로 추정했다. 이때 직접적인 경쟁자 또는 간접적인 경쟁기업을 바라볼 때는 존경심과 깊은 이해를 바탕으로 하는 것이 좋다. 이미 시장에서 활동하고 있다는 이유 하나만으로도 존경받을 만한 가치가 있다. 자신의 경쟁자를 존경의 시각으로 보아야 자신이 본 기회 요인을 냉정하게 살리는 객관성을 유지할 수 있다.

네 번째는 상품을 어떻게 만들고 어떤 방식으로 시장에 내놓을 것인가다. 이랜드는 해외 유명 브랜드의 제품을 한국적 수요에 맞춘 디자인으로 만드는 역량을 확보하면서, 위탁 생산과 프랜차이즈 방식의 로드숍을 통해 고객을 만날 계획이었다. 이때 고객들의 관심을 끌기 위해 산뜻하고 눈에 띄는 강렬한 색상을 활용한 인테리어를 덧붙였다. 총각네 야채가게는 매일 새벽 가락동 시장에 가서 과일과 야채의 품질을 직접 확인하고 구매하여 당일 판매를 원칙으로 늘 신선한 상품을 공급했다. 그리고 친절한 서비스와 톡톡 튀는 분위기를 연출해 구매 고객을 만족시키고, 입소문을 통해 매장을 활성화하는 방식을 취했다.

다섯 번째는 어떤 일정으로 사업을 펼쳐갈 것인지 설명해야 한다. 처음 시장에 진입할 때와 시장 반응을 보고 난 후 어떻게 대응할 것인지, 그에 따른 인원 계획과 자금 계획, 일정 계획을 적는다. 그리고 다른 사람이 사업에 참여하길 원할 때 어떤 방식으로 참여할 수 있는지 설명하면 된다.

사업 계획서 작성에서 유의할 점

이렇게 다섯 영역으로 내용을 정돈하면 자신이 본 기회의 초점과 향후 진행 계획이 들어간 사업 계획서가 만들어진다. 물론 다른 사람과 공유할 사업 계획서에는 핵심 내용을 뒷받침할 만한 객관적인 자료를 첨부해야 한다. 이때 투자자나 은행에서 자금을 얻을 목적으로 사업 계획서를 만드는 것은 바람직하지 않다. 자금과 창업정신이 바뀌지 않도록 해야 한다. 자신이 본 기회를 현실로 만들어낼 수 있는 전략과 접근 방식이 충분히 보이도록 솔직해야 한다. 사업 계획서를 통해 자신의 구상이 얼마나 깊이 있고 철저한지 확인할 수 있다.

사업 계획서를 잘 정리하면 마음이 뿌듯해진다. 그러나 계획을 사업이나 기업 그 자체로 생각해서는 안 된다. 지도가 영토를 의미하는 것은 아니기 때문이다. 자신이 그린 지도 위 화살표를 따라서 구체적으로 행군하는 과정이 진짜 사업이다. 그래서 자신의 시각과 목적에 부합하는 사업 계획을 세우는 것이 바람직하다. 그 과정에서 실패에 대비해야 한다. 사업 초기에는 살아남는 것이 성공보다 더 중요하기 때문이다.

시장에서 자신의 제안이 성공적으로 받아들여졌을 때를 대비한 계획도 미리 세워두어야 한다. 실제 상황에 들어가서는 성공 후 계획을 세울 만한 여유가 없기 때문이다. 성장 계획을 수립할 때는 무리 없는 성장이 가장 좋다. 가장 나쁜 것은 강제적인 성장이다. 자신의 기준으로 봤을 때 관찰되고 측정될 수 있는 성장이 가장 건전한 성장이다.

공식52

business process step 5.

필요 자원 확보의 방식 수립

사업 구상을 했다면 사업을 실행하는 데 도움을 줄 수단을 만들어야 하고 실행에 필요한 돈, 사람, 지식 등 사업 진행에 필요한 자원을 확보하고 유지할 구체적인 준비를 해야 한다. 이때 자신의 상품이 시장에서 빨리 수용되기 위해서는 구체적이고 실제적이어야 한다.

자신의 돈으로 사업을 시작하라

사업 시작의 시기에는 스스로 편하게 느낄 만큼의 자본만을 갖는 것이 좋다. 가능한 한 자기 돈을 가지고 천천히 꾸준히 하는 것이 바람직하다. 자기 돈을 사용하면 돈에 대한 올바른 태도를 유지할 수 있다. 사업을 시작하는 데는 시장에 도달할 수 있는 정도의 돈이면 충분하다. 자본이 부족하면 현금흐름을 창출하기 위해 뭐든지 팔려고 노력하게 된다.

외부에서 자금을 조달할 때는 돈이 가진 성격을 분명히 알고 활용해야 한다. 돈은 아이디어나 창의력과 같은 질적 요소들이 갖추어진 곳에 모인다. 자신의 철학, 전략, 태도, 행동으로 돈을 불러 가야 한다. 그 사람의 사업이 궤도에 올라 있고 목적과 전략에 부합한 사업 계획으로 받아들여지면 돈도 모이고 사람도 모인다.

좋은 인력을 어떻게 확보할 수 있을까?

보세 옷을 팔던 가게에서 자체 디자인을 통한 의류 회사로 거듭난 이랜드는 1988년 가을, 좀 더 좋은 인력을 확보하기 위해 세칭 일류대학 학생회관에 작은 포스터를 붙였다. "정직하게 일해도 성공하는 모습을 보여드리고 싶습니다." 그 포스터를 보고 응시한 사람 중 125명을 신입사원으로 선발했다. 125명이라는 숫자는 당시 이랜드의 전체 직원의 숫자와 같았다. 삶에 대한 열정과 잠재적인 능력, 특히 옳은 것에 굶주렸던 열혈 청년들이 다수 입사했다. 당시는 경제 호황기여서 그들 중 상당수는 추천서만 가지고도 내로라하는 대기업에 입사할 수 있는 사람들이었다.

당시 이랜드 신입사원의 연봉은 대기업 신입사원의 절반 수준밖에 되지 않았다. 그런데도 어떻게 좋은 인력들을 확보할 수 있었을까? '정직한 성공'이라는 바른 뜻에 대한 깨어 있는 청년들의 화답이었다. 바른 뜻을 세우고 솔선수범하는 리더 밑에는 태도와 능력 모두에서 뛰어난 사람들이 모인다.

지식과 전문성 없이는 성공할 수 없다

사업을 시작할 때 갖춰야 할 지식과 전문성은 어떻게 준비해야 할까? 사업 관련 핵심 지식은 파일럿 비즈니스 과정을 통해 학습하게 된다. 실패의 경험과 시행착오를 통해 자신의 사업 영역에 영향을 주는 변수들을 알게 되고, 각 변수에 어떻게 접근하는 것이 좋을지 자연스레 깨닫게 된다.

지식을 갖추어야 하는 이유는 실패하지 않기 위해서다. 처음 하는 일에서 실패하는 이유는 대부분 지식이 부족하기 때문이다. 자신이 구상하는 사업과 전략에 영향을 미치는 변수 중 하나만 소홀해도 실패한다. 지식 없이는 자신이 목표하는 곳에 가기도 전에 고꾸라진다.

지식을 갖추었다고 해서 사업에 바로 성공하지 못한다. 전문성을 확보해야 한다. 전문성 없이는 효율을 극대화할 수 없다. 비즈니스는 효율의 게임이다. 다른 사람이 100의 힘을 들여서 하는 일을 자신은 70이나 80의 힘으로 해낼 수 있을 때 비로소 사업이 된다. 만약 같은 100의 힘을 들여야 한다면 결과 크기를 상대보다 더 크게 만들 수 있어야 한다. 상대보다 효율적으로 행동할 수 있어야 한다는 뜻이다. 결국에 모든 사업자는 자신의 사업 영역에 대한 지식과 전문성을 갖추어야 한다.

스스로 모든 지식과 전문성을 갖추어야 하는 것은 아니다. 자신의 사업 형태와 전략에 적합한 지식과 전문성을 갖춘 사람을 찾아서 합류시키는 것도 방법이다. 그럴 때는 다른 사람의 지식과 전문성을 활용할 수 있는 자기 나름의 요령과 방법을 미리 정돈하고 있어야 한다. 첫 사업의 경우는 파일럿 비즈니스 단계에서 그러한 사람을 찾고 만날 수 있다.

사업 시작 단계와 발전 단계에서 필요한 자원이 다르다

사업 시작 전에 준비해야 할 가장 핵심적 자원은 돈과 사람이다. 이 두 가지는 사업의 시작 단계와 사업의 발전 단계로 나누어서 생각해야 한다. 사업 시작 단계에서 돈은 시장에 도달할 수 있을 정도면 충분하다. 그러나 사업이 발전 단계로 접어들었을 때, 즉 성공적으로 시장에 안착해 사업을 확대할 때를 대비해서 자금을 어떻게 조달할 것인지 미리 계획해야 한다. 돈이 필요하기 전에 필요한 돈을 확보할 수 있는 방식을 생각해 두어야 한다는 뜻이다. 실제로 시장에서 호의적인 첫 번째 반응이 나온 후 사업을 확장하는 과정에서 자금 부족으로 넘어지는 회사들이 많다.

가능한 한 돈이 필요하기 전에 자금을 조달할 수 있는 방식을 마련해야 한다. 중소기업이 은행으로부터 융자를 받기란 하늘의 별 따기처럼 어렵다. 은행은 기껏해야 서너 가지 유형의 기업밖에 모르기 때문이다. 따라서 사람들과 관계를 맺는 데에 시간을 써야 한다. 이때 기업에 투자해서 당장 부자가 되려는 사람은 가능한 피하는 것이 좋다. 일반적으로 원활한 자금 조달을 하는 기업들은 다음과 같은 모습을 갖는다.

먼저 예상한 대로 지속해서 성장한다. 성장하는 모습이 중요하다. 매출과 영업이익에서 지속해서 성장하는 기업이 평가에서 높은 점수를 받는다. 이들은 투자자들에게 항상 정보를 제공한다. 정보의 정확성이 중요하다. 그 기업에 대해 많이 알면 알수록 더 이

성적이고 열정적으로 다른 사람들과 그 기업에 관하여 대화한다. 그 과정에서 기존 투자자 스스로 또는 다른 투자자들에 의해 새로운 투자가 이어진다.

투자자가 원하는 때에 언제라도 주식을 팔 수 있도록 주식시장이 형성되어 있으면 금상첨화다. 수익성 외에 투자자들이 중요하게 생각하는 것 중 하나가 유동성이기 때문이다. 주주 등 투자자들과 좋은 관계를 유지하는 가장 좋은 방법은 아무것도 숨기지 않는 것이다. 놀랄 만한 일도, 낙담할 만한 일도, 약속을 지키지 않는 일도 없으면 좋다.

사업을 시작하는 단계에서 가치 있는 인력은 즉각적으로 부가가치를 만들어낼 수 있는 사람이다. 사업을 시작하는 시기에는 열매가 없는 상태에서 미래에 열릴 열매를 기대하면서 씨를 뿌려야 한다. 따라서 가능한 한 첫 수확을 앞당길 수 있어야 한다. 그러려면 이미 가진 기능을 활용할 수 있는 사람과 시작해야 한다.

그런데 그런 사람을 이 시기에 동참시키기가 쉽지 않다. 창업자가 사업 진행에 필요한 모든 기능을 갖추려고 노력하는 이유는 이러한 현실적인 이유 때문이다. 사장이 즉각적인 부가가치를 만들어내는 데 앞장서서 뛰어야 한다.

사업 발전 단계에서의 가치 있는 인력은 조금 다르다. 문제 해결 능력보다는 기업의 지향점을 함께 바라볼 수 있는 사람이 더 가치 있게 평가된다. 따라서 즉각적인 기능을 가진 사람보다는 잠재적인 가능성을 가진 사람을 찾아내는 방식에 익숙해져야 한다. 보통은 경험 없는 초심자를 뽑아서 기업에서 기초부터 훈련하는 경우가 많다. 가능성과 잠재력을 가졌으나 아직 드러나지 않은 사람을 뽑아서 자기 기업에 맞는 나무로 키워서 산을 지키게 하는 것이다.

자기 사업의 멘토를 두라

사업을 준비하는 과정에서 한 가지 더 생각해야 할 존재가 있다. 멘토를 찾는 것이다. 멘토의 주된 역할은 사업을 시작하고 진행하는 과정에서 객관적인 것, 바람직한 것이 무엇인지 얘기해 주는 것이다. 사업자가 현재의 필요와 상황에 몰두하면서 장기적 관점, 객관적 관점, 이상적 관점이 소홀히 취급될 수 있기 때문이다.

그렇다고 멘토의 의견을 그대로 행동으로 옮겨야 한다는 뜻은 아니다. 단지 자신이 소홀히 하는 관점과 새로운 접근 방법에 대한 의견을 모으고 적절히 활용하면 된다. 멘토와는 의도적으로라도 관계를 만들어야 한다. 주변에서 자신을 이해하고 도울 수 있는 역량을 가진 사람을 찾아서 그와 의지적으로 관계를 이어갈 필요가 있다.

공식 53

business process step 6.

전략적으로 세팅하라

시장 기회 발견, 파일럿 비즈니스, 비즈니스 모델 정립, 사업 계획 정돈, 자원 확보 등은 본 행동을 위한 준비 과정이었다. 이제 준비하고 계획한 것을 실행으로 옮길 차례다. 상품 준비, 가격 책정, 유통 채널 확보가 핵심이다. 그리고 이 세 가지 활동을 안정적으로 진행할 수 있는 조직을 구축해야 한다. 자신의 사업 계획의 크기나 진행 단계에 따라 창업자 한 사람으로 이루어진 조직일 수도 있고 대규모 인원이 포함된 조직일 수도 있다. 중요한 것은 상품, 가격, 유통망을 선택할 때는 전략적으로 행동하는 것이다. 그에 따라 자신에게 적합한 조직 형태가 달라진다.

전술이 전략을 만들고 전략이 전술을 지배한다

총각네 야채가게의 이영석 사장은 상품을 직접 생산하지 않고 가락동 시장에 나와 있는 상품 중에서 최고의 것을 찾는 방식을 취했다. 사업을 준비하는 과정에서 가락동 시장에 다양한 고품질 상품들이 모인다는 사실을 파악했고, 그중에서 최상의 상품을 찾을 수 있는 역량을 스스로 갖추었기 때문이다.

이랜드 초기에 박성수 회장이 보세 옷 판매로 사업을 시작한 것은, 그 시대에 앞선 디자인을 쉽게 접할 수 있는 곳이 보세였고 박회장이 이미 잠재 고객에게 어필할 수 있는 옷을 골라낼 수 있는 안목을 갖추고 있었기 때문이다. 반대로 주병진 씨가 수많은 어려움 속에서 직접 컬러 속옷을 생산한 것은 직접 생산 외에 자신이 본 시장 기회를 소화해 낼 방법을 찾지 못했기 때문이다.

창업자가 어떤 전술적 역량을 가졌는가에 따라 실행 전략이 달라진다. 자신이 가진 핵심 역량(전술적 역량)을 중심으로 전략을 구성한다는 뜻이다. 그러나 일단 전략이 결정되면 그 전략에 부합하지 않는 것들을 과감히 잘라내는 과정이 필요하다. 즉 전술이 전략을 만들고 전략이 전술을 지배하게 된다(작용의 관계성과 순서에 유의하라). 그래야 실행 단계에서 철저하게 한 가지 효과적인 것에 집중해서 행동할 수 있다.

총각네 야채가게 이영석 사장은 밭떼기를 통해 원가를 낮추려는 노력은 아예 생각도 하지 않았다. 대신 질 좋은 상품을 높은 가격에 쉽게 사줄 수 있을 것으로 생각되는 지역에 가게를 열었다. 좋은 상품을 저렴하게 제공하되 규모를 키워서 이익을 얻는다는 이랜드의 전략은 근검절약이 몸에 밴 조직문화를 도출했다(중국에서는 좋은 상품을 높은 가격에 판매하는 전략으로 전환했다).

민들레영토의 지승룡 소장이 가진 돈이 없음에도 불구하고 젊은 사람들이 모이는 신촌, 대학로 등에 큰 규모의 카페를 열기 위해 집념을 불태운 것도 매우 전략적인 행동이었다.

유통망 없이 사업 확대는 불가능하다

사업 세팅 단계에서 상품이 결정된 후의 핵심은 유통망 확보에 있다. 자신의 상품에 적합한 유통망을 갖지 못하면 사업을 확대하는 것이 불가능하다. 상품의 가격 책정은 어떤 유통망을 갖느냐에 따라 달라진다. 상품에 대한 준비는 실행 단계에 앞서서 어느 정도 가능해도, 유통망을 확보하는 것은 구체적인 실행에 들어가지 않으면 어떻게 진행될 수 있을지 전혀 알 수 없다. 실제로 사업 세팅의 절반 이상은 자기 상품에 적합한 유통망을 확보하는 과정이다.

자신의 상품과 전략에 적합한 유통망을 안정되게 확보했다면 사업의 기틀을 잡은 것이다. 문제는 거기까지 도달하기가 몹시 고생스럽고 힘들다는 것이다. 아무리 준비를 충실히 했다 해도 예외가 없다. 중요한 것은 주변 상황과 반응에 흔들리지 않고 자기 전략의 핵심을 유지하면서 근성을 갖고 끝까지 가는 것이다. 총각네 야채가게의 이영석 사장이 가락동 시장에서 상인들의 눈총을 받지 않고 자신이 원하는 과일을 선택할 수 있게 되기까지 3년이 걸렸다. 사업 세팅 단계에서는 주변의 모든 상황이 자신의 바람과는 반대로 진행될 수 있다는 전제를 두고 행동하는 것이 정신건강에 좋다. 그 시간을 버텨내야 한다.

절망의 순간에 자신을 일으켜 세우는 것은 '절실함'이다

아무리 비즈니스 모델을 잘 정립하고 사업 전략을 짰다 해도 전략적 초점을 유지하면서 계획을 실행하기는 쉽지 않다. 생각하지 못한 곳에서 장애물이 나타난다. 조금 된다 싶으면 바로 새로운 경쟁자들이 나타난다. 자본도 부족하고 경험도 부족한 상태에서 무리할 수밖에 없는 상황이 자주 발생한다. 그러다가 몸과 마음의 건강을 잃고 쓰러지기도 한다. 조금만 더 가면 될 것 같은데 그 조금이 참으로 멀게 느껴진다(그래서 '비즈니스 숨 참기' 연습과 훈련이 필요하다).

이때 사장을 지탱하고 움직이게 하는 원동력은 절실함이다. 절실함을 얼마나 가졌는가에 따라 장애물을 돌파하고, 새로운 아이디어를 찾아내고, 등 돌린 상대를 협조자로 만들 수 있다. '안 될 이유가 될 필요보다 훨씬 많아도 필요하다면 그것은 이루어져야 한다'는 자세로, 1퍼센트의 가능성을 10퍼센트, 30퍼센트, 50퍼센트로 키워서 결국 자신이 원하는 100퍼센트로 만드는 것이다.

진정한 문제는 문제에 있는 것이 아니라 그 문제를 해결할 방안을 못 찾는 데 있다. 실행 과정에서 생기는 문제들을 당연하게 생각하고, 문제 해결 방안에 집중할 수 있는 근성과 근력을 키워야 한다. 늘 가능성에 초점을 두고 생각하고 행동해야 한다. 그 과정을 거치면서 '사장의 근육'이 점차 커진다.

진심으로 집중하면 새로운 길이 보인다

실행 단계에서 명심할 두 가지가 있다. 첫째는 전략적으로 세팅하는 것이다. 좋은 것, 접근하기 쉬운 것이 아니라 자신의 핵심 역량을 강화하면서 처음 본 시장 기회를 살릴 수 있는 방식을 찾고 실행해야 한다. 특히 상품 특성과 유통 방식, 가격 설정이 전략적으로 연결되도록 사업을 구축해야 한다.

둘째는 장애물을 두려워하지 않는 것이다. 처음 시장에 진입할 때는 자신의 의도에 맞는 반응은 감사하게 여기고 그렇지 않은 것을 당연하게 여기면서 해결책을 찾아야 한다. 시장의 반응에 일희일비하지 않고 자신의 전략적 초점을 분명히 하는 실행 방식을 찾아야 한다.

파일럿 비즈니스 과정을 충실히 했다면 본 비즈니스의 실행 과정은 얼마나 근성을 갖고 버티느냐에 달려 있다. 자신의 사업에 절실함이 있어야 한다. 그러면 다른 사람들 눈에는 미친 사람, 어떻게 해볼 도리가 없는 사람으로 보인다. 거기에 답이 있다. 진심으로 집중하는 사람에게 대부분 장애물은 새로운 길을 찾는 계기가 된다.

22

7~8단계 프로세스

진행하고 평가하고 보완하고 재시도한다

상품을 준비하고 유통망을 늘려가는 과정에서 꼭 필요한 것이 상품을 알리는 것이다. 사람들의 시선을 끌어야 한다. 자신의 상품에 관심attention을 갖도록 해야 한다. 매장에 방문할 계기를 제공해야 한다. 상품을 구매하는 과정에서 다른 경쟁자들과의 차별성을 느끼게 해야 한다. 그러면서 브랜드를 호의적으로 기억하게 해야 한다. 자신의 상품과 전략에 부합하도록 사람들에게 알릴 수 있는 방법을 찾아서 실행해야 한다.

상품, 가격, 유통을 '사업 세팅' 단계로 묶고 '프로모션'을 별도의 단계로 구분한 것은 그 실행의 중요성과 더불어 경험 없는 초보 사장이 가장 놓치기 쉬운 부분이기 때문이다. 아무리 좋은 상품을 가졌다 해도 그 상품이 좋은 것이라는 지각perception을 고객에게 심지 못하면 거래가 일어나지 않는다. 거래가 일어난다 해도 자신이 원하는 만큼의 가치를 인정받지 못한다. 성공적인 결과를 만든 사례들 사이사이에는 적극적으로 자신을 알리려는 노력과 시도가 숨어 있다.

공식54	business process step 7. **적극적인 프로모션 방식 찾기**

사람들의 시선을 끌어야 한다

총각네 야채가게의 이영석 사장이 트럭 행상을 할 때 중요하게 생각한 것 중 하나가 사람들의 시선을 끄는 것이었다. 사람들을 재미있게 할 방법을 생각하고 팔리는 화법話法을 연구했다. 그는 바나나를 팔면서 원숭이를 데리고 다녔다.

"원숭이가 좋아하는 바나나가 왔습니다. 원숭이도 맛없는 바나나는 먹지 않습니다. 원숭이와 바나나가 왔어요!" 원숭이를 보기 위해 몰려든 사람들은 한 다발 또는 몇 다발씩 바나나를 샀다. 장사가 안 된다고 힘들어하면서 조언을 구한 정육점 주인에게 이영석 사장은 명쾌한 답을 해주었다. "한우를 구해다가 아파트 단지를 끌고 돌아다녀 보세요."(정육점 주인이 이것을 실행했는지는 확인되지 않는다.)

그림 22-1 7~8단계: 만족을 Give하되 사실화하라. 그리고 다시 시도하라

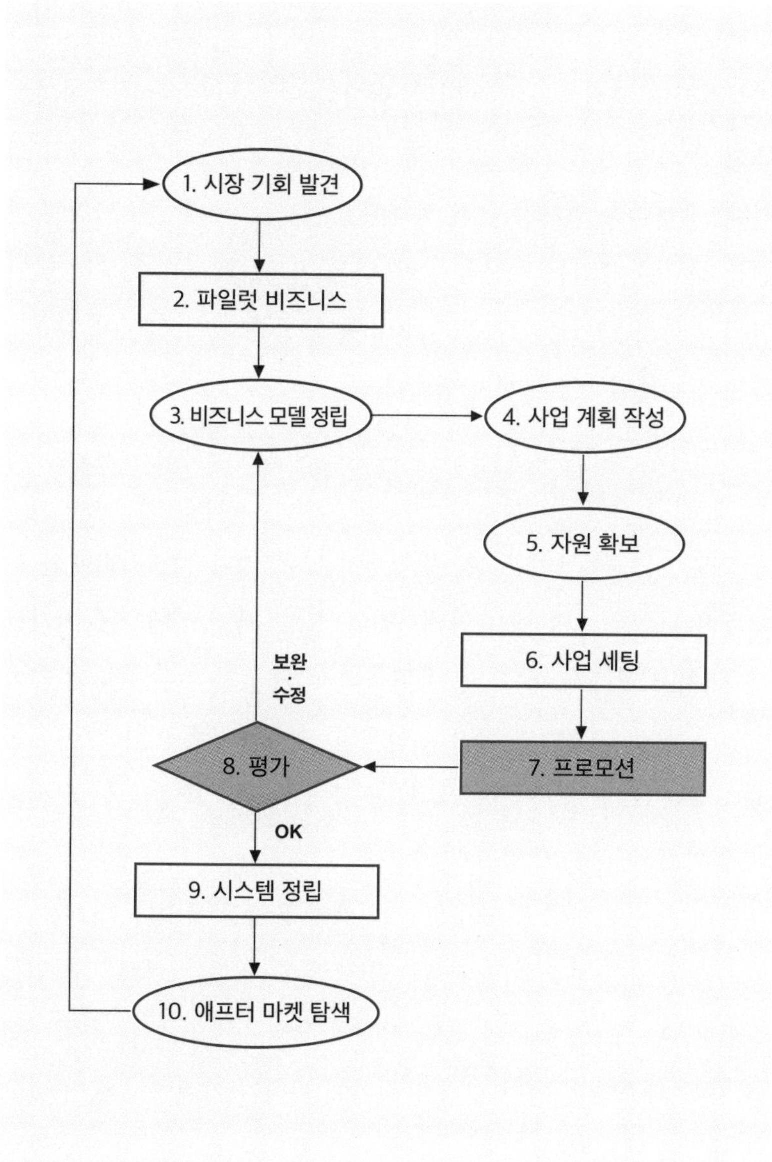

서울 강남에 첫 가게를 연 후에는 아파트 반상회 모임에 과일을 무료로 나눠주었다. 아파트에서 사람들이 가장 많이 모이는 때가 반상회라고 생각했기 때문이다. 반상회 다음 날은 확실히 아파트에서 온 손님이 두 배로 늘었다. 요란한 광고보다 과일을 직접 먹어 본 주부들의 평가가 훨씬 정확했기 때문이다. 반상회 모임에 과일을 무료로 준다는 소문을 들은 다른 아파트에서는 일부러 찾아와서 반상회 날짜를 알려주기까지 했다. 물론 맛에 자신이 있었기 때문에 실행한 프로모션 방법이다.

민들레영토 지승룡 소장이 신촌에 10평짜리 카페를 처음 오픈했을 때, 간판 자리에 'Break the Impossibility Habits!(불가능이라는 습관을 깨자)'라는 문구를 써넣었다. 대학생이 많이 지나가는 거리에서 학생들의 관심을 유도하기 위해서였다. 또는 가게 안에 흔들의자를 두 개 사서 밖에서 볼 수 있는 위치에 하루 종일 부부가 함께 앉아 있었다. 본인은 커다란 활자로 인쇄된 영어 성경책을 읽고, 아내는 공주 옷을 입고 앉아 있었다. 지 소장의 아내는 학생들에게 '신촌역 앞의 공주'라는 별명까지 얻었다.

실내에는 새소리, 물소리와 같은 자연 음악을 틀었다. 가게는 작고 허름했지만 다른 카페에서는 경험할 수 없는 차별화된 느낌을 전할 목적이었다. 통금이 있던 시절에 새벽 4시에 문을 열기도 했다. 많은 대학생이 아침 일찍 도서관에 가다가 카페에서 새어 나오는 불빛을 기억했다.

민들레영토의 외관은 한 번 보면 잊지 못할 만큼 독특하다. 카페의 외관이 손님들의 기억에 남아야 한다는 지승룡 소장의 철학 때문이다. 손님을 공주와 왕자로 만들기 위해서 동화 속에나 나올법한 복장을 한 직원들이 미소를 띠며 무릎을 꿇고 주문을 받았다. 민들레영토가 신문이나 TV에 돈 들이는 광고를 하지 않고 입소문만으로 유명해진 이유다.

사업 시작 초기부터 브랜드의 중요성을 알고 있던 주병진 씨는 '이미지가 좋은 브랜드는 비싸도 사람들이 산다'고 생각했다. 기술과 가격이 한계에 도달한 시장에서 차이를 만드는 것은 이미지라고 생각했다. 그래서 사업 시작부터 소비자들이 공통으로 느낄 수 있도록 이미지를 통일하는 작업을 했다. 자신만의 메시지를 담아내는 그릇으로서의 브랜드를 생각했다. '제임스 딘' '보디가드' '돈앤돈스' 등의 브랜드를 만들고 이미지를 부여했다. 첫 브랜드인 '제임스 딘'을 알리기 위해 매일 색다른 내용으로 595회에 걸쳐 스포츠 신문에 톡톡 튀는 내용의 돌출 광고를 한 것이 대표적이다.

이랜드의 초기 홍보 방법은 튀는 색깔의 매장 인테리어였다. 1980년대 초, 당시에는 금기의 색이라 여겨졌던 빨간색을 주 컬러로 매장 전면을 치장했다. 빨간색 쇼핑백도 브랜드 알리기에 큰 도움이 되었다. 옷을 사서 들고 가는 고객이 브랜드 광고를 해주는 격이었다.

이러한 이랜드의 알리기 방식은 중국 진출 초기에도 그대로 활용되었다. 베이징대학교에서 개최한 패션쇼나 주요 도시의 전시회에 참석할 때마다 무료로 나누어주는 빨간색 쇼핑백과 이랜드 로고가 새겨진 목걸이 펜을 받기 위해 사람들이 수백 미터씩 줄을 서곤 했다. 매장 인테리어로 사람들의 눈길을 끌고 그들의 발길을 유도하며, 상품을 담은 쇼핑백으로 또다시 자신을 알리는 이랜드식 프로모션은 돈을 전혀 들이지 않고 준비된 아이디어를 활용하는 효과적인 방식이 되었다.

입에서 입으로 전해지는 소문을 만들라

자신의 상품과 브랜드를 어떤 방식으로 알릴 것인지 미리 생각해두어야 한다. 먼저 자기 상품에 대해 스스로가 까다로운 고객이 되어야 한다. 고객의 관심을 끌어서 고객 스스로 찾아오도록 해야 한다. 그 과정에서 입에서 입으로 전해지는 소문은 매우 중요하다. 광고할 때는 광고의 첫 문장부터 목표 고객과 친밀한 관계를 형성할 수 있도록 하는 것이 좋다. 가능하다면 그 상품 영역category에서 시장이 선두그룹이라고 판단할 수 있도록 하는 것이 효과적이다.

적은 자본으로 시작한 사업이나 가두판매街頭販賣를 할 때는 사람들의 시선을 끌 수 있는 무언가를 준비하는 것이 필수다. 그 과정에서 정직함의 가치는 그 무엇과도 바꿀 수 없다. 시장에 무언가를 설명할 때는 진실하려고 노력해야 한다. 자기 상품의 질質과 본질에 대해 고객에게 직접 밝히는 것이 좋다. 고객과 긴 대화를 나눈다고 생각하면서 진행하는 것이 효과적이다. 쓸모 있는 상품을 파는 것은 그다지 어려운 일이 아니니다. 그러나 자신의 상품을 알리기 위한 노력과 아이디어가 더해졌을 때 그것이 의미 있는 거래로 이어진다.

프로모션에 대한 준비는 파일럿 비즈니스 과정을 통해서 예행연습이 가능하다. 자신의 상품에 적합한 방식을 찾고 검증하고 정리해 두어야 한다. 자신의 상품을 진실하게 알리되 목표 고객들이 고개를 끄덕이며 받아들일 수 있는 헤드라인과 카피(문구)를 찾아낼 수 있으면 좋다. 어떤 그림과 레이아웃(배치)이 효과적인지 확인하는 것도 필요하다. 무엇보다도 자신이 초점을 두는 소구점을 분명히 해야 한다. 이러한 것들은 그냥 이루어지지 않는다. 사전에 충분한 시간을 두고 학습하고 시도하면서 익숙해져야 한다.

프로모션의 1차 목적은 목표 고객의 '첫 방문'이다

어떤 매체를 통해서 메시지를 전달할 것인가도 생각해 두어야 한다. 자신이 쓸 수 있는 예산에 맞는 매체를 찾고, 그 매체의 특성에 맞는 방식으로 브랜드 약속을 전달할 아이디어를 모아야 한다. 특히 목표 고객의 관심을 끌어서 첫 방문을 이끄는 아이디어를 가능한 한 많이 정리해 두어야 한다.

1980년대에 사업을 시작한 기업은 그 시대에 맞는 프로모션 방식을 활용했다. 2020년대에 사업을 시작한 사람이라면 지금 시기에 적절한 방식을 개발해야 한다. 인터넷과 모바일이 일상화된 요즘은 블로그, 온라인 카페, 인스타그램, 유튜브, 밴드 등을 활용한 온라인 프로모션 방법을 적극적으로 활용할 수 있다. 자신의 상품 특성을 선호하는 목표 고객에게 적은 비용으로 조금 더 가깝게 다가갈 수 있기 때문이다.

광고 등 알리기의 일차적인 목적은 판매가 아니다. 방문을 유도하는 것이 알리기의 목적이 되어야 한다. 그래서 광고를 한 후에는 방문 또는 문의 고객이 얼마나 늘었는지 확인하는 것이 필수다. 한 번 방문했거나 구매했던 고객들이 돌아가서 다른 사람들에게 호의적인 소문을 낼 수 있는 상황을 만드는 아이디어를 많이 모아야 한다. 이미 성공한 사람들이 쓴 책이나 강연에는 효과적인 프로모션 방법이 많이 숨겨져 있다. 자신이 응용할 수 있다고 생각하는 사례들을 가능한 한 많이 모아서 상품 특징과 브랜드 이미지에 맞게 변형해서 사용하면 된다.

'만족을 Give 하되 사실화하라'에 대입하기

이제 만병통치 실행 공식, '만족을 Give 하되 사실화하라'에 대입해서 자신의 7단계 실행 계획을 점검해 보자.

첫째, 목표 고객은 누구이며 그들의 '만족 블랙박스'를 건드리는 제안을 하고 있는가? 목표 고객의 만족 블랙박스 속 변수를 건드려야 돈을 지불하는 거래로 이어진다.

둘째, 기브 앤드 테이크 공식으로 목표 고객과의 거래를 평가하자. 내 상품과 내 제안이 고객에게 주는Give 것보다 받는Take 것이 더 많다고 생각하게 하는가? 목표 고객이 자신의 기대보다 조금 더 많이 받았다고 생각할 때 쉽게 거래가 성사된다.

셋째, 그 내용을 가시화할 수 있는 구체적인 아이디어는 무엇인가? 자신이 가진 상품의 가치를 목표 고객의 욕구와 연결해서 '갖고 싶은 마음'을 일으키고, 그 생각을 행동으로 연결할 계기와 방식을 제안하고 있는가? 그리고 고객의 그 경험을 브랜딩으로 연결하자.

공식55	business process step 8. **평가하고 보완하고 다시 시도하기**

준비와 실행의 한 사이클이 끝났다. 시장을 향해 몸을 던진 것이다. 다행히 두 발로 멀쩡히 안착했다면 두 팔을 들고 축하할 일이다. 그런데 물에 빠졌거나 발목이 삐끗했거나 넘어져 팔이 부러졌으면 어떻게 해야 할까?

케이크 전문점의 시행착오

고객들에게 빵이나 케이크를 직접 만드는 방법을 알려주면서 그에 필요한 재료와 도구를 파는, 홈베이킹 가게를 운영하던 L사장이 케이크 전문점을 처음 구상한 것은 2001년이다. L사장이 케이크 전문 매장이 가능하겠다는 생각을 하게 된 것은 자신의 가게를 정기적으로 찾는 단골 고객에게 들은 한 마디 때문이었다. 집에서 아이들이 케이크를 먹다 남겨서 버리는 경우가 많다는 말이었다.

아이들 생일잔치를 준비하는 엄마들은 보통 피자와 치킨, 케이크를 준비한다. 이때 케이크는 동네 제과점에서 사는 경우가 많다. 그런데 아이들이 촛불을 끄는 축하 과정이 끝나면 케이크를 먹지 않고 남겨서 버리는 경우가 많은데, L사장의 가게에서 배워서 만든 케이크는 남기지 않고 끝까지 먹는다고 자랑했다. '케이크를 남겨서 버린다고?' L사장의 어렸을 적 기억으로는 케이크를 남긴다는 것은 상상하기 어려웠다.

케이크는 매우 귀한 음식이었다. 그런데 이제는 케이크도 남겨서 버리는 시대가 된 것이다. 케이크도 다른 음식들처럼 맛과 질이 중요한 시대가 되었다는 생각이 들었다. 그러고 보니 1989년 여름에 일본 도쿄를 방문했을 때 대학 후배가 데려갔던 케이크 전문 카페가 생각났다. 후배가 요즘 새로 뜨는 곳이라면서 자랑스럽게 소개한 곳이 도쿄 시내 중심가의 케이크 전문점이었고 시내 곳곳에서 성업 중이라는 말이 퍼뜩 떠올랐다.

케이크 강좌를 하고 재료와 도구를 파는 것으로는 뭔가 부족하다고 생각하고 있었는데, 맛과 질이 좋은 케이크를 적절한 가격에 제공할 수 있다면 해볼 만하다고 생각했다. 질 좋고 맛있는 케이크에 대해서는 이미 충분한 기술을 가진 상태였고, 업계 흐름이나 주요 업체들에 대해서도 어느 정도 알고 있는 터였다. 뭔가 새로운 기회가 있을 것 같았다.

먼저 자신이 가진 레시피를 정리해서 일반인들이 좋아할 만한 케이크를 골랐다. 일주일에 2~3종류의 케이크를 샘플로 만들어서 주변 사람들에게 먹이면서 반응을 확인했다. 최종 스물다섯 개의 케이크를 고르는 데 꼬박 5개월이 걸렸다. 다음으로는 누가 고객이 될 수 있을까 생각했다. 10여 년 전의 경험이지만 일본 도쿄에서 보았던 젊은 여성들이 떠올랐다. '그래, 20대 직장인 여성들이 주 고객이 될 가능성이 높겠구나.' 일단 테스트를 해봐야 했다. 현재 홈베이킹을 하는 가게에서는 젊은 여성들을 만나기 어려웠다. 그래서 서울 시내 중심가에 10평(33m²) 크기의 테스트 매장을 열었다. 케이크 반응은 대단히 좋았다. 특히 홀케이크를 8~10조각으로 나누어서 파는 조각 케이크에 대한 반응은 기대 이상이었다.

그런데 처음 예상과는 달리 매출의 80퍼센트를 차지한 것은 주변 직장의 20대 여성이 아닌 매장 배후 단지에 사는 단골들이었다. 20대 여성들의 반응은 뜨거웠지만 그들이 돈을 쓰는 우선순위는 먹는 것이 아니라 옷이나 액세서리 같은 패션 상품이라는 것을 알게 되었다. 오히려 30~40대 주부를 주 고객으로 잡는 것이 효과적이라 판단되었다.

또한 매장이 클 필요가 없다는 생각이 들었다. 홀 케이크든지 조각 케이크든지 매장에서 먹고 가는 사람들보다 집으로 사서 들고 가는 사람들이 훨씬 많았기 때문이다. 30~40대 주부와 배후 단지가 연결되면서 신도시 지역의 작은 틈새 공간을 활용하면 좋겠다는 생각이 들었다. 이렇게 첫 테스트 매장을 9개월 만에 정리했다.

이후 경기도 일산의 중심 주거 단지에 2평(6.6m²)짜리 매장을 얻었다. 첫 테스트 매장의 월세가 200만 원이었는데 이번 매장의 월세는 15만 원이었다. 그런데도 매출은 서울 시내 중심가와 같은 수준으로 유지되었다. 매장을 찾는 주 고객은 예상대로 주변 아파트 단지의 주부들이었다. 선물이나 모임, 생일과 기념일 등에 가져갈 케익으로 L사장의 케익을 선호했다. 아이들의 반응도 뜨거웠다. 아내와 아이들의 성화에 등 떠밀려 매장을 찾는 30~40대 아버지들도 많았다. 일단 맛이 기존 케이크와는 크게 달랐다. 틈새 공간의 작은 매장 앞에 사람들이 줄을 서자 케이크를 취급하는 기존 제과점에서 탐색하러 오는 경우도 많았다.

상품에 대한 고객의 반응은 충분히 확인했고 누구를 주 고객으로 할 것인지 확인하는 작업도 끝났다. 이제 이것을 어떤 형태로 반복할 것인지 생각을 정리해야 했다. 고객의 첫 번째 방문을 유도하고 한번 구매한 고객이 다시 매장을 찾을 수 있는 구체적인 방법을 정돈할 필요도 있었다. 처음 케이크 전문점을 구상하면서 프랜차이즈를 염두에 두었기 때문이었다.

5평(16m²) 크기의 세 번째 테스트 매장을 일산의 다른 지역에 오픈했다. 앞선 두 번의 경험으로 초기 개업의 어려움도 줄었고 좀 더 세련된 방식으로 고객들에게 어필할 수 있게 되었다. 작은 크기의 매장에 손님들이 북적거리는 모습을 본 사람 중에서 매장을 해보겠다며 나서는 사람이 생기기 시작했다. 매장의 크기는 작은데(투자 비용이 적을 것 같은데), 케이크가 맛있고 가격도 적당한 데다 한 번 먹어본 사람들이 쉽게 단골이 되는 모습을 확인했기 때문이다.

L사장은 이제 가맹점을 오픈할 수 있겠다고 생각했다. '3-3-3'이라는 전략을 정리했다. 3평 매장, 투자 비용 3천만 원, 월 300만 원 순이익을 의미하는 것이었다. 처음 케이크 전문점을 구상하고 적절한 비즈니스 모델을 정립하기까지 3년 반이 걸렸다.

L사장의 매장은 홈베이킹 방식으로 케이크를 제조하고 있어서 맛에 대한 평가가 좋았다. 케이크를 조각으로 구매할 수 있다는 것에도 사람들은 매우 호의적인 반응을 보였다. 주 고객을 30~40대 주부로 하고 주거지역을 중심으로 매장을 전개하면서 틈새 공간을 활용하는 방식이어서, 창업 비용이 낮은 것도 큰 장점이었다.

1년이 채 되지 않아서 10개의 가맹점을 확보할 수 있었다. 매장 크기가 작고 많이 알려지지 않은 브랜드라는 약점보다는 케이크가 맛있다는 소문과 적은 투자비로도 창업할 수 있다는 장점이 더 많이 부각 되었다. 이제 L사장은 늘어나는 주문량에 맞춰 상품을 공급할 수 있는 생산 규모를 갖추기 위한 투자를 고민해야 했다.

가맹점이 13개가 되었을 무렵 예상하지 못한 일이 나타났다. 처음 매장을 열었을 때는 좋았던 매출이 3개월, 6개월이 지나면서 점차 줄어드는 것이었다. 매장에 따라 다소 차이가 있으나 전체적으로 그런 경향이 나타났다. L사장이 직영점을 철수하고 케이크 생산에 집중하던 때라 징후를 빨리 파악하지 못하고 나쁜 결과가 나온 후에야 알게 되었다. 가맹점 문의가 눈에 띄게 줄었다는 생각하던 때였다.

이때는 특히 생산 규모를 늘리기 위해 두 번째 공장을 준비하는 시기여서 더욱 민감한 사안이었다. L사장은 각 매장을 다니면서 가맹점주들과 만나서 얘기를 한 결과 심각한 고민에 빠져들었다. 투자 비용이 적어서인지 두세 곳을 제외하고는 부업처럼 매장을 운영하고 있었다. 특히 초기 매출이 좋았던 매장이 더 그런 경향이 있었다. 게다가 가맹점주들이 모두 사업 경험이 없는 전업주부들이어서 매출이 떨어지면 공격적으로 회복하려는 생각보다는, 조금이라도 비용을 줄여서 줄어든 매출로 인한 손실을 보충하려고 했다.

손실을 줄이기 위해 케이크 재고를 너무 적게 유지하는 경우가 많았고 전기 요금을 줄일 요량으로 낮에는 전등을 끄고 영업을 하기도 했다. 아직 알려지지 않은 브랜드에는 꼭 필요한 정기적인 홍보에도 거의 무관심했다. 매장에서 정리, 정돈, 청결을 기대하기도 어려웠다. 가맹점 문의가 줄어든 것도 기존 매장들의 부진한 매출과 매장의 활기 없는 모습 때문이라는 생각이 들었다. 구조적인 문제라고 판단되었다. L사장의 고민은 더 깊어졌다.

사업자의 생각과 다른 시장의 반응

새로운 형태의 케이크 전문점으로서 첫 시작은 바람직했다. 자신이 오랫동안 해오던 일 주변에서 기회를 포착했고, 그 기회가 정말 기회인지 확인하면서 파일럿 비즈니스 과정도 충실하게 거쳤다. 적은 투자로 누구나 쉽게 참여할 수 있는 사업 형태를 정립하기 위한 노력의 결과로 '3-3-3'이라는 비즈니스 모델을 정립했고, 그에 맞는 전략적 세팅과 적절한 프로모션 방식도 찾아냈다.

그런데 프랜차이즈로 사업을 확대하는 과정에서 오류가 생겼다. 가맹점주들이 사업 전략에 적합한 구성이 아니었다. 적은 자본으로 시작하기에는 전업주부들이 적당했지만, 부업이 아니라 본업으로 집중하기에는 적절하지 못했다. 그 이유가 무엇이든 목숨 걸고 몰입하지 않는 장사는 성공하기 어렵다.

L사장이 케이크 전문점 사업을 준비하는 과정에 매우 충실했기에 가맹점들이 처음 개점을 할 때는 적절한 매출이 자연스럽게 일어났다. 매장 입지의 특성을 바탕으로 고객 관리와 매장 관리가 적극적으로 이어질 때만 처음의 좋은 평가를 이어갈 수 있다. 그런데 대부분의 가맹점이 적극적으로 매장을 운영할 수 있는 준비가 되

어 있지 않았다.

L사장이 부업처럼 운영하는 매장주들을 보고 구조적인 문제라고 판단한 것은 정확했다. L사장은 작고 알찬 케이크 전문점 사업에 대한 준비는 충분했지만, 그것을 프랜차이즈 방식으로 진행하는 것에 대한 준비는 부족했다. 적은 투자금으로 알찬 수익을 내는 매장을 운영할 수 있으면 더 열심히 해서 가게를 운영하리라 생각했으나 현실의 결과는 그 반대였다. 대부분 점주들이 투자금도 적고 잃을 게 별로 없으니 몸 편하게 가게를 운영해야겠다고 생각하며 부업을 하는 사람처럼 행동했다.

인간에 대한 기본적인 이해가 부족했고, 가맹점을 프랜차이즈 방식으로 전개하는 데 알아야 할 가맹점 선정과 관리에 관한 지식이 부족했던 탓에 어려움을 맞은 것이다. 결국 13개의 가맹점을 연 후에야 비로소 자신의 전략적 초점에 맞는 프랜차이즈 운영 방식에 대한 준비가 부족함을 깨달았다. 결국 L사장의 케이크 전문점 사업은 5년간의 노력과 준비와는 별개로 '파일럿 비즈니스'가 되고 말았다.

8단계의 대답이 'Yes'일 때, 비로소 9단계로 넘어간다

비즈니스 프로세스 8단계 평가의 과정에서 확인할 것은 두 가지다. 첫째는 상품에 대한 시장의 반응과 평가다. 둘째는 자신이 설정한 비즈니스 모델과 전략적 초점의 유용성이다.

앞에 예시한 케이크 전문점의 경우, 맛있고 질 좋은 케이크를 집

가까이에서 쉽게 구할 수 있는 케이크 전문점이라는 제안에 대한 시장의 반응은 매우 호의적이었다. 그러나 두 번째 영역의 평가에 문제가 있었다. 적은 투자로 적절한 수익을 낼 수 있다는 전략의 초점은 좋았지만, 자신의 사업에 최선을 다해 몰입하는 가맹점주를 확보할 방법을 찾는 데는 실패했다.

L사장은 케이크 전문점 사업의 파일럿 비즈니스를 진행하고 비즈니스 모델을 정립하는 과정에서 '3-3-3' 모델(3평 매장-3천만 원 투자-월 수익 300만 원)을 '5-5-5' 모델(5평 매장-5천만 원 투자-월 수익 500만 원)로 바꾸는 것이 좋겠다는 지적을 비즈니스 멘토에게 들었었다. 특히 투자 비용의 크기를 줄이는 것보다 기대수익의 크기를 더 키우는 것이 필요하다는 의견을 귀담아듣지 않은 것에 대한 후회가 컸다. 자신은 그 정도면 되었다고 생각한 것이 큰 오류였다.

이유와 변명은 차치하고 L사장은 이제 부족한 부분을 보완해서 비즈니스 모델과 사업 전략을 조정해야 한다. 시장에서의 성공적인 반응과 어긋남의 이유를 확인하고, 사업의 내용을 보완해서 수정해야 한다(3단계로 돌아가서 다시 시도해야 한다).

오늘의 성공을 내일도 반복하려면

총각네 야채가게의 이영석 사장은 고객의 믿음이 하루아침에 형성되지 않음을 잘 알고 있었다. 그래서 가격이 조금 비싸더라도 최고의 제품만을 떼어 왔다. 폭리를 취하는 것이 아니라 단지 제값을 받을 뿐이다. 그런 사실을 손님들 역시 잘 안다. 품질이 보장되니 손님들이 그만큼 많이 찾게 되고, 가져온 야채와 과일이 다 팔리면 보관 기간이 짧아져서 늘 신선도가 유지된다. 선순환이 만들어지는 것이다. "총각네 수박은 조금 비싸기는 하지만 맛은 믿을 수 있잖아요." 일정 기간 서비스가 제공된 후에야 서비스의 평균치가 적용되고, 비로소 고객들은 그 서비스가 마음에 드는지 들지 않는지 결정한다.

이영석 사장은 가게를 찾는 손님의 입맛을 품질의 기준으로 삼았다. 그리고 손님이 즐겁게 상품을 구매할 수 있는 방식을 찾아서 실행했다. 손님의 절반 이상이 다른 지역에서 온 사람들이었다. 먹어본 사람들의 입과 입을 통해 다른 지역 사람들까지 찾아오게 만든 것이었다.

민들레영토의 지승룡 소장은 카페를 찾아온 손님에게 "드시고 또 드시라"라고 했다. 대접받길 원하는 대로 대접하라는 말처럼 서비스했다. 젊은이들과 대화하고 그들이 원하는 것을 파악해서 서비스에 반영하면서 카페의 모습을 발전시켰다. 도우미들은 손님을 반갑고 존귀하게 맞는다. 항상 손님을 위해서 테이블을 깨끗이 준비해 놓고 있다는 것을 보여준다. 음료를 리필할 때는 미안한 마음이 들지 않고 행복감을 느끼도록 배려한다. 그에 대한 반응으로 민사모(민들레영토를 사랑하는 모임)가 만들어졌고, 2000년 초 도시 미관계획에 없어질 위험에 처한 민들레영토를 지켜주었다.

이영석 사장도 지승룡 소장도 누구 하나 경쟁에서 이기려고 하지 않았다. 고객들이 경쟁자로부터 받지 못하는 것을 제공하려고 노력했다. 늘 고객의 필요를 먼저 생각했다. 상품이 고객에게 도달하기까지의 과정이 매끄럽도록 방법을 찾고 개선했다. 고객이 지불하는 가격 대비 고객이 인정하고 받아들이는 가치가 최고가 될 수 있도록 했다. 고객을 가족처럼 생각하고 대했다. 그러자 고객들이 그들을 최고로 인정해 주었다. 본인들의 재방문뿐 아니라 다른 사람들에게도 호의적인 입소문을 내주었다. 시장에서 이들을 기쁘게 받아들여 준 것이다.

1998년에 시작된 '총각네 야채가게'가 12년의 세월 동안 지속해서 사업을 확대할 수 있었던 것은 시장에서 그들을 기쁘게 받아들였고 '최고 품질의 상품을 제 가격을 받고 판다'는 전략적 초점을 유지했기 때문이다. 그러나 사업은 언제나 현재진행형이다. 2010년의 총각네 야채가게는 10여 년 전의 모습과는 많이 달라졌다. 예전에는 없던 냉동 창고가 꼭 필요하게 되었고, 모든 가게가 처음 시작할 때의 활기와 성과를 내는 것도 아니었다. 한때 한국형 토종 카페로서 스타벅스에 대적할 브랜드로서 거론되던 '민들레영토'의 모습은 이제 만나기 어렵다.

어제의 성공이 오늘과 내일로 저절로 연결되지 않는다. 시장이 받아들이려 하고 경쟁자와 의미 있는 차별성을 지속해서 유지하며, 시대의 흐름을 반영하는 새로움newness을 제안하는 활동을 지속하는 시스템을 만들고 유지해야 성공을 반복할 수 있다.

23

9단계 프로세스

효율적인 기업 시스템을 정립한다

이제 고객들이 만족하는 상품을 반복해서 제공할 수 있는 기반이 마련되었다. 시장에서도 어느 정도 알려졌고 전략적 초점을 이해하고 행동하는 직원들도 생겼다. 회사 내에서 일어나는 대부분의 일이 경험을 가진 것이어서 큰 시행착오도 없다.

'사장이 넘어야 할 다섯 개의 산' 중에서 '생존의 산 – 고객의 산 – 경쟁의 산'을 무사히 넘은 것이다. 그렇다면 이제 해야 할 것은 시스템을 정립하는 것이다. 기업 운영의 효율을 높이기 위해서다.

그림 23-1 9단계: 기업 운영의 효율을 높이는 시스템 정립

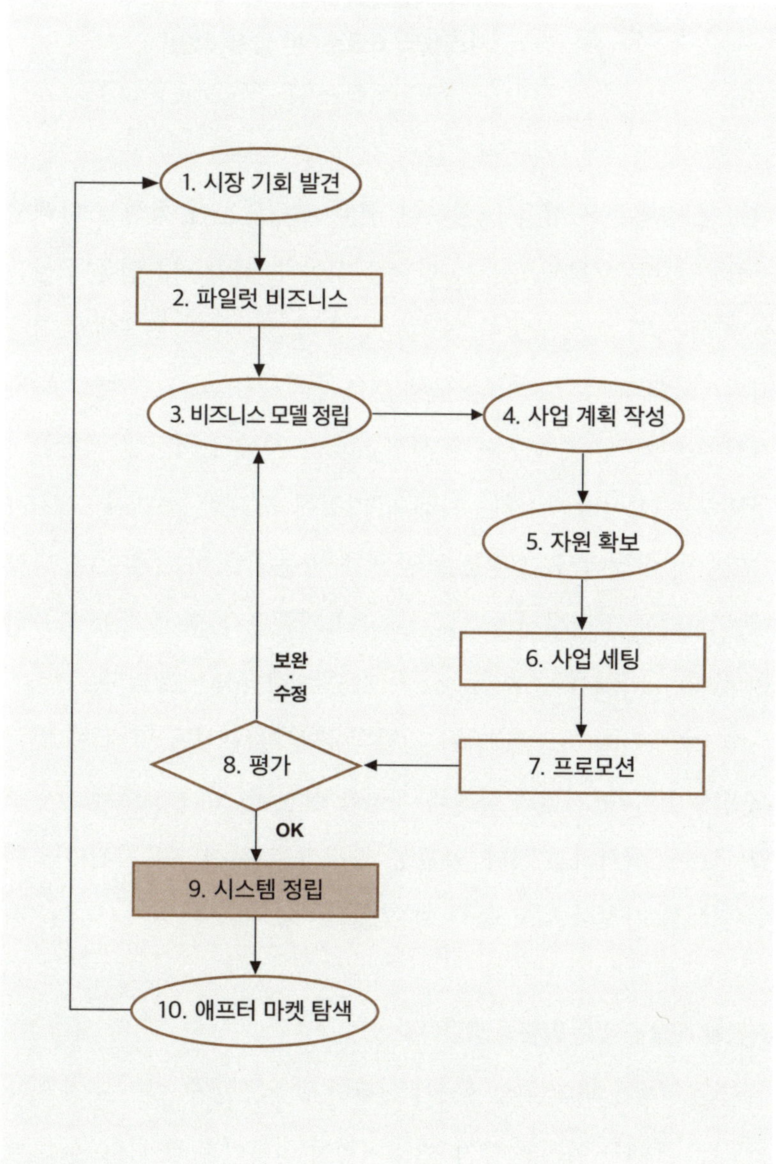

공식56	business process step 9. **시스템의 6요소 '한 방향 정렬'**

시스템 정립은 사장을 포함하여 전체 조직원들이 최선을 다해서 일할 수 있는 흐름과 구조를 만드는 것이다. 기업 시스템을 구성하는 여섯 가지 요소가 있다. 첫째는 상품의 생산부터 고객에게 전달되기까지의 과정process이다. 둘째는 조직의 구조structure를 어떻게 가져갈 것인가다. 셋째는 어떤 사람people이 자신의 회사에 적합한지 구분하는 것이다. 넷째는 자신의 기업에 필요한 정보information가 무엇이며 어디에서 그 정보를 얻을 수 있는지를 아는 것이다. 다섯째는 기업에서 의사결정decision making의 기준을 분명히 하고 공유하는 것이다. 여섯째는 보상rewards의 기준을 정립하는 것이다.

이 여섯 가지 요소를 자기 기업의 특성과 강점에 맞게 한 방향 정렬해야 한다. 기업의 특성과 개성을 살릴 수 있는 프로세스와 조직 구조를 생각하면 된다. 일관성, 공정성, 진실성만 유지된다면 어떤 형태를 가진다 해도 문제 될 것은 없다.

적합한 사람을 찾는 기준을 정립하자

일의 프로세스와 그 프로세스가 원활하게 작동할 수 있는 조직 구조를 갖춘 후에는 어떤 사람이 자기 기업에 적합한지 잘 정의definition해야 한다. 특히 함께 일할 사람에 대한 기업의 태도를 결정하는 것이 중요하다. 그에 따라 기업을 구성하는 방식과 방법이 달라진다.

먼저 기업의 성과 포인트를 분명히 해야 한다. 성과를 내기에 적합한 사람이 누구이며 어디 있고 어떤 방식으로 연결할 것인지 생각해야 한다. 법률을 위반하지만 않는다면 자신이 원하는 현실적인 방법으로 고용해야 한다. 그리고 성과에 적합한 강점을 가진 사람인지 확인해야 한다.

고용 과정을 지나치게 제도화하는 것은 바람직하지 않다. 기업과 경영자를 찬양하는 사람이 아니라 기업의 성과를 강화할 수 있는 사람을 찾되, 함께 일할 사람들이 선발에 능동적으로 참여할 수 있는 방식을 고안하자. 일반적으로 신규 채용의 가장 훌륭한 원천은 회사에 이미 근무하고 있는 만족한 직원이다.

모든 사람이 최선을 다할 수 있는 시스템을 구축하라

자기 기업에 필요한 정보가 무엇이고 그 정보를 어디에서 얻을 수 있는지 명확히 알아야 한다. 기업의 각 영역에서 일하는 사람들이 그 정보를 잘 찾고 활용할 수 있도록 해야 한다. 그리고 기업 전략에 부합하는 의사결정 기준을 공유하도록 끊임없이 노력해야 한다. 현장의 사람들이 기준을 알고 그 기준에 맞춰 결정할 수 있을 때 생산성이 배가된다.

기업의 성과를 어떤 방식으로 공정하게 배분할 것인가도 연구해야 한다. 직원들이 무조건 많은 돈을 원한다고 생각하는 것은 오해다. 인격적인 대우, 동질감과 성취감, 진심이 담긴 인정 등 돈으로 얻을 수 없는 보상은 다양하다.

좋은 회사는 흥미진진한 문젯거리를 가지고 있다. 반면에 좋지 못한 회사는 따분한 문젯거리를 제공한다. 좋은 문제는 의욕을 북돋워 주지만 나쁜 문제는 의욕을 잃게 한다. 사장은 문제를 흥미 있게 하고 그 결과를 쓸모 있게 해서 모든 사람의 참여를 유도하는 기술을 배워가야 한다. 그것이 시스템을 구축하고 운영하는 사장의 핵심 역할이다.

혼자서 모든 문제를 해결하려고 하기보다는 함께하는 사람들이 문제 해결에 적극적으로 동참할 수 있도록 흥미 있는 문제를 제공하면 된다. 문제를 좋은 문제로 변환하는 것이다. 사장을 포함한 회사의 모든 사람이 최선을 다해서 일할 수 있는 방식과 구조에 관한 지속적인 연구와 노력이 필요하다.

창업에서 경영으로의 전환

1~8단계가 창업의 영역이라면 9단계부터 경영이 비롯된다. 9단계 시작의 가장 큰 의미는 기업의 운영 기준이 '효과'에서 '효율'로 옮겨가는 것이다. 비즈니스는 효율의 게임이기 때문이다. 그에 따라 기업 내에서 부서별 역할이 조정되고 의사결정 기준이 달라질 수

있다는 것을 조직원들이 알 수 있도록 변화의 초점을 공유해야 한다. 특히 사장은 자신의 태생적인 강점을 활용하는 생존의 리더십을 넘어서 관계 리더십과 조직 리더십을 능동적으로 학습하고 자신을 발전시켜가야 한다. 사장의 성장 없이 기업의 성장을 기대하기 어렵기 때문이다.

비즈니스 프로세스 9단계에 진입한 사장은 이제 '생존'을 기준으로 세팅된 기업 조직이 점차 장거리 경주를 할 수 있는 조직으로 변화하는 방식을 생각해야 한다. 그 과정에서 '효과'의 시기를 함께 지나온 사람들, 일명 개국 공신들과의 관계를 재정돈하는 것에 특별한 신경을 써야 한다. 함께 고생했던 사람들의 회사에 대한 '기대'가 사장이 생각하는 것과 다른 방향으로 진행되는 경우가 종종 발생하기 때문이다.

자신의 기업에 적합한 시스템에 대한 생각은 파일럿 비즈니스(2단계) 시기부터 구상을 시작해야 한다. 평가(8단계)까지가 주로 기업 외부와의 관계성을 중심으로 생각하고 판단했다면, 시스템 정립(9단계)은 자기 기업의 특성을 온전히 인정하고 반영하는 방식으로 진행하는 것이 좋다. 단, 어떤 경우에도 객관적인 관점을 놓치지 않도록 유의해야 한다. 그리고 기업이 시스템을 정립하는 시기부터 기업의 색깔과 사장의 철학이 드러남을 염두에 두고, 자신이 기업을 운영하는 이유와 나아갈 방향성 등에 대한 자기 생각과 의지를 가다듬어야 한다.

24

10단계 프로세스

새로운
시장 기회를 찾는다

총 10단계의 비즈니스 프로세스는 자신의 상황에 따라 다섯 부분으로 나누어서 생각을 집중하는 것이 효과적이다.

1. 현재 직장을 다니면서 자기 사업을 구상하거나 사업 시작 전 단계에 있는 경우: 시장 기회 발견(1단계), 파일럿 비즈니스(2단계), 비즈니스 모델 정립(3단계)에 초점을 두고 생각하는 것이 우선이다.

2. 기한을 두고 사업을 준비하는 경우: 비즈니스 모델 정립(3단계), 사업계획 작성(4단계), 자원 확보(5단계)에 대해서 깊이 생각할 필요가 있다.

3. 어느 정도 준비를 마친 뒤 실행 단계에 있는 경우: 사업 세팅(6단계)

과 프로모션(7단계) 과정에 집중해야 한다.

4. 이미 사업을 진행 중일 때: 평가(8단계)의 관점으로 시장에서 자기 기업이 어떻게 받아들여지는가, 어떤 부분을 보완함으로써 좀 더 시장 친화적인 기업으로 개선할 수 있을까 생각해야 한다.

5. 충분한 수익 모델을 갖고 사업을 하는 경우: 시스템 정립(9단계)과 애프터 마켓 탐색(10단계)에 관심을 기울여야 한다.

공식 57
business process step 10.
애프터 마켓의 탐색

애프터 마켓after market 탐색이란 현재의 시장 지위를 활용해서 새롭게 접근할 시장을 모색하는 것이다. 이는 비즈니스 프로세스 첫 단계와 똑같은 개념이다. 차이가 있다면 1단계의 시장 기회 발견이 아무런 사업 기반이 없는 상태에서 직관으로 본 기회라면, 10단계 애프터 마켓 탐색은 이미 확보한 시장 지위를 가지고 그 기반을 활용해서 새롭게 거래를 만들어낼 기회를 찾는 것이다. 비즈니스 프로세스 마지막 단계가 첫 단계와 연결되어 순환 구조를 이룬다.

그림 24-1 10단계: 현재 구축된 사업을 기반으로 새로운 시장 기회 찾기

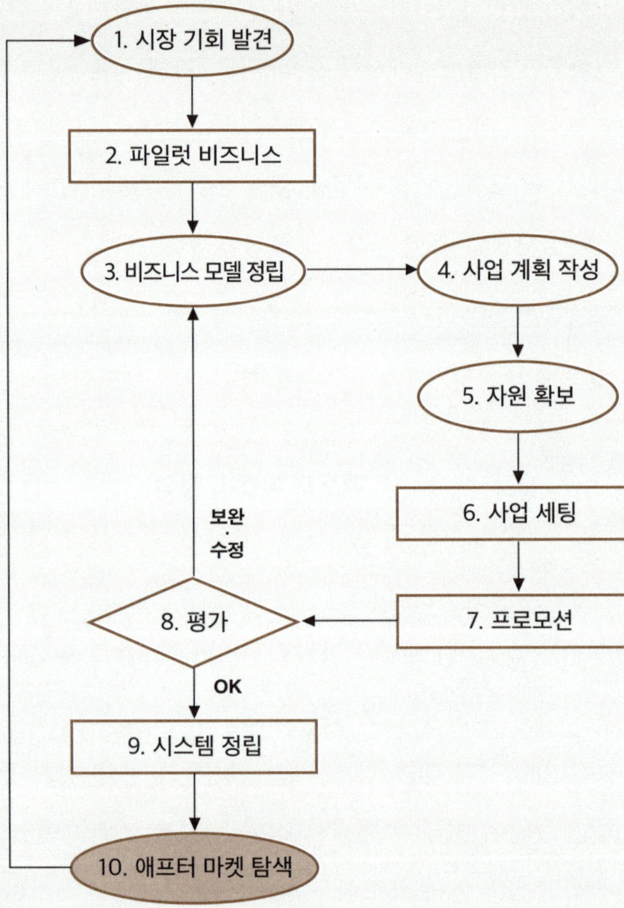

비즈니스 프로세스 10단계를 이루는 '3+5+2'

창업자의 관점에서는 10단계 프로세스를 3+5+2=10단계로 구분해서 이해하면 쉽다. 특히 앞 1~3단계가 중요하다. 사업 성패의 70~80퍼센트를 차지하는 'Before' 단계지만 사업 경험이 없는 사람에게는 포착되지 않는 부분이다. 그래서 사업 초심자들은 4단계 '사업 계획 작성'을 사업의 시작점이라고 생각하는 오류를 범한다.

그리고 4~8단계에서도 실행의 몸통이 되는 4~6단계 외에 7단계 '프로모션'의 중요성을 간과하지 않도록 주의하자. 또한 9단계부터 창업의 영역을 벗어나서 경영의 영역에 진입하게 되는 것을 알고 행동하자.

기업 경영의 단순한 이해

10단계 비즈니스 프로세스를 통해 본 기업 경영은 두 가지로 요약할 수 있다. 좀 더 시장 친화적인 기업이 될 수 있도록 개선하고 보완해 가는 것과 기존의 사업을 기반으로 새로운 시장 기회를 탐색하는 것이다.

처음 시장 기회를 발견하는 것에서 시작하여 파일럿 비즈니스 과정을 거쳐 자신에게 적합한 비즈니스 모델을 만들고, 그것을 기반으로 구체적인 사업 계획과 자원 확보 과정을 거친다. 그리고 상품을 시장에 선보이고 알려서 고객의 반응과 시장의 냉정한 평가를 거친다. 그 과정을 통해 부족함을 보완하고 강점을 강화하면서 적정 수익 모델을 확보한 후에는 기업 효율성을 극대화하기 위한 시스템 정립 과정을 거친다. 그리고 애프터 마켓 탐색을 통해 다시 새로운 시장 기회를 찾는 노력을 한다.

이런 순환 구조를 통해 기업은 성장한다. 그 과정에서 사장은 장사꾼이었다가 마케터로 발전하고, 마지막은 다른 사람을 통해 일하는 경영자로 자신을 탈바꿈한다. 기업의 성장과 함께 사장도 성장해 간다.

25

첫 사업에서 유의해야 할 열 가지 원칙

1
'진실의 꼬투리'를 확인하라

자기 사업을 하고자 한다면 현재의 위치에서 시작해야 한다. 먼저 현재의 일에 집중하면서 그곳에서 자신의 시각으로 시장 기회를 찾아야 한다. 그 후에는 그 기회를 실현하는 데 필요한 요소와 영역을 정리하고, 각 요소와 영역별로 필요한 노하우를 찾아 준비해야 한다.

대부분 효과적인 사업은 자신이 가진 '진실의 꼬투리'에서 시작한다. 그것이 비참한 현실이든, 다른 사람이 탐내는 재주든, 아니면 쓸모없어 보이는 어떤 것이든 다른 사람이 가진 것만을 부러워해서는 아무것도 하지 못한다. 자기가 가진 것에서 시작해야 한다.

다른 사람이 인정하는 자신의 강점들을 살펴보라. 오랜 시간 지속해 온 일이 있다면 그 일에서 기회를 찾아보라. 그리고 삶에서 정말 중요하게 생각하는 가치가 무엇인지 생각하라. 다른 사람들이 달려간다고 생각 없이 뛰어서는 원하는 것을 얻을 수 없다. 자기로부터 시작해야 한다.

만약 스스로 가진 것이 너무 적다고 생각하면 이미 성공한 사람들이 시작한 그 시점으로 가서 무엇을 해야 할지 생각하라. 기본을 준비하고 씨를 뿌리는데 시간을 투자하라. 성공의 답은 자기 안에 있다.

2
창업을 위해서는 얼마의 돈이 필요한가?

사업을 시작하려면 반드시 돈이 필요하다. 그러나 얼마만큼의 돈이 필요할지는 자신이 창의적인 아이디어를 얼마나 가졌는가에 달려 있다. 자신의 상품이 시장에서 고객들에게 쉽고 빠르게 수용될 수 있다면, 필요한 자금의 크기는 그에 비례해서 줄어든다. 반대로 시장에서 자신의 상품을 받아들이지 않는다면 아무리 많은 자금을 쏟아부어도 부족할 것이다.

돈은 무엇을 이끄는 것이 아니라 무엇을 따라가는 성격을 가진 자원이다. 돈의 문제는 돈에 달린 것이 아니라는 뜻이다. 돈은 그 자체로는 아무런 부가가치를 만들어내지 못한다. 그러나 중소기업의 실패에 관한 사례 연구를 보면 운전 자금 부족이 핵심 이유인 것처럼 기록되어 있는 경우가 많다. 이것은 마치 이혼하는 부부의 대부분이 성격 차이나 갈등 때문이라고 말하는 것과 같다. 문제는 왜 운전 자금이 부족하게 되었는가에 있다. 돈은 아이디어나 창의력과 같은 질적인 요소들이 갖추어진 곳을 찾는다.

처음 사업을 시작한 사람은 대부분 자신이 가진 돈의 크기에 맞는 사업을 찾으려고 한다. 그러나 순서를 바꾸어야 한다. 자신이 계획하고 있는 사업의 핵심 변수들을 얼마나 정확히 알고 있으며, 그 변수들에 대한 구체적인 방법과 아이디어가 얼마나 준비되어 있는지 먼저 물어야 한다. 그에 따라서 필요한 사업 자금은 달라진다. 사업 자금의 규모는 자신이 의도하는 사업에 대해 어떤 아이디어를 가지고 있느냐와 그 아이디어를 실행하는 준비에 달려 있다.

사업 시작에는 시장에 도달할 수 있는 정도의 돈이면 충분하다고 생각하라. 지금 사업을 계획하고 있는데 자금이 부족하다는 생각이 들면, 자신의 상품이 시장에서 빨리 수용될 수 있는 아이디어를 찾기 위해서 노력하라. 부족한 자금은 창의력으로 얼마든지 보완할 수 있다.

3
고객 없는 비즈니스는 취미 생활일 뿐이다

초보 사장의 오해 중 하나는 좋은 상품이 있으면 쉽게 사업이 될 것으로 생각하는 것이다. 그러나 아무리 좋은 상품을 가지고 있더라도 그 상품을 돈을 주고 사주는 고객이 없으면 비즈니스는 성립되지 않는다. 오히려 자기 관점으로는 부족한 상품처럼 보여도 누군가 돈을 지불하는 고객이 있으면 그곳에서 비즈니스가 이루어진다.

비즈니스 성공의 핵심은 상품에 있는 것이 아니라 돈을 지불하는 고객의 존재 유무에 달려 있다. 물론 훌륭한 상품은 고객의 관심을 모으고 거래를 이끌어내는 중요한 요소다. 그러나 상품 그 자체만으로는 부족하다. 자신의 상품을 고객의 구매와 연결할 수 있는 효과적인 접근 방법을 미리 준비해야 한다. 좋은 상품을 준비했다면 이제 자신의 상품과 고객을 연결할 구체적인 아이디어를 찾아내야 한다.

비즈니스 관점에서 고객을 X그룹, Y그룹, Z그룹으로 구분하라. X그룹은 제안된 상품보다는 자신과의 기존 관계 때문에 거래하는 고객군이다. 처음 사업을 시작하면 어쩔 수 없이 X그룹을 중심으로 세일즈를 하게 된다. 그러나 아무리 넓은 인맥을 가졌다 해도 X그룹 고객에게는 시작점 그 이상의 의미를 부여하지 말아야 한다. X그룹의 역할은 상품에 대한 호의적인 이해와 경험을 다른 사람들에게 전파하는 데 그친다.

Y그룹은 X그룹을 통해서 상품을 알게 되었거나 기업의 적극적인 고지를 통해 방문 또는 구매 경험을 한 고객들이다. Y그룹은 상품 자체의 매력에 반응하므로 사업 경쟁력을 가늠하게 한다. 따라서 자신의 상품에 대해서 냉정하게 평가하고 반응해 줄 Y그룹을 확보하기 위한 아이디어와 홍보 방법을 사전에 준비해야 한다.

Z그룹은 Y그룹의 경험과 소개로 형성되는 고객군이다. Z그룹이 자신의 주 고객이 되었을 때 비로소 그 사업이 시장에서 자리를 잡은 것이다. 한번 구매한 고객이 다른 사람들에게 자신의 상품을 추천하고 호의적인 입소문을 내는 것, 그리고 그 고객이 다시 자신을 찾아주는 것을 중요하게 생각하고 다루어야 한다.

4
프랜차이즈 성공의 핵심은 협업이다

오랫동안 직장생활을 하다가 처음 자기 사업을 시작할 때 쉽게 고려하는 것이 프랜차이즈 창업이다. 기본적으로 프랜차이즈는 협업 시스템이다. 본사franchiser(가맹본부)가 시행착오를 거치면서 완성한 상품과 상호, 고객 응대 시스템을 가맹점franchisee이 일정한 비용(가맹비, 로열티)을 지불하고 사용하는 방식이다. 이때 유의할 것은 본사의 역할과 가맹점의 역할이 다르다는 것이다. 그 역할이 무엇인지 잘 구분해서 이해해야 한다.

본사는 경쟁력 있는 상품을 제안하고 공급할 수 있어야 한다. 효과적으로 고객을 모으고 관리하는 구체적인 방식도 알려주어야 한다. 그리고 그것이 일회성으로 끝나지 않고 지속적인 연구개발로 이어져야 한다. 이에 반해 가맹점이 해야 할 것은 본사에서 제공하는 상품을 활용해서 고객을 모으고 유지하는 활동을 실행하는 것이다. '실행'에 초점을 두어서 이해하자.

가맹점은 실행 과정을 통해서 본사에서 제안한 상품과 고객 응대 시스템을 자기 매장에 맞게 적용해야 한다. 본사의 정책과 프로그램을 구체적으로 실행하고, 자기 매장에 맞게 적용하는 것은 철저하게 가맹점의 몫이다. 경쟁력 있는 상품과 효과적인 운영 시스템을 제공하는 본사, 제공된 상품과 시스템을 자기 매장에 맞게 적용하는 가맹점의 협업이 이루어질 때 프랜차이즈 창업에서 성공 확률이 높아진다.

프랜차이즈 창업에서 본사는 리더의 역할을 한다. 따라서 믿고 따를 수 있는 본사를 선택해야 한다. 신뢰할 수 있는 본사를 선택하는 것이 프랜차이즈 사업 성패의 절반 이상을 좌우한다. 다른 조건이 아무리 좋아도 신뢰하기 어려운 본사와 사업을 시작해서는 안 된다. 그렇다면 어떻게 신뢰할 수 있는 프랜차이즈 본사를 구분할 수 있을까?

첫째, 고객들이 인정하고 경쟁자와 차별성을 유지할 수 있는 상품과 시스템을 구축한 회사인지 확인하자. 고객에게 어필하고 경쟁자와 차별성을 유지하는 것은 철저히 본사의 역할이다. 그것이 프랜차이즈 사업을 성공시키는 80퍼센트다.

둘째, 새로운 고객을 모으고 기존 고객을 유지할 방법이 정립된 곳인지 확인하자. 모든 사업의 핵심은 신규 고객을 모을 수 있느냐 하는 것과 한번 구매한 고객을 재방문으로 연결할 수 있느냐에 있다. 따라서 고객을 모으고 유지하는 데 검증된 방법을 가진 본사를 만나면 큰 도움이 된다.

셋째, 상품 경쟁력과 고객들의 반응 그리고 새로운 고객을 모으고 기존 고객을 유지할 수 있는 운영 시스템을 확인했다면, 추가로 '3년의 관점'을 확인해야 한다. 3년 후에도 현재의 경쟁력을 유지할 수 있을까를 판단하는 것이다.

프랜차이즈로 사업을 시작하면 예산의 90퍼센트 이상을 사업 초기 시점에서 사용한다. 그런데 사업의 투자금을 회수하려면 아무리 장사를 잘해도 2~3년 이상의 기간이 걸린다. 따라서 이 아이템이 2년 또는 3년 이상 경쟁우위를 가지면서 지속할 수 있을까 생각해야 한다. 지금 반짝 유행하는 아이템이어서는 곤란하다. "3년 뒤에도 이 상품과 방식이 돈이 될 것인가?"를 묻고 답해야 한다.

프랜차이즈 본사는 고객과 경쟁자에 관해 효과적으로 접근하는 방법을 알려주는 역할자일 뿐이다. 그것을 충분히 이해하고 활용하는 것은 철저히 가맹점의 몫이다.

5

효과의 기간을 단축할 자신의 방법을 찾아라

자신의 사업에서 효과를 추구할 때와 효율을 추구할 때를 구분하는 것은 매우 중요하다. 비즈니스는 기본적으로 효율의 게임이지만, 먼저 효과의 단계를 넘어야 비로소 효율을 추구할 수 있기 때문이다. 효과效果가 예선이라면 효율效率이 본선이다. 앞서 설명했듯 사업에서 효과를 추구하는 시기는 에너지는 많이 사용되나 돈은 벌리지 않는 시기다. 그저 생존할 수 있을 뿐이다. 그런데 많은 사람이 처음부터 효율을 얻으려는 욕심을 부린다(효율을 추구하는 시기에 돈을 벌 수 있음을 본능적으로 알기 때문이다).

그러나 효과의 단계를 넘어야 비로소 효율을 추구할 수 있음을 꼭 기억하자! 즉, 돈은 안 되지만 꼭 거쳐야 하는 사업의 단계가 있음을 의미한다. 실제로 처음 시작한 사업에서 겪는 대부분 어려움은 효과의 단계에서 생긴다. 효과의 기간을 넘는 과정에 어려움이 많다는 뜻이다.

효과의 시기는 노력을 기울여도 거둘 수 있는 열매가 없거나 매우 적다. 그렇다고 효과의 기간을 건너뛸 방법은 없다. 우리가 할 수 있는 유일한 방법은 효과의 기간을 단축하는 것이다. 유일한 예외는 이전에 자신이 해왔던 일을 연속적으로 진행할 경우다. 성과에 영향을 주는 변수에 대한 지식을 갖추고 있기 때문이다. 자신이 오랫동안 해왔던 일에서 사업 기회를 찾을 때 실패를 줄일 수 있는 이유가 여기에 있다.

'파일럿 비즈니스'의 유용성 중 하나가 효과의 단계에서 적절하게 활용할 수 있는 지식을 갖추는 데 있다. 알아야 할 것을 모르면 쉽게 수렁에 빠지지만 파일럿 비즈니스 과정을 통해 적절한 지식을 갖추면 실패의 구멍들을 피해갈 수 있다. 보통은 효과의 기간을 통해 사업 성과에 영향을 주는 변수들에 대한 '지식'을 얻게 되고, 그 지식을 충분히 활용할 수 있을 때 '전문성'을 갖추기 위해 노력을 시작한다. 전문성이란 쉽고 능숙하게 더 저렴한 비용으로 사업을 진행하는 역량을 갖는 것이다.

효과의 기간을 넘어서 효율을 추구하기 위한 기본 요건은 전문성을 갖추는 것이다. 사업에서 지식과 전문성을 확보해야 효과를 넘어서 효율을 추구하는 것이 가능하다.

효과를 추구할 시기에 효율을 얻으려고 하면 사업 자체가 영위되기 어렵다. 반대로 효율을 추구할 시기에 효과면 충분하다는 생각을 하면 돈을 벌기 어렵다. 효과의 시기는 보통 돌파의 시기인 경우가 많다. 이때는 성취감을 느낄 수 있다. 반대로 효율의 시기는 시스템적으로 안정된 경우여서 다소 지루할 수 있다. 그러나 효율의 단계에서 반복하는 지루함이 돈이 된다는 사실을 알자.

처음 하는 사업에서 효과의 기간을 단축하는 방법을 많이 알고 있을수록 실패를 줄이고 사업 성공 확률을 높일 수 있다.

6

시작점을 최대한 높여라

처음 하는 사업에서 효과의 기간을 단축할 수 있는 가장 확실한 방법은 시작점을 높이는 것이다. 초점이 분명하다면 시작할 때 집중적으로 투자하는 것이 효과적이다. 처음 가게 문을 열었을 때 예상되는 방문 고객 숫자가 300명이라면 그 숫자를 500명으로 키울 방법을 찾아라. 사업을 시작한 첫해의 예상 매출이 10억이라면 적극적으로 아이디어를 찾아서 20억 매출 달성을 위해 노력하라. 세 번 평가받을 기회가 있다면 50점에서 시작하지 말고 90점에서 시작하라.

우리가 사는 세계에서의 성장은 대부분 불연속적인 형태로 나타난다. 시간의 흐름에 비례해서 꾸준하게 성장하지 않고 일정 시점에 한 번씩 점핑하는 형태로 성장한다. 비즈니스 역시 마찬가지다. 그것이 매출이든 손익이든 고객의 수든 아니면 인지도이든 모두 적절한 상황과 환경이 주어질 때 한순간 불쑥 솟아오르는 형태로 확장되며, 그렇게 확장된 후에는 일정 기간은 그 상태를 유지한다. 따라서 시작점을 최대한 높이는 것이 좋다. 그것이 사업에서 효과의 기간을 단축하는 가장 쉽고 확실한 방법이다.

시작점을 높이라는 말이 경험 없는 일에 처음부터 올인all-in하라는 것이 아니다. 그 일의 성과에 영향을 미치는 변수와 초점이 분명할 때 초기에 집중적으로 투자하는 것이 효과적이라는 뜻이다.

초점이 분명하지 않을 때는 탐색의 시간과 과정을 두어야 한다. 그러나 초점이 분명하다면 초기에 집중적으로 투자하는 것이 목표에 도달하는 훨씬 효과적인 방법이 된다.

7
손익분기점까지는 밀어붙여라

사업을 할 때 첫 번째 효과의 포인트는 대부분 손익분기점BEP, break even point이 된다. 손익분기점을 넘기지 못하면 기업 운영을 위해서 자금을 추가로 차입해야 한다. 사업을 시작하고 일정 기간이 지난 후에도 손익분기점을 넘기지 못하면 그 사업을 접어야 하는 상황에 놓인다. 따라서 손익분기점에 도달하기까지는 효과의 기준으로 행동해야 한다. 다소 거칠고 비효율적인 면이 있다 해도 가능한 빨리 손익분기점을 넘기 위해 노력해야 한다.

대부분 사업은 나가는 돈은 일정하지만 들어오는 돈은 불규칙한 환경에서 진행된다. 따라서 지출을 줄이는 것에만 집중하면 오류를 범할 가능성이 크다. 사업을 할 때는 지출을 줄이기보다는 우선해서 수입을 늘리는 것에 관심과 초점을 두어야 한다.

사업 초기에 집중할 것은 고객 확보다. 초보 사장이 마케팅에 익숙해져야 하는 핵심 이유가 여기에 있다. 자신이 원하는 시기에 고객들이 자신을 찾아오게 하는 방법에 능숙해져야 한다. 그래서 비즈니스 프로세스 10단계 중 7단계 '프로모션'은 단순한 과정이 아니라 효과의 기간을 단축할 주요한 기회가 된다. 자신의 사업 특성과 상황에 맞는 구체적인 프로모션 방법에 관하여 사업 시작 전에 충분히 생각하고 준비해야 한다.

손익분기점을 계산하고, 손익분기점에 도달할 수 있는 구매 고객 수를 산정해야 한다. 그리고 고객들이 적극적으로 자신을 찾아올 수 있는 마케팅 프로그램을 준비하고 실행함으로써 가능한 한 빨리 손익분기점을 넘길 수 있도록 해야 한다. 사업 경험의 유무, 상황의 유불리, 주변의 평가와 관계없이 손익분기점까지는 무조건 밀어붙여야 한다.

8
씨 뿌릴 곳과 열매 거둘 곳을 구분하라

씨를 뿌려야 열매를 거둘 수 있다는 진리는 사업에서도 그대로 통용된다. 그러나 사업에서는 씨 뿌리는 곳과 열매 거두는 곳이 다를 때가 많음을 알아야 한다. 씨를 뿌린 바로 그곳에서 열매를 거두기도 하지만 전혀 다른 곳에서 안정적으로 열매를 거두는 경우가 숨겨져 있음을 상상하자.

효과의 기간을 지나서 효율의 시기에 돈을 벌 수 있다는 '시간적 개념'과 씨를 뿌린 곳이 아닌 제3의 장소에서 열매를 거두는 경우가 더 많다는 '공간적 개념'에 대한 이해를 바탕으로 사업을 전개해야 한다.

비즈니스 프로세스에서 '비즈니스 모델 정립'이 중요한 이유가 여기에 있다. 씨 뿌릴 곳과 열매를 거둘 곳을 구분하고, 더 노력할 때와 열매를 거둘 때를 알고 행동해야 하기 때문이다. 사업을 한다는 것은 열매를 거두면서 씨를 뿌리는 행동을 반복하는 것이다.

따라서 자신의 비즈니스 모델을 정립할 때 효과의 기간을 가능한 한 짧게 해야 하고, 어디에 씨를 뿌리고 어디에서 열매를 거둘 것인가에 대해 여러 번의 수정과 보완을 거쳐야 한다. 그리고 씨를 뿌린 후에 열매를 따기까지의 시간을 계산하고, 그 기간을 버틸 수 있는 준비를 해야 한다.

9
세 번은 망할 각오로 시작하라

내가 사업 경험이 없는 전업주부들을 대상으로 강의를 할 때마다 강조하는 것이 있다.

"가게를 시작하거나 사업을 시작하기 전에 시댁 식구들과 친정 식구들을 함께 초대하세요. 그리고 공개적으로 이렇게 말하세요. 먼저 남편에게 '일을 시작하면 옛날처럼 내가 모든 것을 챙겨줄 수 없으니까 당신이 더 힘들어질 거야. 그리고 애들이랑 집안일도 당신이 많이 도와줘야 해.' 다음은 아이들에게 '엄마가 밖에서 보내는 시간이 많으니까 너희들이 집안일을 나누어서 해야 할 것 같다. 엄마가 일하려면 너희들의 도움이 꼭 필요하다.'

그리고 시어머니에게 '어머니, 제가 일을 시작하면 제사나 집안 행사에 전처럼 참여하기가 어려울 것 같아요. 그렇다고 바로 돈을 많이 버는 것도 아니어서 금전적으로 큰 도움이 안 될 거예요. 그럴 때마다 노여워 마시고 격려해 주세요.' 다음은 친정엄마에게 '엄마, 내가 일을 시작하면 엄마가 가장 마음 아파할지 몰라요. 그냥 애들이나 잘 키우지, 뭐 대단한 일 있어서 사업한다고 난리 치느냐고 몰아붙이지 마세요. 제가 마음먹고 시작한 거니까 좋은 결과 나올 때까지 많이 응원해 주세요.'

마지막으로 가족 모두에게 '저, 세 번은 망할 각오로 사업을 시작합니다. 처음부터 좋은 결과가 나오면 좋겠지만 그렇지 못해도 책망하지 마시고, 실패할 때마다 다시 일어설 수 있도록 물심양면으로 도와주세요'라고 말하세요."

"그러면 당연히 못하게 말리죠"라고 강의에 참석한 주부들이 한 목소리로 대답한다. 이때 나는 단호하게 말한다. "그렇다면 시작하지 마세요! 조그만 가게든지 아니면 큰 자본을 가지고 진행하는 사업이든지, 첫 사업은 대부분 실패로 끝나게 되니까요."

첫 사업에서 바로 성공하는 사람은 드물다. 성공의 모습을 보였다가도 다시 어려움을 겪는다. 그리고 실패라고 생각한 바로 그곳에서 새로운 시작이 가능하다. 실제로 사업은 성공과 실패를 반복하는 게임이다. 적합한 순환 구조 속으로 스스로 들어갈 때까지 그렇다.

'비즈니스 프로세스' 10단계가 그것이다. 그 흐름을 이해하고 자기 것으로 소화할 때까지 성공과 실패는 반복된다. 사업에 대한 경험과 지식을 쌓지 않고 처음부터 성공할 수 없다고 말하는 것은 그 이유에서다. 처음 사업을 시작하는 사람에게 작게 시작하라고 강조하는 이유도 그렇다. 준비하고 시작해야 한다. 우연히 오는 성공은 없다. 그리고 실패에 당당해질 필요가 있다. 실패는 자신이 원하는 성공에 접근하는 하나의 과정이기 때문이다.

사업 경험이 없는 초보 사장을 만나면 나는 늘 '파일럿 비즈니스'의 중요성을 강조한다. 자신이 본 시장 기회가 정말 그런 것인지, 그 일을 자기 사업으로 만들기 위해 영향을 미치는 변수들이 어떤 것이 있는지, 그 기회를 자신의 핵심 역량과 연결하여 어떤 비즈니스 모델을 만드는가에 따라 사업의 방향과 성패가 크게 달라지기 때문이다. 구체적인 사업 경험이 없어도 파일럿 비즈니스 과정을 충실히 이행하면 실패를 크게 줄일 수 있다.

10
살아남는 사람이 강한 사람이다

사업을 하는 것은 흘러내리는 물을 거슬러 올라가는 나룻배를 탄 것과 같다. 현재의 위치를 유지하는 것만으로도 노를 저어야 한다. 앞으로 나가기 위해서는 물의 흐름을 넘어서는 노 젓기가 필요하다. 이것은 일정 근육이 없이는 불가능한 일이다. 그래서 쉬운 사업은 없다. 긴장감도 놓칠 수 없다. 이때 성공이라는 모습 뒤에 숨겨진 실패들은 노 젓는 근육을 만드는 토대가 된다.

돈을 좇고 다른 사람의 성공만을 좇아서는 자신의 성공을 얻기 어렵다. 다른 사람의 성공이라는 현상 속에 감추어진 실패의 기록들을 파악할 수 있어야 한다. 그래서 처음 사업을 시작할 때는 가능한 한 작게 시작하는 것이 좋다. 실패를 관리해야 하기 때문이다.

그리고 일단 시작한 후에는 포기하지 않아야 한다. 처음의 실패는 다음 도전의 밑거름이 되기 때문이다. 자신이 이미 가진 강점을 활용하는 것, 자기 삶의 방향(소명, 즐거움, 욕구)과 일치하는 것을 사업 아이템으로 정하는 것이 좋다. 자기 강점을 발휘할 수 있고 욕구를 충족시키는 일인 경우는 장애물은 오히려 자신을 강하게 만들어주는 계기가 된다.

초보 사장에게 사업이란 미로 게임을 하는 것과 같다. 진지한 태도와 열정을 가지고 출구(성공)를 찾기 위해 노력하지만, 그 과정에서 여러 번의 실패와 좌절을 경험한다. 그러나 분명한 것은 고민과 노력을 멈추지 않고 지속하면 시간의 문제일 뿐 어느 순간 출구를 찾아낸다. 첫 성공을 경험한 후에 긴장감만 잃지 않는다면 성공을 반복시키는 것도 그다지 어려운 일이 아니다.

누구나 시작은 한다. 중요한 것은 끝까지 가느냐에 있다. 나에게 힘든 것은 다른 사람들에게도 힘들며 나에게 쉬운 것은 다른 사람들에게도 쉽다. 나에게만 특별히 주어지는 기회도 장애물도 없다. 내가 쉽게 접근하는 기회는 다른 사람들에게도 역시 쉽게 주어진다. 내게 장애물인 것은 다른 사람들에게도 똑같이 장애물로 작용한다. 대부분 기회는 부정적이고 보잘것없는 모습으로 나타난다. 내가 그것에 집중하고 희망을 불어넣어야만 비로소 매력적인 모습을 드러낸다.

우리가 사는 현실 세계에서는 '비즈니스 밤 까기'과 '비즈니스 숨 참기'의 과정을 반복하면서 달콤한 성공을 경험한다. 그래서 그 과정을 당연한 것으로 여기고 그에 맞는 정신적, 물질적, 관계적 준비를 하고 시작해야 한다. 그리고 자신의 시도와 노력이 양질전환이 될 때까지 버티고 견뎌야 한다.

시장에서 최대한 살아남아야 한다. 강한 사람이 살아남는 것이 아니라 살아남는 사람이 강한 사람이다.

제6부

사장의 성공 공식

흔들리지 않는 사장의 10가지 내공

사장의 역할은 '되게 하는 사람'이다.
사장의 태도는 '끊임없이 학습하는 사람'이다.
사장의 자기계발은 자신의 '경력 경로Career Path'에 대한 자각에서 비롯한다.

사장의 보람은 사업을 통해서
'자기 자신의 성공 공식'을 정립하는 것이다.
사장은 사업과 인생, 두 영역에서
모두 성공하는 길을 늘 고민해야 한다.
그 과정에서 '사장의 삶의 가치'가 축적되고 확산한다.

26

사장은 되게 하는 사람이다

사장의 핵심 역할은 '되게 하는 사람'이다. 따라서 사장에게는 '되게 하는' 자기 공식이 있어야 한다. 사장은 사업 진행의 전체 과정을 통해서 자신의 공식을 가다듬고, 마침내 자신의 '이기는 공식'을 정립한다. 사장이 자기 자신의 이기는 공식을 만드는 과정에 도움이 될 수 있는 몇 가지 접근 방식을 소개한다.

공식58	Before-Do-After의 구분은 올바른 판단을 낳는다

사장은 '지혜로운' 또는 '지혜롭게 행동하는' 사람이 되어야 한다. 변화하는 외부 환경을 주시하면서 기업의 방향과 행동 초점을 정돈하는 핵심 역할자이기 때문이다. 사장의 지혜는 기업활동 전반에 걸쳐서 필요조건으로 작용한다. 그렇다면 사장에게 필요한 지혜는 무엇일까?

누군가 내게 지혜의 정의定義에 대해 물으면 나는 기꺼이 '구분'이라고 대답한다. 지혜의 8할은 '구분'이며, 사장이라면 자기 사업의 방향, 순서, 행동의 가중치에 대한 지혜로운 판단이 필요하다. 특히 Before-Do-After로 구분하여 생각하고 행동하는 것은 사장이 반드시 내면화해야 할 공식이다.

BDA 모델: 모든 비즈니스는 Before에서 시작된다

어떤 일이 될 만한 일인지 아닌지는 어떤 'Before' 과정을 거쳤는지를 통해 상당 부분 예측할 수 있다. 구분의 중요성은 효과와 효율의 구조에 대한 통찰에서 비롯한다. 효과의 기간을 생략한 효율 추구가 불가능한 것처럼, 일의 성격과 관계없이 'Before' 과정 없이 바로 'Do'로 진행되는 비즈니스 또한 존재하지 않는다.

'Before'로서 가장 대표적인 것은 사장이 이미 확보한 전술적 역량이다. 자신이 새롭게 시작하려는 또는 확장하려는 영역이 이미 확보한 전술적 역량을 활용하는 것이라면 괜찮지만, 만약 새로운 역량이 필요한 상황이라면 그 일을 통해서 처음부터 효율을 얻으려는 시도는 실패하거나 부진한 결과를 얻을 가능성이 크다.

우리는 보통 좋은 아이디어가 있으면 그것이 곧 이루어질 수 있으리라 생각한다. 그러나 어떤 일이 되게 하는 데 아이디어가 차지하는 비중은 기껏해야 10퍼센트 정도다. 그 아이디어를 실행할 수 있는 확인된 역량과 구체적인 전략, 역량을 실행에 적용할 수 있는 기반의 유무가 나머지 90퍼센트를 차지한다. 따라서 처음부터 효율적인 행동이 가능하지 않음을 염두에 두고, 시행착오를 겪는 효과의 기간을 미리 계산해야 한다. 그렇게 생각하면 "어떤 'Before' 과정을 거쳤는가?"라는 질문은 경험 없는 일에서 실패를 방지하는 질문으로도 유용하게 활용할 수 있다.

우연한 성공에 가려진 Before의 본질

모든 비즈니스는 외부의 기회와 내부의 준비를 어떻게 연결할 것인가의 고민과 노력의 과정이다. 기업 외부에는 기회가 있고 기업 내부에는 준비가 있다. 기업 외부 요소들은 대부분 통제할 수 없는 영역이다. 따라서 타이밍을 살피고 적합한 때에 행동할수록 얻을 수 있는 성과 크기가 훨씬 더 커진다. 파도타기를 하는 서퍼가 파도가 밀려오는 때를 기다리는 것과 유사하다.

기업 운영에서 우연한 성공을 언급하는 경우가 많다. 실제로 사회에서 성공했다고 평가받는 많은 사업가가 "내 성공의 절반 이상은 우연이었다"라는 말을 한다. 나는 그것이 겸손의 말이 아니라고 생각한다. 우연한 기회를 도약대로 활용했던 사장들은 거의 예외 없이 본인이 알게 모르게 'Before' 과정을 쌓았으며, 'Do'의 과정에서 외부 환경의 변화로 주어진 기회의 타이밍을 십분 활용했음을 알 수 있다.

Do의 핵심, '타이밍'과 '정리·정돈·청결'

타이밍 외에 'Do'의 단계에서 중요한 비중을 차지하는 것이 있다. 정리·정돈·청결을 반복해 낼 수 있는 조직의 훈련이다.

'정리定離'란 필요 없는 것을 구분해 떠나보낸다는 뜻이다(이별할 것을 정하는 일이라고 이해하면 쉽다). '정돈整頓'이란 정리 후 필요한 것을 제자리(있어야 할 자리)에 두는 것이다. '청결淸潔'이란 즉각적으로 사용할 수 있는 상태를 유지하는 것이다.

이 세 단어는 '정리·정돈·청결'로 연결해서 이해하고 사용할 때 강력해진다. 즉, 필요한 것과 필요 없어진 것을 구분해서 필요 없는 것은 떠나보내고, 필요하다고 판단된 것은 적절한 위치를 정한 후에 즉각적으로 사용할 수 있는 상태를 유지하는 것이다. 정리가 없으면 정돈은 의미가 없고, 정돈과 청결이 없으면 기업 운영의 핵심인 효율을 추구하는 행동은 불가능하다. 그래서 정리·정돈·청결이 사장의 습관이자 기업 운영의 습관이 되도록 노력해야 한다.

피터 드러커가 강조했던 '조직적 폐기'를 위한 질문인 "우리가 지금까지 이 일을 해오지 않았다면 오늘 우리는 이 일을 시작할 것인가?"는 기업 운영에서 '정리'를 중심으로 정리·정돈·청결의 중요성을 강조한 것이다.

아울러 '정돈'의 중요성을 바로 깨달아야 한다. 정돈되어 있지 않은 개인이나 조직은 효율을 추구하기 어렵다. 그래서 '정리정돈'은 효율을 얻기 위한 시작점이다. 외부에서 주어진 기회의 타이밍을 잡아내고, 기회로 주어진 실행의 내용을 정리·정돈·청결을 통해 효율적으로 반복하는 것이 바로 'Do'의 과정이다.

After, 자신의 사업에서 현명한 수확은 무엇인가

BDA 모델에서 'After'의 핵심은 '현명한 수확'이다.

After는 재무제표에 기록될 수 있는 즉각적인 수확이 될 수도 있고 새로운 사업 기회의 포착일 수도 있으며, 이전에는 효과의 단계에 머물렀던 사업을 효율의 단계로 진행시킬 수 있는 관계의 기반을 공고히 하는 것일 수도 있다.

수확의 단계에서는 부지런해야 함을 꼭 기억하자!

After에는 Before부터 Do까지 과정의 노력과 수고가 고스란히 담겨 있다. 어느 순간부터 밀려오는 수확들을 잘 다루어서 기업의 성장 동력으로 삼거나 돈의 크기만으로 평가하기 어려운 가치 있는 시도들을 하는 것은 기업을 경영하는 사장이 누리는 큰 즐거움이다.

사장의 관점으로 BDA 모델을 한 문장으로 정리하면 다음과 같다.

"성패의 70~80퍼센트는 'Before'에 달려 있고, 'Do'의 과정을 거쳐 'After' 단계에서 비로소 돈 되는 결과를 얻는다!"

이 과정을 총괄하는 사장은 사업의 최종 책임자라는 관점에서 '되게 하는 사람'으로 정의할 수 있다. 직원은 안 되는 이유와 부정적인 주변 환경을 핑계로 댈 수 있으나 사장은 그럴 수 없다. 사장이 포기하는 순간 그 사업은 곧 끝난다. 그래서 사장은 될 만한 일을 되게 하는 방식으로 진행할 수 있어야 한다.

공식59	문제의 해결책은 필요와 '진짜' 필요의 구분에 있다

사장으로서 자신의 사업 내공을 쌓아갈 수 있는 두 가지 습관이 있다. 하나는 '필요와 진짜 필요를 구분하는 습관'이고, 다른 하나는

관점과 실행에서 '변수를 줄이는 습관'이다.

모든 일은 자신의 '필요'를 파악하는 것에서 시작한다. 이 말은 누구나 동의할 것이다. 그래서 어떤 일을 시작할 때는 자신의 필요를 분명히 하고 그 필요를 어떤 방식으로 풀어갈지 생각한다.

내가 경영 컨설팅 활동을 시작했을 때도 그랬다. 첫 2년간은 성과 없이 참 많이 헤맸다. 문제를 정의하고 그에 대한 해결책을 제안했으나 결과적으로 성과가 나타나지 않았다. 그러다가 퍼뜩 스쳐 가는 생각이 있었다. '사장이 말하는 저 필요가 진짜 필요일까?'

당시 나는 사장이 그 기업의 필요를 충분히 알고 있을 것이라는 전제하에 사장이 말하는 필요에 적합한 해결책을 제시하는 데 초점을 두었다. 그러다가 사장이 말하는 필요가 '진짜 필요'가 맞는지 생각하게 되었고, 이후로는 사장이 말하는 필요를 내 관점으로 확인하는 프로세스를 추가하게 되었다.

그 구체적인 방식은 이렇다. 처음 사장을 만나면 그 사장이 말하는 필요에 대해서 가능한 한 세세하게 듣는다. 그 후에는 다시 내 관점(객관적 관점)으로 그 기업과 사장에게 필요하다고 생각하는 것들을 정리한다. 그리고 두 가지 형태의 프레젠테이션 안을 준비한다.

하나는 사장이 말했던 필요들을 정돈해서 그 문제를 해결할 방안을 설명하는 것이다. 다른 하나는 내 관점으로 그 기업에 필요하다고 생각한 내용을 정리해서 설명하는 것이다. 그러면 대부분 사장님이 비슷한 반응을 보인다. "아니, 어떻게 우리 회사를 나보다 더 잘 아시나요?"

필요와 진짜 필요는 비슷한 말 같지만 내 경험에 따르면 매우 다른 말이다. 필요를 실행의 관점으로 표현하면 '초점을 공유하는 것'이다. 개인이 되었든 조직이 되었든 초점을 공유하지 못하면 이후의 노력은 산만해지고, 결국은 의도한 결과를 얻지 못할 가능성이 크다.

컨설팅 의뢰를 하는 고객이 원하는 것은 좋은 결과를 얻는 것이다. 그 사장의 말(필요)을 경청하는 것은 좋은 결과를 얻기 위한 과정일 뿐이다. 그럼에도 불구하고 상대가 클라이언트라는 이유로 그의 말을 진짜 필요의 기준으로 삼았던 내 판단은 잘못된 것이었다. 그의 말을 포함해서 내 관점으로 그 기업의 객관적인 필요를 파악하는 과정이 추가로 더해져야 함을 뒤늦게 깨달았다.

이 깨달음 이후 '진짜 필요'를 아는 것이 문제 해결의 시작점이 되어야 함을 명확히 하게 되었고, 겉으로 드러난 필요 속에 숨겨진 '진짜 필요'를 찾으려는 사장의 태도가 사업 내공을 쌓아가는 좋은 습관이 될 수 있음을 알게 되었다.

공식60	자기 사업에서 변수를 줄일수록 성공 가능성이 높아진다

어떤 일을 되게 하려면 그 일과 관련된 '변수'를 줄이는 것이 효과적이다. 변수가 늘어나면 처음 생각보다 진행이 더디거나 예상하지 못한 어려움을 겪는다. 단체로 산행을 하면 시간이 지날수록 선두와 후미 사이가 벌어지는 현상과 같다. 의지를 갖고 간격을 유지하려는 노력과 통제가 필요하다는 뜻이다. 그 핵심이 변수를 줄이는 것이다.

사업 과정에서 의도하지 않은 부정적인 상황이 벌어지면 꼭 떠올려야 할 말이 있다. "2차 사고를 조심하라!"가 그것이다. 초보 운전자일 때 고속도로에서 사고가 나면 2차 사고가 발생하지 않도록 유의하라는 교육을 받은 기억이 있다. 1차 사고가 나면 대부분 운전자는 정상적인 상태를 벗어난 상황을 쉽게 받아들이지 못하고 2차 사고에 무방비로 노출된다. 그런데 고속도로에서의 2차 사고는 1차 사고에 비해서 사망하거나 중상을 입을 가능성이 훨씬 크다. 대부분 비즈니스에서도 이와 유사한 상황이 벌어진다.

만약 자신의 사업이 본래 의도와 다른 방향으로 진행되고 있음을 인지했다면 우선은 더 나빠지지 않도록 조치하고, 이미 벌어진 상황을 활용해서 할 수 있는 행동을 하거나 늘어난 변수의 숫자를 줄이는 방식에 익숙해질 필요가 있다. 길이 잘 정비된 도심에서 소요 시간을 결정하는 것은 대부분 거리가 아니라 신호등의 개수다. 부정적인 변수가 더 늘어나지 않도록 유의해야 한다.

우리가 사는 세상에서 벌어지는 일 대부분은 변수가 늘어나는 방향으로 진행되는 경향이 있다. 따라서 무슨 일을 하든 변수를 줄이려는 관점으로 의지를 담은 노력을 하면 자연스레 사장의 내공으로 쌓인다. 사장에게 꼭 필요한 습관으로서 강조했던 정리·정돈·청결 역시 불필요한 변수가 늘어나지 않게 하는 방식 중 하나로 기능한다.

사장이 자신의 비즈니스와 관련해서 영향을 주는 변수가 무엇이며 몇 개인지 알고 있다면 그 사장은 자기 사업에서 어느 정도의 전문성을 확보한 것이다. 그리고 관련한 변수를 줄이면서 사업을 진행할 수 있으면 이미 '프로페셔널'에 가까워졌음을 의미한다. 만약 자신의 비즈니스에서 고객이라는 변수를 제외한 나머지 모든 변수를 '0'으로 만드는 방식까지 알고 있다면, 삶의 근원적인 문제인 지나친 욕심만 주의한다면 그 사장에게 사업에서의 실패는 거의 존재하지 않을 것이다.

사업이든 삶의 문제든 자신이 어떤 상황에 놓였을 때 그 상황에 영향을 주는 변수가 몇 개인지 파악하는 연습을 해보자. 그리고 관련 변수를 줄이려는 관점과 노력을 습관화하도록 애써보자.

공식 61	사업에서 본질적 효용과 기능적 효용을 구분하라!

우리 삶에서 모든 역할과 도구 그리고 방법에는 '본질적 효용'과 '기능적 효용'이 있다.

콜라병은 콜라를 담는 것이 주된 목적이지만 영화 부시맨 사회에서는 곡식을 빻는 최고의 도구다. 세 살 아이에게 아빠의 휴대폰은 '뽀로로'를 볼 수 있는 최고의 장난감이다. 어떤 사람에게 결혼은 부모의 잔소리에서 벗어날 수 있는 최선의 도피처가 된다.

우리의 생각과 행동의 상당히 많은 부분이 본질적 효용보다는 기능적 효용에 머무는 경우가 많다. 사장으로서 사업을 하는 경우도 그렇다. 돈을 벌기 위해서만 하는 사업은 충분하지 않다. 사장의 삶을 시작하고 지속하기 위해서는 돈 말고 좀 더 본질적인 이유가 있어야 한다. 사장이 어떤 필요를 추구하느냐와 그 필요를 해결할 방식이 어떠한가에 따라서, 사장의 문제 해결을 위한 접근 방식이 달라진다.

부시맨에게 빈 콜라병은 자신의 세상에서 활용할 수 있는 최고의 도구임이 분명하다. 부시맨의 경험 체계에서 그렇다는 뜻이다. 세 살 아이에게 아빠의 휴대폰은 '뽀로로'를 볼 수 있는 최고의 장난감이다. 그 아이의 경험 체계에서 그렇다는 뜻이다.

사장이 되고, 사장으로 활동하는 일이 매력적으로 보일 수 있다. 사장이라는 타이틀과 겉으로 드러나는 모습이 그렇다는 뜻이다. 사장의 위치는 고유의 사고 체계와 전문성이 필요한 자리다.

그러나 많은 사람이 준비 없이 사장으로 서는 것이 우리의 현실이다. 이는 기능적 효용에 초점을 두었기에 나타나는 행동들이다. 삶에서 무엇을 하든지 본질적 효용과 기능적 효용을 구분해서 생각하고 정돈하는 습관을 갖고 있다면 좋은 태도를 갖춘 것이다. 본질에 집중하려는 자세는 삶과 관계에서 건강함을 유지하며 오랜 시간 그 일을 지속할 가능성을 키워준다.

경영의 구체적인 방법을 고민했던 기업인 '3M'의 '15-25 원칙'이 좋은 예가 된다. 3M의 직원은 근무 시간의 15퍼센트를 자기계발 시간으로 사용해야 하며, 매출의 25퍼센트 이상이 최근 5년 내 발명한 제품으로 발생해야 한다는 원칙을 가지고 있다. 신제품 개발의 필요성과 중요성을 단순히 생각에서 그치지 않고, 구체적인 방식으로 정립해서 본질적 효용에 집중한 것이다.

반복해서 언급한 피터 드러커의 조직적 폐기를 위한 질문 "우리가 지금까지 이 일을 해오지 않았다면 오늘 우리는 이 일을 시작할 것인가?"도 같은 맥락에 있다. 본질적 효용에 영향을 미치지 않는 정도에서 기능적 효용을 얻는 것은 괜찮으나, 기능적 효용이 본질적 효용을 넘어선다면 조직의 재설계가 필요한 시점이 된 것이다.

대부분 기업활동에서 본질적 효용을 결정하는 것은 공급자가 아니라 고객이다. 기업의 관점에서 고객이 공급자의 의도대로 자사의 상품을 수용해 주는지 확인해야 한다. 만약 기업의 의도와는 다르게 해당 상품을 수용하는 모습이 보이면 해당 상품의 본질적 효용을 재정의하는 과정이 필요하다. 간혹 그 과정에서 우연한 성공을 얻는 경우가 있다. 실제로 운영 과정에서 발견되는 우연한 성공과 의도하지 않은 실패는 모두 기업 운영의 자양분으로 활용할 수 있다.

27

사장은 끊임없이 학습하는 사람이다

오늘의 성공을 일구어낸 비즈니스맨과 사장에게는 물질적으로나 정신적으로 어느 정도 여유가 있다. 그러나 오늘 누리는 그 여유를 소진해서는 안 된다. 오늘의 성공이 내일의 성공을 보장해 주지 않기 때문이다. 오늘 성공을 가능케 했던 외부 환경이 변화하고, 경쟁자들이 새롭게 도전해 오고 있으며, 어제의 고객들이 새로운 것을 요구하고 있다. 따라서 끊임없는 학습과 노력을 통해 내일의 성공을 다시 준비해야 한다.

공식 62	사장은 장사꾼, 마케터, 경영자로 성장 경로를 거친다

비즈니스는 일종의 게임이다. 그래서 규칙이 있다. 누구든지 규칙을 어기면 퇴장당한다. 레드카드를 받는 사장은 본인의 의지와 관계없이 더 이상 게임을 계속할 수 없다. 비즈니스 게임에는 세 가지 규칙이 있다.

첫째, '들어오는 돈이 나가는 돈보다 많아야 한다.' 누구나 알고 있는 상식이지만, 비즈니스 게임에 참여한 사람의 절반 이상이 이 규칙 때문에 어려움을 겪는다.

둘째, '돈을 벌게 해주는 것은 상품이 아니라 고객이다.' 좋은 상품을 가졌다고 해서 무조건 성공하는 것은 아니다. 돈을 지불하는 고객을 확보해야 한다. 고객을 확보하지 못하는 비즈니스는 취미생활로 끝난다.

셋째, '오늘 성공해야 하고 내일도 성공할 수 있어야 한다.' 오늘의 성공이 내일로 저절로 이어지는 것은 아니다.

이 세 가지 규칙을 알고 실행하는 사람만 게임에 계속해서 참여할 수 있다. 그래서 고객에게 매력적이고, 경쟁자와의 관계에서 경쟁우위를 갖추고, 사업 조직을 통해 비즈니스 게임의 핵심인 고객을 확보하고 유지하는 효과적인 전략을 수행해야 한다. 그 과정에서 사장은 기업 운영의 지속성과 연속성을 유지하면서 동시에 자신의 성장을 도모해야 한다. 사장의 성장 없이 기업의 성장이 어렵기 때문이다. 기업의 성장과 사장의 성장은 궤軌를 같이한다.

장사꾼 → 마케터 → 경영자로 발전하기

사장은 스스로 장사꾼에서 마케터로 발전하고, 거기에 더해서 자신의 능력뿐 아니라 다른 사람의 능력까지 활용하는 경영자로 발전을 도모해야 한다. 그래서 사장은 '생존의 리더십' 외에 '개인 리더십'과 '관계 리더십', 그리고 '조직 리더십'을 습득하고 훈련해야 한다.

경영이란 변화하는 기업 외부 환경에 적절하게 응대해 가는 과정이다. 그리고 다른 사람의 능력과 지식을 효과적으로 활용하는 기술이기도 하다. 동시에 자신에게 주어진 자원을 어떻게 분배할 것인가에 대해 전략적으로 생각하고 행동하는 게임이기도 하다.

이와 관련해서 사장을 부르는 명칭이 달라진다. 앞서 언급한 '비즈니스 게임의 세 가지 규칙' 중 첫 번째 규칙을 실행하는 사장을 성공한 '장사꾼'이라 부른다. 들어오는 돈이 나가는 돈보다 많게 만드는 능력을 갖춘 사람이다.

두 번째 규칙을 이해하고 소화해 내는 사장을 역량 있는 '마케터'라고 부른다. 돈을 벌게 해주는 것이 상품이 아니라 고객임을 알고 실행하는 사장이다. 고객의 필요를 파악하고 그것을 자신의 상품과 연계하여 거래를 만들어내는 능력을 갖춘 사람이다.

첫 번째와 두 번째 규칙의 행동 주체는 자기 자신이다. 그러나 사장이 알고 수행해야 할 세 번째 요건이 있다. 자기 조직의 다른 사람에게 앞의 두 규칙을 운영하게 하고, 그런 상황을 반복할 수 있는 시스템을 구축해야 한다. 즉 다른 사람을 통하여 성공을 반복할 수 있어야 한다. 그런 사장을 우리는 성공한 '경영자'라고 부른다. 오늘의 성공을 내일도 반복할 수 있을 때 비로소 성공한 사장으로 자리매김한다.

사장이 공부해야 할 초점 두 가지

사장이 공부해야 하는 초점 두 가지가 있다. 하나는 변하지 않는 것에 대한 이해다. 그 이해가 사장이 자신의 사업을 진행하는 구심력이 된다. 다른 하나는 변하는 것에 대한 이해다. 변화의 필요성과 자극들 그리고 관계의 부딪힘이 원심력으로 작용한다. 그 과정에서 큰 구심력을 가져야 큰 원심력을 감당하고 수용할 수 있다. 이것이 사장이 끊임없이 학습하고 성장을 위해서 노력해야 하는 이유다.

변하지 않는 것과 변하는 것을 구분해서 이해하고, 자기 사업을 통해서 시행착오와 깨달음을 반복하면서 때와 상황에 적합한 자신의 사업 공식을 정리하고 정돈한다. 자신의 경영 공식을 지속해서 수정하면서 사장도 성장하고 기업도 성장한다. 그래서 기업의 성장은 사장의 성장과 궤적을 함께한다. 실제로 사장의 성장 없이 기업의 성장도 없다. 그래서 나는 사장을 정의할 때 '끊임없이 학습하는 사람'이라고 표현한다.

사장이 사업의 과정에서 습득한 효과적인 방식을 자기 기업의 상황에 맞게 적용할 수 있으면 모든 비즈니스적 시도의 성공 확률을 높일 수 있다. 그리고 자신의 상황에 적합 시키는 노력의 과정을 통해 사장의 내공 쌓기가 자연스레 진행된다. 특히 실행자가 능숙하게 사용할 수 있는 무기(강점과 도구)가 무엇이며, 그 무기를 활용할 수 있는 적절한 상황 여부에 따라 적용하는 방식과 순서를 알게 되면 자신이 의도하는 대부분의 일을 자기 뜻대로 이끌 수 있다.

공식 63	끊임없이 자기 사업의 본질을 묻고 변화에 능동적으로 대처하라

시장market은 변화한다. 사업이 궤도에 오른 상태라 하더라도 시장의 변화를 능동적으로 수용하지 못하는 기업은 곧 어려움에 빠질 수 있다. 실제로 시장에서 지위를 빼앗기는 것은 물론 생존의 문제까지 고민하는 상황에 직면할 수 있다. 따라서 사장은 조직의 리더로서 시장의 변화를 기업이 적극적으로 수용하도록 이끌어야 한다.

문제는 조직원들이 변화를 싫어하는 것이다. 안정적인 오늘의 삶을 버리고 확실하지 않은 미래를 위해서 새로운 노력과 에너지를 투입하는 것을 불만스러워한다. 조직원들은 관성적으로 어제의 행동을 오늘 반복하는 것을 자연스럽게 여기고, 오늘 행동을 내일도 반복할 수 있는 상황을 선善으로 받아들이는 경향이 강하다. 생존의 문제가 달려 있다고 스스로 깨달을 때까지 조직원들은 변화를 능동적으로 수용하지 않는다. 그러나 분명한 것은 오늘 성공한 모습을 가진 기업이 내일도 성공한 모습을 지속하려면 시장의 변화를 능동적이고 적극적으로 수용해야 한다.

사장이 관계 리더십을 발휘하는 기업 규모에서도 변화를 수용하기가 쉽지 않다. 그런데 기업의 규모가 조직 리더십을 발휘해야 할 정도라면 사장 개인의 노력만으로는 조직의 변화를 꾀하기가 불가능에 가깝다. 한번 만들어진 관성을 깨기가 쉽지 않기 때문이다. 그래서 사장은 변화를 수용하고 그 상황을 기회로 활용하는 DNA를 조직문화에 심어야 한다. 그렇지 않으면 조직이 변화를 꾀할 때마다 수많은 사람이 고통을 겪게 되고, 그 과정에서 기업의 역량이 훼손될 가능성이 크다.

변화를 수용한다는 것이 기업의 모든 부분을 송두리째 바꾼다는 뜻은 아니다. 사업의 중심을 유지하되 시장 환경의 변화에 맞추어 자기 사업을 새롭게 해석해서 과감히 버릴 부분과 더할 부분, 변화를 줄 부분들을 찾아서 도려내고 더하고 수정해 가는 것이다.

레빗의 질문

테오도르 레빗Theodore Levitt의 1960년대 논문 〈마케팅 근시marketing myopia〉는 변화를 능동적으로 수용하는 접근 방식의 필요성을 공감하는 사장에게 좋은 영감을 제공한다.

레빗은 기업의 리더에게 '내 사업의 핵심은 무엇인가?'를 생각하라고 말한다. 기술이 아닌 사업의 본질에 대해서 고민할 것을 강조한다. 미국의 철도회사들이 자신의 사업을 '철도 사업'이라고 규정하는 순간, 기존의 고객이 비행기나 자동차를 이용해서 이동하는 환경의 변화를 사업에 담아내지 못하게 되었다. 그저 최고의 철도회사가 되기 위한 근시안적인 경쟁에 매몰된 것이다. 레빗은 미국 철도회사들이 자신의 사업을 '운송업'이라고 규정했어야 한다고 지적한다. 코닥KODAK은 아날로그에서 디지털로 변화하는 시대의 흐름을 고려하지 못한 채 자기 기업을 '필름 사업'이라고 규정했기에 몰락할 수밖에 없었고, 할리우드는 자신들의 사업을 '연예오락 사업'이 아닌 '영화 제작 사업'이라고 규정했기에 TV에 시장우위를 빼앗기고 생존의 위협까지 느끼는 상황을 경험해야 했다.

시장의 변화를 수용하기 위한 첫 단계는 고객 관점에서 자기 사업의 본질을 파악하는 것이다. 레빗은 이 단계에서 자신의 사업을 근시안적으로 규정하는 잘못을 범하지 않도록 주의해야 한다고 지적한다. '마케팅 근시'에 빠지면 고객 욕구에 대한 통찰력이 떨어지고, 경쟁자에 대해서 잘못된 이해와 오해를 하게 되고, 결국 기업 내 자원 사용 우선순위에 문제가 생긴다. 결국 기업은 열매를 딸 수 없는 곳에 잘못된 방식으로 씨를 뿌리고, 그 결과 오늘의 성공이 내일로 이어지지 못한 채 점차 소멸한다.

피터 드러커의 다섯 가지 질문

삼성의 창업자인 고 이병철 회장의 가장 큰 관심은 '어떻게 하면 영속하는 기업을 만들 수 있는가?'였다고 한다. 삼성은 그 해결책으로 '조직'을 택했다. 그래서 오늘날 같은 조직의 삼성이 존재하는 것이다. 현대의 창업자인 고 정주영 회장도 같은 고민을 하지 않았을까?

실제로 기업의 규모 관계없이 성공을 일구어낸 사장들은 공통적으로 '오늘의 성공을 어떻게 하면 내일도 반복할 수 있을까?' 또는 '어떻게 하면 영속하는 기업을 꾸려갈 수 있을까?'를 고민한다. 그 질문에 대한 답은 기업마다 다르다. 물론 기업 리더의 철학, 통찰력 등이 가장 큰 영향을 끼칠 것이다. 오늘 성공의 열매를 따고 있는 사장은 그 고민에 대한 답을 찾는 과정에서, 피터 드러커의 다섯 가지 질문을 통해 또 다른 영감을 얻을 수 있다.

1. 내 사업은 무엇인가? What is our business?
2. 누가 내 고객인가? Who is the customer?
3. 그들에게 내 가치는 무엇인가? What is value to the customer?

4. 내 사업은 어떻게 될 것인가? What will our business be?

5. 내 사업은 어떻게 되어야 하는가? What should our business be?

드러커의 다섯 가지 질문 중 앞의 세 질문은 레빗의 질문을 풀어놓은 느낌이다. 드러커는 거기에 더해서 자기 사업의 미래와 자신의 기업이 미래에 도달했으면 하는 위치에 대해서도 고민하라고 요구한다. 대답하기에 쉽지 않은 질문들이다.

그러나 오늘의 성공을 내일도 반복하길 원하는 사장이라면 대답을 피해 갈 수 없다. 사업의 핵심과 고객 관점에서의 가치, 시장 흐름의 변화 속에서 기업을 자리매김하고 평가하면서 시장 변화에 대한 조직의 공감대를 끌어내고 구체적인 실행 단계로 이끌어야 할 책임이 사장에게 있다. 그래서 사장 역할이 힘들다.

자기 기업의 핵심을 보존하고 발전을 자극하라

오랜 기간 생존 이상의 활동을 해온 기업들의 공통점은 바로 '핵심을 보존하고 발전을 자극'하는 일이 리더로 인해 실행되는 조직이었다는 점이다. 핵심을 보존하는 일은 시장 상황의 변화에 맞추어 사업을 재정의하고, 기업이 추구하는 핵심 가치를 분명히 하는 것이다. 발전을 자극하는 일이란 사업의 동력을 기업 내부에서 계속 만들어내고, 시대적 변화를 사업에 담아내는 것이다.

기업이 자신의 정체성을 유지하면서 시대의 흐름에 맞추어 변화하려고 노력하는 것은 언뜻 상충하는 듯 보일 수 있다. 그러나 실제로는 그렇지 않다. 구심력이 커야 더 큰 원심력을 감당할 수 있는 것처럼 사업의 핵심과 가치를 분명히 할수록 더 다양한 시도와 변화를 수용하는 창의적 접근이 가능하다. 그래서 핵심을 보존하는 것과 발전을 자극하는 것은 'or'가 아닌 'and'의 사고로 받아들여야 한다.

시장의 변화와 무관하게 스스로 생존 이상의 상태로 유지할 수 있는 단순한 접근 방식이 있다. 조직문화에 두 가지 행동 코드를 심으면 된다.

첫째는 자신의 영역에서 'No. 1'을 추구하는 것이다. 그 후에는 앞서 예를 들었던 질레트처럼 스스로 경쟁자로서 활동하는 것이다. 경쟁자의 존재를 자신의 사업 영역에서 아예 지워버리는 방식이다. 1위 추구로 시장의 주도자가 되면 사업이 훨씬 쉬워진다.

둘째는 스스로 경쟁자가 되는 방식을 조직의 습관으로 만드는 것이다. 조직 내에 역동성과 창의성이 유지되고, 시장의 변화에 능동적이고 적극적인 대응이 가능해진다. 자신의 사업 영역에 대한 소비자의 수요가 없어지지 않는 한, 이 두 가지 행동 코드가 조직문화에 스며든 조직은 시장 변화에 능동적으로 대응할 수 있다.

오늘의 성공을 내일로 이어가기

오늘의 성공을 내일로 이어가기 위한 노력의 과정에서 사장이 조심해야 할 유혹이 있다. 준비된 역량을 넘어서는 시도다. 전략이 아무리 훌륭해도 그 전략을 실행할 수 있는 전술적 역량이 뒷받침되지 않으면 그 전략은 무용지물이 된다. 간혹 필요한 역량을 조직에 추가하면서 전략을 실행하면 되지 않을까 생각하지만, 실제 상황이 벌어지면 급조한 전술적 역량은 대부분 운용에 한계를 드러낸다.

전략 실행에서 '효과'와 '효율'을 모두 얻으려면 기업이 이미 능숙하게 사용할 수 있는 전술적 역량을 바탕으로 전략이 실행되도록 계획해야 한다. 따라서 변화를 추구하는 과정에서 전략을 뒷받침할 수 있는 조직 내부의 역량이 확보되어 있는가를 냉정하게 계산해야 한다.

또 하나 조심할 것은 기업의 정체성과 핵심 가치가 훼손되는 상황이다. 모든 새로운 시도는 기존의 사업 정체성을 강화하는 것이 되어야지 훼손시키는 것이 되어서는 안 된다. 당장은 문제가 없어 보여도 조금만 시간이 지나면 고객의 그 기업에 대한 기억과 거래에서 집중도가 떨어진다.

동시에 기업의 핵심 가치가 흔들리지 않도록 조심해야 한다. 정체성과 핵심 가치가 훼손되는 것은 나무의 뿌리가 손상되는 일과 같다. 정체성의 훼손은 기업 외부 고객에게 부정적 영향을 주고, 핵심 가치의 훼손은 기업 내부 고객에게 부정적 영향을 준다. 따라서 기업의 정체성과 핵심 가치를 지키는 일은 변화를 수용하는 모든 활동의 기초가 된다.

기업 환경은 늘 변한다. 오늘의 안정된 상태cosmos에서 내일로 넘어가는 과정에서 혼돈chaos의 환경 변화를 경험하고, 핵심을 보존하고 발전을 자극하는 사장의 리더십이 혼돈 속 질서chaosmos를 구현하는 과정을 통해 기업의 뿌리가 더욱 튼튼해진다.

공식64 사업 전략의 수립은 이미 확보한 전술적 역량을 바탕으로 한다

우리는 '전략strategic'과 '전술tactic'이라는 단어를 일상적으로 쓰지만, 그 단어의 뜻과 구분의 필요성은 간과하는 경우가 많다. 먼저 전술과 전략이 어떻게 다른지 생각해 보자.

전술이란 구체적인 실행 역량을 말한다. 전략은 전술적 역량을 묶어내는 방식이다. 전략은 목표 달성에 의미가 있고, 전술은 전략이 의도대로 작동하는 데 도움이 되는지에 따라 가치가 결정된다. 축구 경기에서 특정 강점을 가진 선수 하나하나는 전술적 역량이 된다. 또한 그 선수들을 조합하여 세트피스를 연습하거나 압박 수비를 실행하는 것도 전술적 역량이 된다.

그러나 상대 팀이 누구냐에 따라 선수비 후 역습이나 세트피스를 통한 득점 노리기 등은 전략이 된다. 목표는 게임에서의 승리다. 아무리 적합한 전략을 세워도 그 전략을 실행하는 데 필요한 전술적 역량이 없으면 전략은 무용지물이 된다. 따라서 시간과 노력을 투자해서 전략에 적합한 전술을 추가로 개발할 수 있는 환경이 아니라면, 현재 가지고 있는 전술적 역량을 잘 조합해서 100퍼센트 운용이 가능한 전략을 구상해야 한다.

전략이 전술의 상위 개념이지만 실제 상황에서는 어떤 전술적 역량을 갖고 있느냐가 전략 설정의 중요한 전제가 된다. 현실에서는 일반적 개념과는 달리, 전술이 전략을 만드는 것이다.

전술이 전략을 만들고, 전략은 전술을 지배한다

일단 전략이 설정된 후에는 해당 전략에 적합하지 않은 전술은 과감히 배제해야 한다. 전략에 부합하지 않은 전술적 역량은 전략 수행에 오히려 저해 요소로 작용할 수 있기 때문이다. 전략 밖의 전술적 역량은 목표·전략·전술의 한 방향 정렬에 방해가 된다. 전술의 유용성은 전략의 범위 내에 있을 때뿐이다. 그래서 전략이 전술을 지배하게 된다.

2002년 한일월드컵에서 히딩크 감독 덕에 빛을 본 선수가 있는 반면에 별로 쓰이지 못한 스타급 선수들이 있었다. 선수들에 대한 히딩크 감독의 호불호 때문일까? 그렇지 않다. 승리를 위한 전략에 도움이 안 되는 선수(전술)들을 주변으로 물리친 것이다. 축구에서 감독은 자신이 운용할 수 있는 전술적 역량을 파악한 후에 목표를 이룰 수 있는 효과적 전략을 구상하고 실행하는 존재다. 또한 상대팀을 상대하기에 유용한 전략에 적합한 전술적 역량을 강화하고 구축하는 책임을 진다. 그래서 전략에 적합하지 않은 전술(스타 선수)들을 배제한 것이다. 전략이 전술을 지배하지 못하면 그 전략은 힘을 발휘하기 어렵다.

전술이 전략을 만들고 전략이 전술을 지배하는 원리는 사업에도 그대로 적용된다. 그래서 자신이 능숙하게 사용할 수 있는 전술적 역량을 바탕으로 사업 전략을 수립해야 한다. 자신이 능숙하게 다룰 수 있는 역량을 바탕으로 수립된 전략만이 힘을 발휘할 수 있다. 자신이 세운 전략의 수행에 필요한 전술적 역량이 준비되지 않은 상태라면, 먼저 실행 역량(전술적 역량)을 확보하는 데 시간과 노력을 투자해야 한다.

공식 65	습관이 된 것만 자기 것이다!

사장이 사업을 시작하고 진행하는 과정에서 습관으로 만들면 좋을 일곱 가지가 있다. 머리로 아는 지식을 쌓는 것만으로는 부족하다. 습관이 된 것만 자신의 것이 될 수 있음을 기억하자!

첫째, 영향력의 영역에 집중하는 습관

둘째, 정리-정돈-청결의 습관

셋째, 필요에 집중하는 습관

넷째, 되는 방법을 찾는 습관

다섯째, 윈win-윈win의 관계 정립을 위해 노력하는 습관

여섯째, 옳은 것, 효과적인 것, 돈 되는 것을 구분하는 습관

일곱째, 방향이 맞으면 절벽에서 뛰어내리기

영향력의 영역에 집중하는 습관

세상의 모든 일은 자기 자신을 중심으로 '영향력의 영역'과 '관심의 영역'으로 구분할 수 있다. 영향력의 영역이란 자신이 노력하고 에너지를 투입하면 변화를 일으킬 수 있는 통제 가능한controllable 영역이다. 반면 관심의 영역은 아무리 노력해도 변화를 가져올 수 없는uncontrollable 영역이다.

보통의 사람들은 영향력의 영역이 아닌 관심의 영역에 대해 주로 말하고 논쟁한다. '다른 사람이 어떻게 해주어서' 상황의 변화를 모색하는 자세다. 일반인은 괜찮아도 사장은 절대로 그래서는 안 된다. 사장은 철저하게 영향력의 영역에 집중해야 한다. 그것이 사장의 습관이 되고 조직의 습관이 되도록 노력해야 한다.

정리-정돈-청결의 습관

정리定離란 '필요한 것과 필요 없는 것을 구분하고, 필요 없는 것을 떠나보내는 것'이다. 필요와 기준을 분명히 해야 할 수 있는 활동이다. 정리 후에는 필요한 것을 정돈하는 과정이 필요하다. 정돈整頓이란 '필요한 것을 있어야 할 자리에 두는 것'이다. 쉬운 말처럼 들리지만 일이나 사람, 사물을 적절하게 배치하는 것은 전문성 없이는 어려운 일이다. 청결淸潔이란 '즉시 사용할 수 있는 상태를 유지하는 것'이다. 부지런함과 성실함이 필요한 부분이다.

이 세 가지가 습관이 되면 어떤 상황, 어떤 공간에서도 기본 이상을 할 수 있다. 정리를 위해서는 필요와 기준을 확인해야 하고, 정돈 과정에서는 일의 전문성이 확보되고, 청결을 위해 노력하는 과정에서는 성실함과 부지런함이 몸에 밴다. 또한 정리-정돈-청결이 습관화된 사장의 뒷모습을 통해서 주변의 사람들도 자연스럽게 도전과 영향을 받게 된다.

필요에 집중하는 습관

일반적인 협상의 개념으로 '성공 거래 3단계'가 있다.

1단계: 자신의 필요 분명히 하기

2단계: 상대의 필요 파악하기

3단계: 상대의 필요를 충족하되 돈이 가장 덜 드는 방법 찾기 협상의 첫 단계는 자신의 필요를 분명히 하는 것이다. 보통 상대방의 필요를 파악하는 것을 첫 단계로 생각하는데 명백한 오해다. 자신의 필요를 분명히 하지 않으면 상대의 요구나 상황에 따라 자신의 필요를 바꾸는 결과가 생길 수 있다.

자신의 필요를 분명히 하면 상대방의 요구나 필요를 자신의 필요를 해결하는 과정에서의 지렛대로 사용할 방식을 찾아낼 수 있다. 사장이 필요를 분명히 하면 조직의 다른 사람들은 그 필요를 해결할 수 있는 창의적인 방식을 도출할 수 있다.

상대의 필요를 충족하면서 자신의 필요를 얻어내는 것은 협상에서 효과를 얻는 것이고, 그 과정에서 가장 돈이 덜 드는 방법을 찾아낼 수 있으면 효과와 효율을 모두 얻는 거래가 된다. 모든 협상과 거래에서 '자신의 필요를 분명히 하는 것'이 첫 번째임을 꼭 기억하자.

되는 방법을 찾는 습관

사장은 안 되는 이유를 설명하는 데 시간을 쓰지 않아야 한다. 그것이 작은 확률의 것이라도 되는 방법을 찾는 것에 집중해야 한다. 10퍼센트 가능성을 30퍼센트, 50퍼센트로 키우고 결국은 100퍼센트로 만들어가는 것이 사업이다. 없는 것을 만드는 것이 아니라 가능성을 키워가는 것이다.

되는 방법을 찾는 노력이 조직의 문화가 되면 그 조직은 강해진다. 사업의 전 과정에서 조직원들이 저절로 훈련되기 때문이다.

'안 될 이유가 될 필요보다 훨씬 많아도 필요하다면 그것은 이루어져야 한다'는 사장의 태도가 조직을 강하게 만드는 필요조건이다.

윈-윈의 관계 정립을 위해 노력하는 습관

사장은 모든 일에서 '윈-윈'의 방식으로 일하기 위해 노력하는 모습을 보여야 한다. 그것이 자신은 물론 함께하는 사람들을 근본적으로 강하게 만들기 때문이다.

일정한 크기의 파이를 어떻게 하면 더 많이 차지할 것인가를 고민하는 '제로섬zero-sum' 방식은 사람들을 싸움꾼으로 만들지언정 바람직한 비즈니스맨으로 키우지는 못한다. 또한 기업 외부에서 제로섬 방식에 익숙해진 사람들이 조직 내부에서 같은 방식으로 관계하게 되면 바람직하지 않은 파벌이 형성될 가능성이 크다.

사업 과정에서 모든 일을 윈-윈의 방식으로 해결할 수는 없다. 그러나 가능한 한 윈-윈의 방식을 탐색하고자 노력하는 사장의 자세가 사장 자신은 물론 함께 일하는 사람들이 바람직한 형태로 성장하는 데 긍정적인 영향력을 끼친다.

옳은 것, 효과적인 것, 돈 되는 것을 구분하는 습관

사업은 무엇이 옳고 그른가를 따지는 시시비비是是非非의 영역이 아니다. 무엇이 자신의 목표와 전략적 실행에 효과적인가를 구분하고, 그 실행의 결과를 돈이 되게 만드는 게임에 가깝다. 그러나

지극히 비즈니스에 충실한 행동만 해서는 오히려 얻는 것이 제한될 가능성이 크다. 그래서 사장은 사업을 계획하고 실행할 때 무엇이 옳은 것인가를 고민할 필요가 있다.

이러한 사장의 태도는 재才의 사람들에게 긍정적인 영향력을 끼친다. 사장의 태도가 현賢의 개념으로 받아들여지기 때문이다. 사업을 하는 사람에게 무조건 옳은 것을 하라고 강요할 수는 없다. 사업의 근본 성격이 이익을 추구하는 것이기 때문이다. 그러나 이익만을 위한 노력이 아니라 사회적으로 꼭 필요한 것을 옳은 방식으로 진행하려는 사장의 지속적인 시도는 같이 일하는 사람의 마음을 얻고 보이지 않는 영역에서 적극적인 행동을 끌어내는 힘이 된다.

방향이 맞으면 절벽에서 뛰어내리기

막다른 절벽에 다다랐을 때 사장은 어떻게 해야 할까? 그 방향이 맞으면 절벽에서 뛰어내리는 것을 두려워하지 않아야 한다. 두려움 때문에 뒤돌아서거나 주저앉으면 그 조직 역시 주저앉게 된다. 희한한 것은 과감히 절벽에서 뛰어내리면 안개에 싸여서 보이지 않던 새로운 길을 찾게 된다는 점이다. 죽음을 각오하고 뛰어내린 절벽 아래서 평소에는 찾을 수 없던 새로운 길을 찾게 되는 아이러니를 여러 번 경험하게 된다.

28

사장은 '현現의 사람'으로 발전해 나가야 한다

'사장은 어떤 방식으로 자신의 성장을 도모할 수 있는가?' CEO 가정교사로 활동하는 나에게 이 질문은 중요하다. 나 자신을 위해서도 그렇지만 사장의 성장을 돕는 역할을 자처한 삶을 살고 있기에 더욱 그렇다. 그래서 사장의 성장 방식에 대한 포괄적이고 구체적이며 실용적인 접근 방법을 정립할 필요가 있었다.

인간 사회를 구분하는 여덟 가지 등급

중국의 국부로 불리는 쑨원孫文은 반식민지 상태에 놓여 있던 1920년대의 중국이 나아갈 방향에 대해서 고민하고, 자신의 생각을 민족民族, 민권民權, 민생民生에 초점을 맞춰 주장했다. 그 내용을 그의

그림 28-1

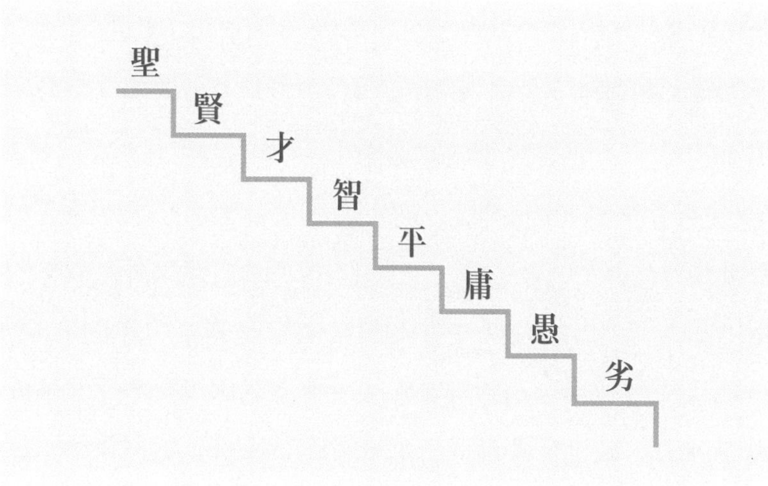

제자들이 삼민주의三民主義로 통칭해서 기록으로 남긴다. 그중 '민권' 장에서 '인간은 평등하지 않다'는 주제로 인간 사회를 여덟 등급으로 구분해서 설명한 것이 바로 '성聖-현賢-재才-지智-평平-용庸-우愚-열劣'이다.

'성聖'은 성스러운 사람, '현賢'은 어질고 현명한 사람이다. '재才'는 재주와 재능이 있는 사람이다. '지智'는 지혜와 꾀, 모략이 많은 사람이다. '평平'은 평범한 사람, '용庸'은 자기중심적이고 이기적인 사람, '우愚'는 자신만 아는 어린아이와 같은 사람이다. '열劣'은 주변의 도움 없이는 스스로 서기 어려운 사람이다. 이렇게 여덟 등급으로 구분된 이들이 계층을 이루고 있다는 설명이다(그림 28-1).

우리가 사는 세상을 잘 살피면 쑨원의 이 구분이 상당한 통찰력이 있음을 알게 된다. 그러나 쑨원의 인간 사회 구분을 내가 그대로 수용하기에는 마음에 껄끄러움이 있었다. 그러던 차에 친하게 지내던 한의사 한 분이, 계층hierarchy이 아니라 순환circle으로 이해하면 더 적절하겠다며 생각을 보태주었다. 눈이 환해졌다. 인간은 평등하지 않으며(평등할 수 없으며) 인간 사회에 계층이 존재하는 것도 사실이지만, 그것이 관계의 순환 형태로 기능할 수도 있음을 고려한다면, 인간의 존엄을 유지하면서 동시에 현실을 그대로 수용할 수 있는 새로운 인간 사회 모델을 모색하는 것이 가능해진다(그림 28-2).

그림 28-2

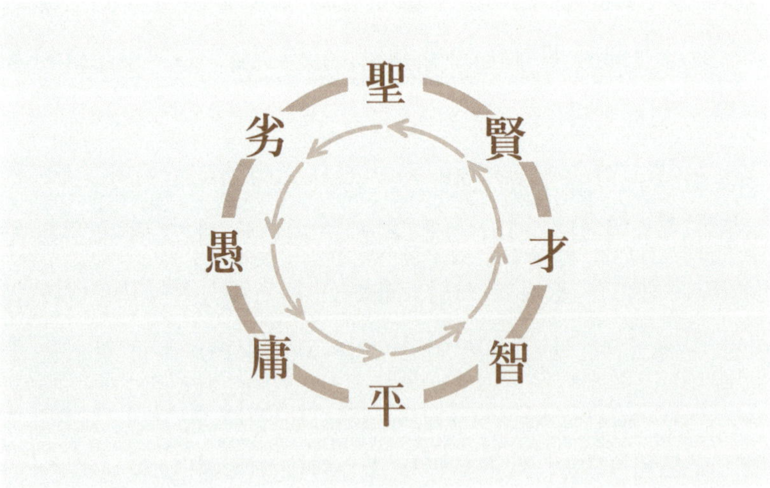

계층 모델이 아닌 관계의 순환 모델 정립

이렇게 하면 계층 모델로 설명하기 어려웠던 성聖의 사람에 대한 정의가 명쾌해진다. 누가 성聖의 사람인가? 스스로 힘으로는 생존하기 어려운 열劣의 사람을 돕고 섬기는 사람이다. 현대사에서 마더 테레사 같은 인물을 쉽게 떠올릴 수 있다. 이때의 깨달음은 내게는 거의 아르키메데스의 '유레카eureka'에 버금가는 것이어서, 기존의 경영학(평平-용庸의 경영학)에 대비해서 내가 오랜 기간 필요와 갈증을 느끼던 '작은 기업의 경영학(才의 경영학)'의 기초를 정돈할 수 있는 단초를 얻었다.

사장은 어떤 경로로 현賢의 사람이 되는가

이제 사장의 성장 방식, 즉 '사장의 경력 경로career path'에 대해서 생각해 보자. 자신의 사업을 궤도에 올리는 사장은 대부분 타고난 재능을 가진 재才의 사람이다. 이들은 별도의 학습 없이도 비즈니스에서 성과를 만드는 행동을 본능적으로 실행한다. 그러나 기업의 규모가 커지면 사장 한 사람의 재능으로는 기업의 성장에 한계가 있고 안정적으로 운영하기도 쉽지 않다.

만약 사장이 자신의 타고난 재능을 활용하는 것에서 멈춰 있으면, 본인의 발전은 물론 조직의 발전 역시 멈추게 된다. 그래서 사장은 성장해야 한다. 여기서 중요한 것이 어떤 초점을 가지고 발전

그림 28-3

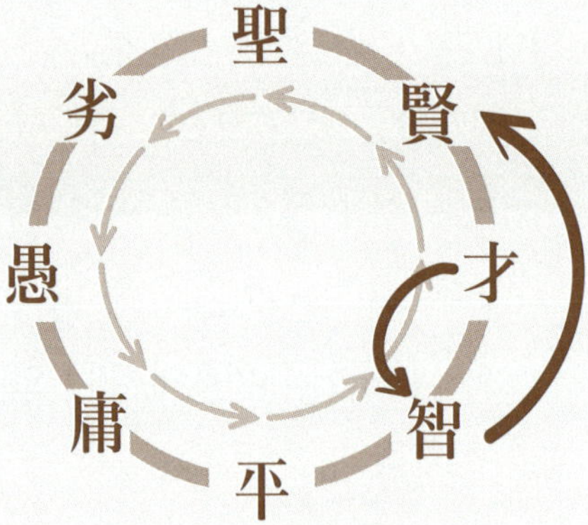

을 도모할 것인가다. 사장이 스스로 지智를 쌓아가는 것이 핵심 초점이다! 사장 스스로 능동적이고 지속적인 학습을 하고자 노력해야 한다. 사장이 바른 마음으로 기업 활동을 하면서 일정량 이상의 지智를 쌓으면 저절로 현賢의 존재로 양질전환을 이룬다(그림 28-3).

공식66	사장의 성장은 재才-지智-현賢의 경로로 완성된다

기업의 시작은 재才의 사람을 통해서 실행된다. 대한민국의 기업사에서 고 정주영 회장을 쉽게 떠올릴 수 있다. 재才의 사람은 많은 수의 지智-평平-용庸의 사람들을 고용하고, 자기 자신은 지속해서 지智를 축적하려고 노력하면서 현賢으로 질적인 전환을 꾀한다. 이로써 사장의 경력 경로, '재才 → 지智 → 현賢'이 완성된다.

재才의 사람은 현賢의 사장을 섬긴다

재才의 사람들에게는 중요한 특성이 있다. 현賢의 사람에게 자발적으로 순종·복종하는 경향을 보인다는 점이다. 그 어떤 물리적 조건도 자신을 인정해 주고 믿고 따를 수 있는 현賢의 존재를 대체하지 못한다. 심지어 재才 성향의 사람 중에는 자신의 개인적인 이익보다 현賢의 사람의 존재 유무와 관계를 우선시하는 경우가 많다.

보통 태생적 재才의 사람은 규칙에 아랑곳하지 않고 까다롭고 고집스러운 형태로 존재하는 경우가 많다. 그래서 시스템을 운용하는 다수의 지智의 사람들과 갈등을 일으킬 때가 있고, 평平과 용庸을 중심으로 운용되는 조직문화를 견디지 못하고 떠나는 일도 부지기수다. 이때 현賢의 모습을 가진 사장의 존재는 매우 중요하다.

기업을 포함한 많은 조직에서 '악화가 양화를 구축하는 현상'이 일반화되는 경우가 많은데, 재才 성향의 사람은 조직에서 소수이고 시스템을 운용하는 다수의 지智의 사람들에게 치이는 경우가 많기 때문이다. 지智의 사람들과 재才의 사람 사이에 갈등이 일어나는 경우, 조직적인 기반에서 역량을 발휘하는 지智의 사람보다 독립적으로도 역량을 발휘하는 재才 성향의 사람이 더 쉽게 조직을 떠난다.

이때 사장이 재才의 단계를 벗어나지 못한 상태에 있으면 사장에 의해 그런 재능의 사람이 솎아지게 된다. 재才의 사람의 특징 중 하나는 반골 기질을 갖고 있다는 것이다. 이 부분 역시 사장이 자신을 현賢의 사람으로 발전시켜 나가야 할 또 다른 중요한 이유가 된다.

조직 내 재才의 사람의 유용성은 돌파의 시기에 나타난다. 조직에서 돌파는 타고난 재능을 가진 재才의 사람 외에는 쉽게 해내지 못한다. 지智의 사람은 현재 시스템을 유지하는 효율의 영역에서 더 큰 능력을 발휘한다. 심지어 현賢의 사람도 원만한 관계를 유지하려는 성숙한 삶의 태도와 노쇠한 기력 탓에 돌파에는 적합하지 않다. 관계하기 까칠하고 부담을 느끼게 하는 경우가 많으나, 비즈니스 조직에서 재才의 사람의 존재는 매우 소중하다.

사장이 현賢의 사람일 때 비로소 조직 내에 우연히 찾아온 재才의 사람이 그 울타리에 오랫동안 머물 수 있다. 그것이 사장이 재才의 상태에 머무르지 않고 현賢을 향해서 지속해서 발전(지의 축적)을 도모해야 하는 중요한 이유 중 하나이며, 이는 조직 내에 돌파 역량을 쌓는 실제적인 방법이 된다. 기업의 성장과 궤를 같이하는 재才 성향 사장의 노력은 재才의 사람을 포용하고 그들의 울타리로서 작용할 수 있을 때까지, 지속해서 지智를 쌓아서 현賢으로 양질 전환이 이루어질 때까지 계속되어야 한다.

현賢을 추구하는 사장에게 필요한 네 가지 태도

사장 자신이 재才의 존재이면서 지속해서 지智를 축적하는 노력을 통해 현賢의 사람으로 양질 전환을 하는 것이 사장의 경력 경로가 됨을 정리해 보았다. 그 과정에서 사장에게 필요한 몇 가지 '지각'이 있다.

첫째는 '섞여 있음'에 대한 이해다. 알곡과 가라지는 늘 섞여서 자란다. 비 온 뒤의 밭에는 가라지가 알곡보다 더 크게 자라서 멀리서 보면 가라지만 가득한 밭으로 착각할 정도다. 이때 사장은 숨겨진 알곡에 집중하는 관점과 습관을 가져야 한다. 가라지 때문에 알곡이 훼손되지 않도록 노력하고, 추수할 때에 둘을 구분하면 된다.

둘째는 '평균'에 대한 이해다. 집단의 평균은 개인에게는 무조건 허수다. 그래서 집단의 평균을 기준으로 개인을 쉽게 평가하지 않도록 조심해야 한다. 특히 평균 이상의 성과를 내는 개인이 도전 의식을 가질 만한 새로운 과업을 제공하는 방식을 늘 고민해야 한다.

셋째는 '조직 성과에서 편차 줄이기'다. 집단을 평가할 때 평균은 높고 편차는 작을수록 효율적인 조직 운영이 가능하다. 그래서 일정 수준 이상의 평균 성과를 얻은 경우, 그 성과를 유지하면서 조직의 편차를 줄이는 과정을 조직 운영 프로세스에 삽입할 필요가 있다. 편차를 줄이면 같은 성과를 내면서도 비용이 현격히 줄어들기 때문이다. '평균을 높이고 → 편차를 줄이고 → 평균을 높이고 → 편차를 줄이고'를 반복하면서 효율적인 조직 운영을 도모할 수 있다.

넷째는 '가중치 읽기'다. 비즈니스는 100점 만점이 아닌 80~85점을 지향하는 게임이다. 그래서 성과에 영향을 미치는 여러 가지 변수 중에서 결과에 영향을 주는, 가중치가 높은 한 두 가지 변수를 찾는 통찰력을 발휘할 수 있으면 효과와 효율을 모두 얻기가 쉬워진다. 기업의 힘과 에너지를 가중치가 높은 변수에 우선해서 집중할수록 사업의 결과를 긍정적으로 이끌기가 쉽다.

돌파 역량의 축적

사장이 기업을 운영하는 과정에서 조직 내에 반드시 구축해야 하는 역량이 있다. '돌파 역량'이다. 사업에서는 늘 장애물을 만나고 그것을 돌파해야 다음 단계로의 이행이 가능하다. 사업 초기에는 사장 자신이 돌파 역량의 소유자다. 그러나 시스템이 구축되고 그 힘으로 회사가 운영되는 시기에는 자칫 돌파 역량이 소홀히 취급될 수 있다.

시스템 역할의 초점은 현재 진행되고 있는 사업의 효율적 운영이다. 시스템이 돌파 역량을 대신할 수 없다는 뜻이다. 돌파는 돌파 역량을 갖춘 사람만이 해낼 수 있다. 그래서 조직에는 사장 외에도 필요한 일은 어떻게든 해내는 돌파 역량을 갖춘 사람이 필요하다. 사장에게 젊었을 때 자신의 모습을 보는 것과 같은 느낌을 주는 사람이 그런 사람일 가능성이 크다. 앞서 설명했듯이 조직 내에 돌파 역량을 확보하는 실질적인 방법은 우연히 찾아온 재才의 사람을 발견하고, 그를 조직 내에 오랫동안 머물게 하는 것이다.

재才의 경영학

많은 사람을 접하다 보면 '저 사람은 일을 참 잘하는구나' '저 사람은 조금만 시간이 지나면 일을 더 잘하겠구나' 생각하게 하는 사람이 있다. 그 영역에 대한 많은 경험과 지식을 가진 사람인 경우가 대부분이지만, 간혹 경험과 지식 없이도 타고난 재능으로 일을 풀어가는 사람을 만난다. 문제를 푸는 구체적인 방법에는 차이가 있으나 어떻게든 결과를 만들어낸다. 처음 하는 일이어서 거칠고 투박한 형태이긴 해도 결국 목표한 결과에 도달한다. 그리고 두세 번째가 되면 훨씬 더 능숙하고 세련되게 일을 처리한다. 모르는 사람에게는 오랫동안 그 일을 해왔던 사람처럼 비친다.

'재才의 경영학'은 조직 내에 돌파 역량을 확보하는 경영 방식에 대한 것이다. 재才의 사람 구분, 재才의 사람 확보, 재才의 사람 활용, 재才의 사람과 평平-용庸의 사람을 효율적으로 운영하는 시스템의 중심인 지智의 사람과의 조화, 이를 통한 시너지 효과를 알고 활용하는 것이다. 기존의 경영학이 평平-용庸의 사람을 근간으로 한 시스템 중심의 '평平-용庸의 경영학'이라면, 재才의 사람을 적극적으로 활용해 조직을 운영하는 방식을 '재才의 경영학'으로 구분할 수 있다.

재才의 경영학은 사장 자신이 '사장의 경력 경로'를 통해 현賢의 사람으로 서는 과정이 전제될 때 훨씬 쉽게 실행되고 조직 내에 뿌리내릴 가능성이 크다. 사장이 '재才 → 지智→ 현賢'의 과정을 거치면서 재才의 경영학의 필요성과 유용성에 동의하고, 기존 평平-용庸의 경영학과 재才의 경영학을 연결하는 방식을 찾아낼 수 있다면 기업 운영에 매우 유용하고도 새로운 방식이 될 것이다.

29

사장에게는 자신의 성공 공식이 필요하다

필요조건은 '생존의 요건'이며 충분조건은 '완성의 요건'이다. 사장의 노력과 결과는 필요조건과 충분조건을 충족해야 비로소 의미 있는 성공으로 평가받는다. 따라서 사장은 자기 일의 필요조건과 충분조건이 무엇인지 알고, 그것을 어떻게 이룰 것인지 생각해야 한다.

필요조건과 충분조건

모든 일은 필요조건을 갖춘 후에 시작할 수 있다. 그래야 실패하지 않는다. 그리고 시작한 후에는 충분조건을 갖추기 위해서 노력하고 투자(성공 확률을 높이는 접근)해야 한다. 이때 자기 일의 영역, 시기, 성공 개념의 정의에 따라서 필요조건과 충분조건이 달라진다. 따라서 사장은 현재 상황과 자기 일에서 필요조건과 충분조건이 무엇인지 분명히 알아야 성공을 위해 투여할 에너지의 크기를 가늠할 수 있다.

만약 어떤 일을 진행하려는 상황에서 자기 자신이나 자신의 조직이 충분조건을 갖추고 있다면 필요조건을 갖춘 환경이나 사람을 찾는 것이 바람직하다. 필요조건까지 갖추려는 것은 오히려 전략적이지 못하다. 대중에게 지명도를 가진 연예인이 사업을 계획할 때 이미 충분히 실무역량을 갖춘 사람이나 기존 조직과의 연계를 통해 핵심 능력(핵심 역량+사업 능력)을 키우는 경우가 대표적인 예다. 반대로 필요조건을 갖춘 사람에게 충분조건이 주어질 때를 인생의 기회라고 말할 수 있다. 보통의 경우 '기회'란, 필요조건을 갖춘 사람에게 충분조건적인 환경이 주어지는 경우를 말한다.

기업의 경영에서 사장의 주요 역할을 필요조건과 충분조건의 정의를 활용해서 이해하고 설명할 수 있다. 필요조건을 갖춘 사람(환경)과 충분조건을 갖춘 환경(사람)을 잘 구분하고, 그들을 연합하여 지속해서 성과를 얻을 수 있는 시스템을 만들고 운영하는 것이 사장의 역할이다.

실제로 존재하지만 간과하기 쉬운 것들

더 많이 경험하고 더 많이 실패하고 더 많이 읽고 정리하면서 비즈니스의 핵심에 대해 새롭게 깨달아 간다. 그중 하나가 정작 중요한 것들은 대부분 눈에 보이지 않는다는 것이다. 마치 우리가 수면 위의 빙산 윗부분만을 볼 수 있을 뿐, 그것보다 아홉 배 이상 큰 빙산의 아랫부분은 볼 수 없는 것과 같다.

눈에 보이지 않는 부분을 볼 수 있는 시각Insight을 갖지 않는 한 비즈니스에 관한 객관적인 이해가 어렵다. 또한 비즈니스가 '양量의 게임'이라는 것을 알아야 한다. 양이 쌓이면 어느 순간에 질적인 전환이 이루어진다. 비즈니스의 결과라는 드러난 현상은 마치 질에 의해서 성패가 갈린 것처럼 보인다. 하지만 통찰력을 가진 시각으로 보면 비즈니스 성패의 본질은 결국 양의 축적에 있음을 알게 된다. 어떤 노력 때문이 아니라 강물이 흘러서 바다로 들어가는 것처럼 자연스럽게 이루어진다.

또 하나 중요한 깨달음은 몰라서 못 하는 것보다 알아도 못 하는 것이 훨씬 더 많다는 것이다. 그래서 성공하는 비즈니스맨들의 공통점 중 하나는 알고 깨달은 바를 구체적으로 실행하는 데 익숙하다.

실행 없는 깨달음은 머리만 키워서 진보를 더디게 하고 다른 사람의 발전을 막기도 한다. 그래서 사장의 도전 중 하나가 사람들이 이미 알고 있는 것을 어떻게 하면 비즈니스 현장에서 실제로 이루어지게 하느냐에 있다. 그 방법과 실행의 형태는 기업의 상황과 리더의 성향에 따라서 다르게 나타난다. 자신이 아는 것을 실행하는 조직은 원하는 결과를 얻지만 실행하지 않는 조직은 어떤 결과도 얻을 수 없다.

경영 현장에는 실제로 존재하고 작용하지만 쉽게 지각되지 않기에 그 중요성이 간과되는 것들, 'Before'로서 양의 축적이 선행되지 않으면 의도했던 'Do'가 진행되기 어려운 순서의 본질, 몰라서 못 하는 것과 알아도 못 하는 것이 혼재되어 있다. 이러한 상황에서 겉으로 드러난 필요와 진짜 필요를 구분하고, 가용한 힘을 모아서 방향과 초점을 정리 정돈함으로써 진도를 나가게 하는 것이 사장의 핵심 역할이다. 그래서 사장이 어떤 시각을 가지고 어떤 생각과 질문을 하느냐가 중요해진다.

사장의 질문 수준이 기업의 방향과 행동 초점을 달라지게 한다. 레빗과 드러커의 질문을 참조해서, 사장은 자신과 자신의 기업에 필요한 질문을 찾고 자신에게 적합한 실행 공식을 배우고 채워가는 과정을 소중히 다루어야 한다.

사장의 자기 성공 공식 정립하기

우리가 하는 모든 일은 '자기 의견' 또는 '자기 생각'을 갖는 것에서 시작한다. 그런데 그 생각이 '객관적 관점'을 기초로 하지 않으면 본인은 물론 다른 사람의 지지를 받을 수 없다. 그래서 실패하지 않으려면 먼저 객관적 관점을 학습해야 한다.

그러나 다른 사람에게 배우고 흉내 내는 것에는 한계가 있다. 밑바탕에 자기 생각이 깔려있어야 한다. '자기 의견 → 객관적 관점으로 정돈 → 객관적 신념(객관적 관점 + 주관적 신념 = 객관적 신념)'으로 발전하는 것이 자연스럽다. 그리고 객관적 관점을 바탕으로 한 주관적 신념은 실전을 통해서 확인되고 확장한다. 그 과정에서 자신에게 적합한 방식을 찾아서 실행하는 것은 철저히 사장 자신의 몫이다.

객관적 관점을 학습하고 확인하는 것에서 시작하지만 거기에 주관적 신념으로 추동력을 더해야 한다. 결국은 자신이 의도한 구체적인 성과와 성공적인 결과를 만드는 밑바탕에는 주관적 신념이 깔려 있다. 그래서 객관적 관점이 필요조건이라면 주관적 신념은 충분조건이다. 단, 주관적 신념이 아집이나 고집이 되지 않으려면 그 필요에 걸맞은 역량을 갖추어야 한다.

사업을 한다는 것은 비즈니스 게임에 참여하겠다고 선언하는 것이다. 그리고 사장이 된다는 것은 비즈니스 게임의 리더로 나서는 것을 의미한다. 그래서 사장은 이기는 게임을 할 수 있도록 판을 짜는 역량을 갖추고, 이기는 게임을 지속할 수 있는 자기 공식을 찾고 만들고 수정·보완하면서 자신의 노하우와 전문적인 체계를 잡아간다. 그 실행의 과정에서 성과와 아쉬움을 반복하면서 사장은 '자기 성공 공식'을 정립하고 확인한다. 그 내용과 기업의 성취가 다른 이들에게 인정받을 때, 사장의 성공 공식이 사회적으로 통용되는 성공 공식이 되어서 세상에 널리 전해진다.

공식67	**사장은 자기 사업을 통해 자신의 성공 공식을 완성한다**

30

사업과 인생,
모두에서 성공할 수 있어야 한다

비즈니스의 성공과 실패는 어떤 변수에 의해서 좌우되는 걸까? 실패의 단계 없이 바로 성공에 접근할 수는 없을까? 같은 노력으로 더 많은 성과를 낼 수는 없을까? 그리고 사업에서 성공하고 인생에서도 성공하려면 어떻게 해야 하는가? 지금까지의 논의를 아래처럼 정리할 수 있다.

1. '비즈니스 패러다임'을 알고 학습해야 한다.
2. '비즈니스 프로세스 10단계'를 알고 실행해야 한다.
3. 비즈니스 리더로서 사장이 넘어야 할 다섯 개의 산을 알고 대응해야 한다.
4. 기업의 규모와 단계에 따라 사장의 리더십이 달라져야 한다.

5. 사장의 리더십과 직원의 팔로워십이 어우러지는 조직문화를 만들 수 있어야 한다.
6. 사장의 마지막 미션은 '사람 기르기'다
7. 사업 성공과 인생 성공의 방식이 한 방향 정렬되어야 한다.

물物을 격格함으로써 깨달음에 도달한다

격물치지格物致知, 성의정심誠意正心, 수신제가치국평천하修身齊家治國平天下. 유교의 기본 경전인 사서(『논어』『맹자』『대학』『중용』)와 삼경(『시경』『서경』『주역』) 중 하나인 『대학大學: 大人之學』의 핵심 내용(세 가지 강령과 여덟 가지 실천 항목)에서 수신제가치국평천하가 빙산의 윗부분이라면 격물치지, 성의정심은 빙산의 아랫부분으로서 드러나지 않은 'BDA 모델'의 'Before'로 비유할 수 있다.

그중에서도 격물치지는 내가 사장에게 필요한 공부의 근간으로 삼는 부분이다. "물物을 격格함으로써 깨달음知에 도달致한다." 일이나 사건 등 주변에서 벌어지는 상황을 적극적으로 이해하기 위해서 노력하다 보면 그것이 일정한 패턴으로 반복되는 것을 깨닫게 된다. 여기에서 격格한다는 것은 한지를 만들 때 물 위에 떠 있는 불린 조각들을 일정한 형태의 뜰채로 떠서 올리는 것과 같다. 이때 조각들物이 모여서 뜰채 형태格의 한지가 만들어진다. 주변에서 벌어지는 일과 사건들을 이해할 수 있는 생각의 틀이 형성되는 것이다.

비즈니스 초심자는 몰라서 못 하는 것이 더 많은 사람이다. 그래서 초심자에게는 쉬운 기회가 있다. 모르던 것을 새롭게 알고 깨닫게 되면 자기 일과 역할에 바로 적용하면 된다. 그러면 이전보다 더 나은 결과를 얻을 수 있다. 비즈니스 숙련자는 알아도 못 하는 것이 더 많은 사람이다. 이미 지식을 가진 이들에게 필요한 것은 용기다. 이미 알고 있는 것을 현장에서 실행하는 용기를 낸다면 이전과 다른 결과를 만들 수 있다.

초심자의 용기가 숙련자에게 전해지고 숙련자의 지식이 초심자에게 전해질 수 있으면 그 사업장은 상승작용을 통한 에너지로 충만하게 될 것이다. 초심자에게는 지식을, 숙련자에게는 용기를, 그리고 이들이 어울려서 서로에게 긍정적인 작용을 할 수 있는 환경을 조성해서 시너지를 끌어내는 것이 사장의 몫이다. 이 책에 담은 사장의 공식을 갈무리하는 차원에서 사장이 일차적으로 쌓아야 할 지식을 한데 모아 소개한다.

사장의 기초학습 1

두 개의 B.P.는 비즈니스 세계가 운용되는 원리다

자연에 중력의 법칙이 있는 것처럼 비즈니스 세계에도 현실적이고 논쟁의 여지가 없는 불변의 법칙이 있다. '비즈니스 패러다임'과 '비즈니스 프로세스'는 비즈니스가 진행되는 세계에서의 상호 관계를 그려낸 전문적인 지도다. 그리고 성공 비즈니스를 도출하는 효과적인 접근 방법이다.

올바른 지도를 가졌으면 이미 경험한 것이든 그렇지 않은 것이든 그다지 문제가 되지 않는다. 지도를 읽을 수 있는 능력과 그대로 행동할 수 있는 부지런함만 있으면 된다.

사장의 기초학습 2

다섯 개의 산을 넘으면서 사장의 길을 걷는다

사업을 시작하는 순간 사장은 다섯 개의 산과 마주한다. 생존의 산, 고객의 산, 경쟁의 산, 기업 내부의 산 그리고 자기 자신의 산이다. '생존의 산'을 넘는 사장의 과제는 들어오는 돈이 나가는 돈보다 많은 상태를 만들고 유지하는 것이다. '고객의 산'에서 사장은 4단계 과정(만족 블랙박스 변수 찾기 → 약속 개발 → 성실한 실행 → 새로움 제안)을 거쳐 무성한 잎과 열매를 가진 고객나무를 키워간다.

또한 '경쟁의 산'을 넘으면서 자신의 강점을 확인하고 1+2 승리 전략을 통해 시장에서 기업의 위치를 더욱 강화한다. 그리고 '기업 내부의 산'을 넘으면서 사장은 조직 시스템을 '한 방향 정렬'시키는 학습된 역량을 더하여 비로소 '경영자'로 발전한다.

사장의 기초학습 3

기업 규모에 적합한 사장의 리더십을 장착한다

기업 경영에서 작은 규모의 조직과 대규모 조직의 사장 역할이 달라져야 하는 핵심 이유는 인간의 행동에 영향을 미치는 코드인 '지각'과 관련이 있다. 사장의 리더십은 자신이 직접 눈으로 확인할 수 있을 때와 그렇게 할 수 없는 상황에서 사업을 진행할 때 다르게 작용한다. 작은 규모의 조직 경영에서 사장의 개인격이 영향을 미치는 것은 조직의 사람들이 사장의 활동을 자신의 눈으로 직접 볼 수 있기 때문이다. 그러나 대규모 조직에서는 사장의 조직격이 중요해진다. 조직의 사람들이 시스템을 통해서 사장을 평가하기 때문이다.

직원이 사장에게 직접 지시받고 사장의 활동을 자신의 눈으로 확인할 수 있을 때와 중간 경영자와 관리자를 통해서 의사소통하고 실적을 평가받을 때 달라지는 것은 자연스러운 일이다. 따라서 사장에게 요구되는 리더십 또한 기업의 규모에 따라서 달라져야 하고, 기업의 성장과 비례하는 사장의 학습과 성장 과정이 필수적이다.

생존의 리더십 → 관계 리더십 → 조직 리더십으로 발전하기

사장이 효율적으로 일해야 하듯 직원도 효율적으로 일해야 한다. 그러기 위해서는 직원 각자가 노력해야 하는 부분이 있고, 직원이 그렇게 일할 수 있는 환경을 만들어야 하는 부분도 있다. 중소 규모의 기업 운영에서 사장은 '관계 리더십'을 발휘해야 한다. 관계 리더십의 핵심은 '직원의 역량을 최대한 끌어내는 것'이다. 규모가 작은 기업에서는 별도로 교육 훈련을 할 여유가 없다. 일하면서 배우고 훈련하는 것이 현실적이다. 그래서 각 직원이 이미 가지고 있는 역량을 최대한 발휘할 수 있는 환경을 통해서 스스로 발전하게 해야 한다. 가장 좋은 방식은 '소수 정예'로 일하게 하는 것이다.

소수 정예란 '소수가 되면 정예가 된다'는 뜻이다. 평범한 사람도 구체적 목표와 책임을 갖고 능동적으로 일할 수 있는 환경이 제공되면 자기 속에 숨겨진 가능성을 최대한 끌어올린다. 소수의 사람이 행동해야 하므로 누구에게 의존하거나 다른 사람 핑계를 댈 수가 없다. 단, 그 과정에서 발생하는 시행착오와 그로 인한 폐해가 조직에 타격을 주지 않도록 사장이 관리할 수 있어야 한다. 그들이 활동 중에 장애물을 만났을 때 사장이 함께 뛰면서 장애물을 돌파하는 경험을 공유할 수 있으면 더 강한 소수 정예가 될 수 있다.

사장이 직접 얼굴을 맞대고 일할 수 없는 대규모 조직에서 사장의 개인격은 기업의 성과에 큰 영향을 끼치지 않는다. 이제 사장은 조직 전체를 한 방향으로 정렬시키고, 외부 환경의 변화에 따라서 일의 프로세스와 조직 구조 등 시스템을 재정립하는 역량이 필요하다. 그것이 '조직 리더십'을 통해서 나타나는 사장의 조직격이다.

사장의 의사소통 방식 훈련

사장의 관계 리더십이 작동하는 범위는 비서실이나 임원회의 정도다. 업무 실행이 이루어지는 현장과는 거리가 생긴다. 그래서 사장이 중요하다고 판단하는 모든 정책을 단순화시키는 과정이 필요하다. 직접 의사소통하지 못하고 단계를 거치다 보면 그 과정에서 메시지가 왜곡될 가능성이 크다.

누구나 들으면 쉽게 이해하고 받아들일 수 있는 형태로 메시지를 간결하게 만드는 과정이 꼭 필요하다. 그리고 한번 시작된 정책이 그 필요를 다했을 때는 폐기할 수 있도록 '조직적 폐기'의 과정을 업무 프로세스에 짜 넣어야 한다.

사장의 기초학습 4

'or'가 아닌 'and'를 추구하는 조직문화를 만든다

자식이 부모의 뒷모습을 보고 배우듯 기업의 모든 직원은 사장의 뒷모습을 보고 배운다. 그래서 조직에 긍정적인 영향을 주는 최선의 방식은 사장이 누군가에게 설명하고 가르치는 것이 아니라 스스로 직원들이 배울 만한 모습으로 살아가는 것이다. 이때 사업에 진정성을 가진 사장은 'or'가 아니라 'and'를 추구하는 태도를 지녀야 한다. 회사와 직원을 정예 요원으로 키워가려면 자신은 물론 조직 자체를 'or'가 아닌 'and'를 당연하게 추구하고 실행하는 문화로 만들어야 한다.

사장은 일 자체와 성과를 엄격하게 평가하는 냉정한 태도여야 한다. 만약 지속해서 성과를 내지 못하는 사람이면 그 일에서 빼내야 한다. 심지어 회사에서 내보낼 수도 있다. 오해하지 말라. 성과를 내지 못한 사람을 내치라는 뜻이 아니다. 성과에 대한 책임은 언제나 사장에게 있다. 그 사람이 그 일에 적합하지 않다는 뜻이다. 그 사람에게는 다른 적합한 일을 맡겨야 한다. 만약 자신의 회사에서 그 일을 찾아낼 수 없다면 성과를 창출할 수 있는 다른 곳으로 보내야 한다. 끝까지 그 사람을 붙들고 있는 것은 오히려 무책임하다. 대신 그가 회사 내에서든지 밖에서든지 성과를 낼 수 있는 일을 찾도록 도와야 한다.

사장은 일과 성과에 냉정한 태도를 유지하되, 같이 일하는 사람들이 내일의 성공자가 될 수 있게 구체적인 방법으로 성과를 내도록 돕는다. 이것이 'and'의 태도다.

성장과 성과를 위해서는 가치가 희생될 수 있다고 말하는 사람들이 많다. 그렇지 않다. 그것은 'or'의 태도다. 가치를 추구하면서 성과를 내도록 독려하고 사장도 자신의 고유 활동 영역에서 최선을 다해야 한다. 'and'의 태도로 최선을 다했지만 결국 'or'의 결과밖에 얻지 못했더라도 최선을 다해서 고민하고 노력하는, 즉 'and'를 지향하는 태도는 같이 일하는 직원에게 영향을 미친다. 즉각적으로 나타나지는 않지만 보이지 않는 조직의 구석구석으로 스며들고 적절한 때가 되면 직원에게서 동시다발적으로 'and'의 태도가 수반된 성과가 구현된다. 사장의 태도가 조직문화의 기초가 되기 때문이다.

'or'의 태도로 일하는 사장은 늘 변명거리가 있고 결정도 쉽게 한다. 반면에 'and'의 태도로 일하는 건 훨씬 더 어렵다. 성과를 내는 동시에 함께하는 사람의 성장을 도모하는 시도는 일을 복잡하게 만들 수 있고, 기업 운영을 비효율적으로 보이게 할 수도 있다. 그러나 진정성 있는 사장의 태도는 진정성 있는 사람에게 그대로 스며든다. 당장은 어려울지 몰라도 기업 내부의 산에 좋은 거름을 뿌리는 것과 같다.

'or'가 아닌 'and'를 추구하는 행동들

1. 최선을 얻을 수 없다면 차선을 선택하되, 늘 최선을 추구하는 노력을 기울인다.
2. 평범한 사람이 성과를 낼 수 있는 시스템을 구축하되, 타고난 재능을 가진 사람들이 활약할 수 있는 환경을 만든다.
3. 적은 비용도 근검절약하되, 꼭 필요한 일에는 큰돈을 아끼지 않는다.
4. 즉각적으로 성과를 낼 수 있는 일에 집중하되, 미래를 위해서 끊임없이 생각하고 투자한다.
5. 성과에 대해서 냉정하게 평가하되, 그 일을 하는 사람에 대한

기대를 멈추지 않는다.

6. 철저하게 '돈이 되는' 일인지 확인해서 의사결정을 하되, 동시에 어떤 것이 같이 일하는 사람과 사회에 가치 있는 일인지 생각한다.
7. 시장의 변화에 주목하여 대응하되, 내부의 준비와 지향하는 가치에 적합한지 살핀다.
8. 시스템으로 조직을 운영하되, 그 시스템을 운영하는 사람의 가치를 우선한다.

사장의 기초학습 5

다섯 번째 산을 성공적으로 넘을 수 있는 씨앗은 첫 번째 산을 넘는 과정에서 만들어진다

다섯 개의 산을 넘을 수 있는 사장의 사업 DNA는 사업을 시작하는 시기의 첫 마음과 절실함과 부지런함으로 생존의 산을 넘으면서 만들어진다. 사업 신념을 분명히 하고 생존의 산을 넘은 사장은 자신도 의식하지 못한 사이에 마지막 다섯 번째 산을 성공적으로 넘게 해줄 씨앗을 미리 뿌린 것이다.

그것이 실패의 상황이든 성공의 상황이든, 돈을 구하러 다니는 상황이든 여유 자금으로 다음 사업 기회를 탐색하는 상황이든 관계없이, 자신의 사업 신념에 맞게 생각하고 판단하고 의사결정하고 실행해야 한다. 오늘 인생에서 성공하는 방식으로 사업하지 않는 사장에게 내일의 성공은 존재하지 않는다.

사장의 기초학습 6

사장은 자기 사업에 대한 확고한 신념을 세워야 한다

사장에게는 자기 사업에 대한 '신념'이 필요하다. 따르는 사람들이 생겼다는 것은 사장이 리더가 되었음을 의미하고, 리더에게 꼭 필요한 덕목은 바로 신념이다.

사장에게는 정년도 없고 은퇴도 없다. 그래서 사업 그 자체에 삶을 담아야 한다. 자신의 관심과 강점, 특성을 반영하는 일이 사업이 되어야 한다. 그리고 사회에 꼭 필요한 일에 자신이 가치를 부여하는 방식으로 사업을 시작하고 발전시켜야 한다.

사장의 기초학습 7

사장의 마지막 사명은 사람을 길러내는 일이다

사장의 마지막 미션은 '사람 기르기'다. 사람 기르기의 핵심은 적합한 사람을 구분하는 것과 그 사람이 강점을 발휘할 수 있는 적절한 환경을 제공하는 것에 있다. 가장 기본적으로 생각할 것은 목표가 무엇이고 어떤 전략을 가지고 목표에 접근하려는지를 명확히 공유하는 것이다. 그 과정에서 사람들은 자신이 의욕을 불러일으킬 만한 업무를 찾는다. 그리고 기업이 자신에게 기대하고 있다는 사실을 인식하면 맡은 역할에 더욱 집중하게 된다.

조직에서 함께 일하기에 좋은 사람을 내 관점으로 정리하면 다음과 같다.

1. 쉬운 일은 쉽게 하고 어려운 일은 어렵게 하는 사람
2. 효율의 때와 효과의 때를 구분해서 행동할 줄 아는 사람
3. 명령과 요구가 주어졌을 때 진정성 있는 자세로 집중하는 사람
4. 목표에 집중하고 전략을 유지하면서 상식으로 소통할 수 있는 사람
5. 자신의 관점으로 명확한 판단을 하는 사람
6. 영역별 평균 점수를 얻으면서 한 가지 이상의 영역에서 명확한 강점을 가진 사람
7. 옳은 방식으로 일하기 위해 노력하는 사람

기업에서 사람을 기르기 위한 노력은 일반적인 기업 성과를 얻기 위한 노력보다 난도가 더 높다. 사장이나 기업의 의지뿐 아니라 직원의 의지도 변수로 작용하기 때문이다. 변수가 늘어나는 것은 그 일이 의도대로 진행되지 않을 가능성이 더 크다는 뜻이다.

"총론에는 정답이 있고 각론에는 진심이 있다." 모든 일이 마찬

가지지만 사람을 키우는 일에는 더더욱 각론이 중요하다. 사장이 진심을 어필하는 수준으로는 부족하다. 사장의 자세와 태도, 기업의 지향점이 분명해야 한다. 기업의 규모에 따라서 사장의 개인격과 조직격이 주는 영향력이 달라짐을 냉정하게 생각하고, 사람을 길러내기 위한 적합한 방식을 찾는 사장의 지속적인 노력과 역할이 필요하다.

사장은 길을 열고 직원들은 그 길을 따라서 걷는다. 사장이 스스로 효율적으로 일하는 방식을 습관화한 후에는 직원에게 "나처럼 일하라"고 요구하라. 사장이 일하는 방식이 직원에게도 습관처럼 굳어질 때까지 칭찬과 격려, 질책과 페널티 등 상황에 적합한 방식으로 그들을 이끌어야 한다. "맹장 밑에 약졸 없다!"라는 옛말이 현대의 사업 조직에서도 그대로 통용된다.

사장의 기초학습 8

사장의 리더십과 직원의 팔로워십이 어우러져야 한다

사장의 위치에서 일하든지 아니면 직원의 위치에서 일하든지 삶을 가치 있게 살아가는 자기 방식을 터득하면 우리의 일상은 도를 닦는 수행자의 삶으로 격상한다.

직원들이 최선으로 일할 수 있는 환경을 제공하기 위해 노력하는 사장의 존재와 자기 콘셉트를 가지고 일하는 직원들이 늘어나는 비즈니스 현장에는 사장의 리더십과 직원의 팔로워십이 상존常存한다.

'성과'라는 공통의 목표를 가진 회사 조직에서 상황에 적합한 리더십을 발휘하는 사장과 팔로워 위치에서 제2의 리더로서 역할을 담당하는 직원들이 어우러져서, 시도와 성취와 배움과 기대가 있는 회사생활을 매개체로 '프로 사장'과 '프로 직원'으로 성장하는 것이 당연한 리더십과 팔로워십이 어우러지는 때를 바라고 기대한다.

사장의 기초학습 9

바른 방향성으로 양질전환의 때까지 인내해야 한다

대부분 사업 성과는 질적 요소가 충족된 곳에서 나온다. 그러나 그 질적 요소는 양적 쌓음에 의해서 이루어짐을 꼭 기억하자. 양이 쌓이면 저절로 질적인 전환이 이루어진다. 그래서 질質이 아닌 양量에 초점을 두고 노력해야 한다. 양적 쌓음이 임계치에 도달했을 때 자신이 원하는 질적 전환이 이루어진다. 이것은 자연계의 법칙이며 비즈니스에서도 그대로 적용된다. 돈만 좇거나 눈에 보이는 성공의 모양만 좇는 방식으로는 자신이 원하는 성공을 얻지 못한다.

처음 사업을 시작할 때부터 근사한 결과를 얻을 수 있다고 생각하는 것은 착각이고 오해다. 아무리 많은 자본과 훌륭한 인력을 데리고 시작해도 마찬가지다. 일에 대한 양적 쌓음 없이 질적 전환이 이루어지는 일은 없다. 그래서 모든 사업의 과정에는 효과의 기간이 존재하고 씨를 뿌리는 노력이 필요하다. 효율의 시기, 열매를 맺는 장소의 발견은 충분히 축적한 양에 의해서 저절로 질적인 전환이 이루어진 곳에서 나타난다. 그때까지 양을 쌓아야 한다. 투자의 의미로 이해하자. 대부분 경우 질적 전환이 이루어진 후에야 비로소 자신이 원하는 성과를 얻을 수 있다.

의도했든 의도하지 않았든 많은 양이 쌓인 곳에 기회가 있다. 양질전환까지의 시간을 단축할 수 있기 때문이다. 자신이 지금까지 해왔던 일에서 사업 기회를 발견하고 진행할 때 성공할 확률이 높아지는 이유가 그것이다. 본인은 지각하지 못해도 이미 그 일에 관한 양적 쌓음이 이루어진 상태라 질적 전환의 기간, 즉 효과의 기간을 단축할 수 있다. 반대로 경험과 지식 없이 새로운 분야에서 객관적인 시장 기회만을 가지고 사업을 시작할 때는 곱절 이상으로 고생할 수 있음을 생각하고, 양적 쌓음의 기간이 훨씬 길어질 수 있음을 당연하게 생각하자. 이미 많은 양을 쌓은 곳에 기회가 있다. 양量을 얼마나 쌓았느냐가 답이다.

사장의 기초학습 10

사장은 사업과 인생, 두 영역에서 모두 성공해야 한다

자기 삶에서 중요한 가치를 부여하는 일, 스스로 재미있어하고 좋아하는 일을 할 수 있으면 좋다. 성과가 가시적으로 드러나는 질적 전환의 시기까지 양을 축적하는 과정에서 피로감을 덜 느끼고 쉽게 인내할 수 있다. 그 과정에서 사장이 되고자 하는 사람은 자신의 비즈니스와 사업에서 양질전환의 때까지 견디면서 '사장의 근육'을 키운다.

사업이 자신의 삶과 분리되어서는 안 된다. 단순히 돈을 벌기 위한 수단으로서의 사업은 생명력이 짧다. 실제로 사업을 한다는 것은 자신의 삶을 살아가는 것이다. 성공의 순환 구조에 진입한 기업에는 일관성과 공정성, 진실함이 담겨 있다. 그리고 배우고 적용하고 노력하는 사업의 전 과정을 통해 사장 자신의 삶도 성장하고 성숙한다.

사장의 역할은 '되게 하는 사람'이다. 사장의 태도는 '끊임없이 학습하는 사람'이다. 사장의 자기계발은 자신의 '경력 경로'에 대한 자각에서 비롯한다. 사장의 보람은 사업을 통해서 '자기 자신의 성공 공식'을 정립하는 것이다. 사장은 사업과 인생, 두 영역에서 모두 성공하는 길을 늘 고민해야 한다. 그 과정에서 '사장의 삶의 가치'가 축적되고 확산한다.

닫는 글

사장은 세상을 바꿀 수 있는 존재다

사장은 조직에서뿐 아니라 사회적으로도 영향력이 큰 사람이다. 그의 말 한마디, 한 걸음이 조직을 움직이고, 그 울림은 사회와 세상에 파급된다. 그래서 사장은 단순히 한 회사를 이끄는 존재가 아니라 세상에 흔적을 남기는 사람이다. 한 마디로 세상을 변화시킬 수 있는 사회적 위치를 지닌 존재다.

동시에 사회에 해악을 끼치는 존재로 작용하기도 한다. 특히 돈 외에는 다른 관심이 없는 사장과 경영자들에 의해서 운영되는 조직일 때 더욱 그렇다.

나의 첫 직장, 이랜드

1988년 대학 졸업반 여름방학 때 교회 선배를 통해 설문조사 아르바이트를 소개받았다. 서울 외곽 지역의 허름한 건물 2층과 지하층을 본사로 둔 의류회사였다. 설문지를 기획하기 위해 주요 부서장들을 인터뷰하며 회사 곳곳을 돌아볼 수 있었다. 여름 한 달간, 이랜드 최초(!)의 소비자 설문조사를 무사히 마치는 시점에서, 선배가 지나가듯이 말했다. "너, 다른데 취업 알아보다가 갈 데 없으면 우리 회사도 한번 생각해 봐라."

대리급 직원이 본부장을 하는 매우 젊은 회사, 토요일 새벽이면 전 직원이 필기구를 들고 사장의 강의에 몰입하는 회사, 매일 아침 회사 주변을 깨끗하게 청소하는 회사, 아침 30분을 성경 말씀 묵상으로 시작하고 별도 기도실을 두어서 새벽 4~5시에 사장이 기도실에서 하루를 시작하는 회사, 기존의 직원 숫자만큼 신입직원을 선발하는 회사, 월급은 당시 대기업의 절반 이하 수준이었으나 밝은 표정과 웃음소리가 가득했던 회사. 나는 그해 11월, 마지막 기말고사를 앞두고 이랜드 입사를 결정했다.

입사 후 10년간 기획과, 홍보실, 문화사업부, 아이디어팀, 유통마케팅팀 등 신규 부서와 주간신문 창간, 모델 에이전시 운영, 전 회사 통합 이벤트 진행의 책임자로 일하면서, 급성장하는 기업에서 벌어지는 수많은 현장을 경험했다. 그리고 IMF 금융위기로 즉각적인 수익을 내지 못하는 간접부서의 정리정돈 과정에서 마지막 책임을 맡았던 아이디어팀의 해체와 함께 9년 6개월의 회사생활을 마치고 퇴사했다.

이랜드 퇴사 후, 아내에게 허락을 받고 6개월의 기간을 두고 향후 앞길을 모색하기로 했다. 몇몇 헤드헌트 업체를 통해서 면접을 보았다. 앞선 내 이력 중 홍보/마케팅 영역에서 책임자로 활동했던 경력을 높게 평가받아서 꽤 높은 몸값을 제안받았다. 그런데 경영층과 면접을 진행하는 과정에서 새로운 사실을 알게 되었다. 나라는 사람에 대한 기대역량과는 별도로, 당시 이랜드 신드롬syndrome의 중심인물이었으나 사회적으로는 은둔자로 알려진 이랜드 회장님에 관한 관심이 내게 높은 몸값을 지불하는 이유에 포함되어 있음이 느껴졌다. 뭔가 적절치 않다고 생각했다. 그래서 특정한 기업에 속하지 않고 독립해서 일할 방법을 생각해야 했다.

서울 신사동에 작은 사무실을 얻어서 아내가 싸준 두 개의 도시락을 먹으면서 매일 15시간씩 3년간 공부에 집중했다. 이랜드에 근무하면서 읽었던 100여 권의 필독서에 더해서, 전략과 리더십 등 경영과 마케팅에 관한 지식들을 더 조밀하게 쌓아갔다. 공부하는 방식은 단순했다. 영역별 주제를 정하고 서점에서 그 분야의 책을 구입해서 읽고 정리하고를 반복했다. 그리고 다수의 책 내용을 한 장으로 요약하고, 마지막은 한 단어 또는 한 문장으로 정리했다. 양질전환의 방식을 학습에 적용했다.

당장 먹고 사는 문제는 간혹 들어오는 인쇄물 제작의 수입으로 해결했다. 홍보실 책임자로 일하면서 기획부터 인쇄까지 전 과정을 내가 직접 진행할 수 있었기에 3~4개월에 한 건만 진행해도 집에 최소 생활비를 주고, 나는 집중해서 공부하는 시간을 확보할 수 있었다. 그렇게 3년 정도 시간이 지났을 때 전혀 생각하지 못한 곳에서 마케팅 프로젝트와 사장 교육을 병행할 기회를 얻었고, 그때를 시작으로 지금까지 '사장을 교육하는 선생'으로 활동해왔다.

사장을 세우는 사장이 되겠다고 결심하다

사실 나는 평생 선생님을 기다렸다. 뭔가 배울 것이 있다고 생각하는 사람을 만나면 배움을 구했고, 새로운 질문이 생길 때마다 그 답을 찾기 위해서 노력했다. 내가 처음부터 그런 것은 아니다. 이러한 '학습하는 습관'은 이랜드를 만난 다음에 생긴 것이다. 그때의 자극과 경험이 기초가 되어서 지금은 어떤 상황과 환경에 놓여도 학습하는 것을 당연하게 생각하고 노력하는 사람으로 변모했다.

한때 이랜드의 회장님이 나의 평생의 선생님이 될 수 있지 않을까 생각했다. 그분 개인의 탁월함과 성실함은 내가 세상에서 만난 그 어떤 사람과도 비교할 수 없었다. 그러나 회사생활 5년차가 되었을 때 한 개인의 탁월함(개인격)과 조직의 리더로서 필요한 요건(조직격)이 다름을 깨닫게 되었다. 하지만 내 60평생을 통해 이랜드의 박성수 회장님은 내게 가장 큰 배움을 갖게 하였고, 그분이 30년 전에 가르쳐준 '좋은 상품을 저렴한 가격에 제공하라'는 성공 공식은 내 모든 비즈니스 활동과 사고방식에 영향을 주었다.

나는 이랜드에서 기업 성장이라는 긍정적인 경험을 통해 '사장' 한 사람의 존재가 얼마나 중요한지 매우 크게 깨달았다. 동시에 한 개인의 탁월함과 바람직한 행동으로는 거대 조직을 운영하는 것에는 한계가 있으며, 기업의 성장과 환경의 변화에 따라 사장의 리더십이 달라져야 한다는 중요한 사실을 고민하는 계기를 얻었다.

그 과정들을 통해서 내가 얻은 답은 '객관적 관점'의 필요성과 아울러, '객관적 관점 + 주관적 신념 = 객관적 신념'이라는 공식과 '개인격'과 '조직격'이라는 경영학 교과서에서는 배울 수 없었던 사장의 역할에 관한 깨달음이 그것이다.

개인과 조직의 가치value 평가

'사장의 공식' 전체 내용을 통해서 내게 단 하나의 공식을 고르라고 하면, 나는 'V = A × H' 공식을 뽑는다. 한 사람이나 조직의 가치value에 관하여 객관적이고 포괄적이며 유용한 정의를 상식의 범위에서 명확히 설명해주기 때문이다. 특히 문제해결 능력ability에 지나치게 치우치거나, 반대로 객관성을 놓치고 주관적인 순진함naive에 빠지는 어리석음을 구분할 수 있는 지혜의 공식이기 때문이다.

한 사람의 역량이나 조직의 가치를 평가할 때 우선해서 고려할 것은 '태도Heart'이다. 태도의 방향이 플러스 값을 가졌을 때, '능력Ability'의 크기가 클수록 개인이나 조직의 가치가 커진다. 즉, H는 개인이나 조직의 쓸모 여부를 결정하고, A는 가치의 크기를 확인한다. 물론 가장 바람직한 답은, H를 플러스로 유지하면서 A값을 가능한 키우는 것이다.

우리가 사는 세상은 H가 플러스 값인가는 크게 따지지 않고, A의 값이 얼마나 큰가에만 관심을 집중하는 경향이 강하다. 바른 가르침이 이루어져야 할 학교는 이미 A값 크기를 키우는 요령을 가르치는 교습소로 변질된 지 오래다. 그러나 나는 사장 한 사람이 바로 서고 바르게 기능함으로써, 우리가 사는 세상이 달라질 수 있다는 믿음과 기대를 버리지 않는다. 내 존재가 증거다. 30여 년 전에 내가 이랜드를 만나고, 바른 뜻을 세우고 정직한 방식으로 기업 경영에 몰입했던 경영자 한 사람을 통해 나는 옳은 방식으로 자극받고 훈련받았으며, 지금까지 그 영향력으로 내 주변에 나름의 영향력을 미치는 삶을 지속하고 있다.

사장은 세상을 바꿀 수 있는 존재다

더 나은 세상, 살 만한 세상을 만들기 위해서는 각자가 자신의 성공 공식을 찾고 가다듬어야 한다. 그 공식은 한 번에 완성되지 않는다. 이 책을 참조해서 끊임없이 가다듬고, 실행하며, 검증하기를 바란다. 여러분이 지속하여 성과를 반복할 수 있는 자기 성공 공식을 완성해 가길 기원한다.

사장의 공식

초판 1쇄 인쇄 2025년 10월 17일
초판 1쇄 발행 2025년 10월 24일

지은이 김형곤
펴낸이 김선식

부사장 김은영
콘텐츠사업본부장 임보윤
디자인 윤유정 **책임마케터** 이고은
콘텐츠사업1팀장 한다혜 **콘텐츠사업1팀** 윤유정, 문주연, 조은서, 여소연
마케팅2팀 이고은, 지석배, 최민경, 이현주
미디어홍보본부장 정명찬
브랜드홍보팀 오수미, 서가을, 김은지, 박장미, 박주현
채널홍보팀 김민정, 정세림, 고나연, 변승주, 홍수경
영상홍보팀 이수인, 염아라, 이지연
편집관리팀 조세현, 김호주, 백설희 **저작권팀** 성민경, 이슬, 윤제희
재무관리팀 하미선, 임혜정, 이슬기, 김주영, 오지수
인사총무팀 강미숙, 이정환, 김혜진, 황종원
제작관리팀 이소현, 김소영, 김진경, 이지우, 황인우, 유미애
물류관리팀 김형기, 김선진, 주정훈, 양문현, 채원석, 박재연, 이준희
외부스태프 조판 화이트노트

펴낸곳 다산북스 **출판등록** 2005년 12월 23일 제313-2005-00277호
주소 경기도 파주시 회동길 490
전화 02-704-1724 **팩스** 02-703-2219 **이메일** dasanbooks@dasanbooks.com
홈페이지 www.dasan.group **블로그** blog.naver.com/dasan_books
종이 신승INC **인쇄** 민언프린텍 **코팅·후가공** 평창피엔지 **제본** 국일문화사

ISBN 979-11-306-7254-0(04320)

다산북스(DASANBOOKS)는 책에 관한 독자 여러분의 아이디어와 원고를 기쁜 마음으로 기다리고 있습니다.
출간을 원하는 분은 다산북스 홈페이지 '원고 투고' 항목에 출간 기획서와 원고 샘플 등을 보내주세요.
머뭇거리지 말고 문을 두드리세요.